Robin Norwood, terapeuta, experta en problemas de pareja, familia y niños, es autora de varios libros. Su best seller *Las mujeres que aman demasiado*, publicado en los distintos sellos de Ediciones B, sigue siendo hoy tan vigente como en el momento de su publicación hace un cuarto de siglo, y existen grupos de autoayuda que lo utilizan como inspiración y bibliografía para reunir y ayudar a miles de mujeres a aceptar como son, dejar de lado las relaciones destructivas y encontrar el amor verdadero.

Robin Norwood es autora también de los libros *Meditaciones para mujeres que aman demasiado, Cartas de mujeres que aman demasiado* y *¿Por qué a mí?*

«Un libro que cambia la vida de las mujeres».

Erica Jong

«Robin Norwood ha escrito un libro extraordinario que se lee con la misma voracidad que una novela de misterio. Una obra inteligente, que puede ayudar a las mujeres a cambiar una manera adictiva de amar».

Los Angeles Times

Papel certificado por el Forest Stewardship Council®

Título original: *Letters from Women Who Love Too Much*

Primera edición con esta cubierta: febrero de 2025

© 1988, Robin Norwood
Edición publicada por acuerdo con Grandi & Associati
© 1988, 2019, Penguin Random House Grupo Editorial, S. A. U.
Travessera de Gràcia, 47-49. 08021 Barcelona
© 1988, Nora Escoms, por la traducción
Diseño de la cubierta: Penguin Random House Grupo Editorial

Penguin Random House Grupo Editorial apoya la protección de la propiedad intelectual. La propiedad intelectual estimula la creatividad, defiende la diversidad en el ámbito de las ideas y el conocimiento, promueve la libre expresión y favorece una cultura viva. Gracias por comprar una edición autorizada de este libro y por respetar las leyes de propiedad intelectual al no reproducir ni distribuir ninguna parte de esta obra por ningún medio sin permiso. Al hacerlo está respaldando a los autores y permitiendo que PRHGE continúe publicando libros para todos los lectores. De conformidad con lo dispuesto en el artículo 67.3 del Real Decreto Ley 24/2021, de 2 de noviembre, PRHGE se reserva expresamente los derechos de reproducción y de uso de esta obra y de todos sus elementos mediante medios de lectura mecánica y otros medios adecuados a tal fin. Diríjase a CEDRO (Centro Español de Derechos Reprográficos, http://www.cedro.org) si necesita reproducir algún fragmento de esta obra.

Printed in Spain – Impreso en España

ISBN: 978-84-1314-037-7
Depósito legal: B-21.161-2024

Compuesto en Infillibres, S. L.
Impreso en Black Print CPI Ibérica
Sant Andreu de la Barca (Barcelona)

BB 4 0 3 7 C

Cartas de las mujeres
que aman demasiado

ROBIN NORWOOD

La mente puede elaborar sus pensamientos durante años, sin ganar tanto conocimiento de sí misma como puede enseñarle en un día la pasión del amor.

RALPH WALDO EMERSON,
Historia

PRÓLOGO

«¿Y bien, piensas escribir *otro* libro?» Comenzaron a hacerme esta pregunta desde el momento en que terminé *Las mujeres que aman demasiado,* y mi reacción era siempre la misma. Me sentía como una flamante madre, agotada, tendida en la cama, tratando de recuperarme de un largo y difícil trabajo de parto, mientras las visitas me preguntaban alegremente: «¿Y bien, piensas tener *otro* bebé?». En cierto modo, la pregunta misma parecía subestimar en gran medida la magnitud del esfuerzo último y, por lo general, yo les respondía con cierto enfado, tal vez como lo haría esa madre imaginaria: «¡Por ahora, ni siquiera quiero pensar en eso!». En el fondo, estaba segura de que nada me haría volver a pasar por ese doloroso proceso de alumbramiento.

Sin embargo, las semillas de las cuales nacería este libro se sembraron con la primera carta que recibí en respuesta a *Las mujeres que aman demasiado.* Aún antes de su fecha oficial de publicación, alguien encontró el libro, lo leyó y se conmovió lo suficiente para escribirme. Transcribo a continuación su carta completa:

Estimada señora Norwood:
Nunca en mi vida me conmovió tanto un libro como para decidirme a escribir a su autor.

Encontré y descubrí su libro inesperadamente, mientras buscaba textos comerciales que me ayudaran en mi nueva vida. Debo decirle que su obra me afectó tan profundamente que estoy segura de que fue la clave que me alentó a tomar una dirección totalmente positiva luego de tantos años de incesante dolor y confusión. Hubo veces en las que tuve la impresión de que el libro había sido escrito exclusivamente para mí. Recuerdo que una noche estaba sentada en el suelo de la cocina, deteniéndome en cada página; de a ratos, tenía que cerrar el libro y dejarlo a un lado hasta que se me pasaran los accesos de llanto. ¡Dios la bendiga por su claridad, sensibilidad, elocuencia y, más que nada, por su decisión de escribirlo!

Estuve casada con un hombre muy poderoso, y tuve que dejarlo para conservar la vida... aunque él me amaba a su manera. Ahora comprendo, gracias a su talento, muchas cosas que antes no entendía.

Beth B.

Mientras leía esta carta, lloré. El alumbramiento de *Las mujeres que aman demasiado* me había llevado tres años y mucho sacrificio, pero supe que habían valido la pena. Durante la gestación del libro, había tenido muchas discusiones con personas que conocían el negocio editorial mucho mejor que yo. Ellas insistían en que, para que se vendiera, el libro tendría que ser más positivo, menos depresivo, y contener menos énfasis en la adicción. Pero yo estaba decidida a describir cómo habían sido las cosas realmente para mis pacientes, mis amigas, y para mí misma en nuestra lucha con los hombres de nuestra vida. Mi objetivo era demostrar la frecuencia con la cual la adicción y la coadicción aparecían en tantas de nuestras historias y, por otra parte, clarificar lo peligroso que era para nosotras continuar esa forma insalubre de vivir y de relacionarnos con los hombres. Además, quería destacar el enorme trabajo que nos esperaba cuando decidíamos cambiar esos modelos de vida. Dado que traté de describir fielmente la vida, a menudo muy dolorosa, de las mujeres que aman demasiado, mi libro no resultó ser el libro de autoayuda ligero y fácil de leer que algunos esperaban; pero fue el libro que yo quería escribir.

Después de leer esa primera carta de Beth B., supe que *Las mujeres que aman demasiado* había sido de valor al menos para una persona. Pero en la carta de Beth había, además, algo específico que me conmovió, fuera del hecho de que *Las mujeres...* estaba cumpliendo su propósito. Al igual que Beth B., yo había conocido muy bien esa experiencia de sentarse en el suelo llorando de dolor, de alivio y gratitud porque otra mujer había descrito sinceramente su lucha: una lucha muy semejante a la mía.

En mi caso, esa experiencia se produjo a comienzos de la década de los setenta, después de leer un artículo en una revista, cuya autora describía cómo era ser mujer en esta cultura: despertar y, finalmente, permitirse ver y oír las muchas maneras en que se insulta a las mujeres como clase. Al leer las palabras de esa autora supe, casi con asombro, que ya no estaba sola. Hablaba profunda y verdaderamente de mi propia necesidad de no tomar conciencia y no despertar a fin de evitar el dolor, la ira y la humillación que forman parte del simple hecho de ser mujer en una sociedad dominada por los hombres.

Sin embargo, esa decisión de pasar por alto tantas de mis experiencias y reacciones había tenido un precio muy alto, y la autora de ese artículo apelaba a mi latente deseo de despertar por completo, de ver, oír y sentir todo lo que me ocurría, y de dejar de participar en silencio en mi propia degradación. Lo que era verdad para ella lo era también para mí, y a través de su ejemplo pude liberar los sentimientos que antes mantuviera ocultos, incluso para mí misma. La verdad de esa mujer me ayudó a volverme más grande, más valiente y más adulta.

Ahora, al leer la carta de Beth, más de una década después, recordé vívidamente aquella metamorfosis en especial. *Las mujeres...* había conmovido a otra mujer con la misma profundidad con que me había conmovido a mí una vez, y ahora ella compartía esa experiencia conmigo. Un círculo cada vez más amplio, profundo y brillante se había creado entre nosotras.

Esa carta fue la primera de lo que, poco después, llegaría a ser una avalancha de impresiones sobre el libro. Por teléfono (hasta que, debido a la inmensa cantidad de llamadas, la necesidad de conseguir un número que no figurara en la guía se hizo inevitable) y por carta, las mujeres, y algunos hombres también, querían ponerse en contacto, hablar de lo que el libro había significado para ellos. Querían relatar sus experiencias personales y, con mucha frecuencia, expresar su agradecimiento. Pero muchos también querían respuestas a preguntas específicas o tenían problemas que, creían, no habían sido tratados en el libro.

Estas preguntas eran importantes. A algunas, las había oído una y otra vez durante mi carrera en el área de la adicción. Otras surgían específicamente en respuesta a cuestiones analizadas en *Las mujeres...* y se planteaban repetidas veces no solo en las cartas, sino también durante las conferencias y los talleres que yo dictaba. A medida que las cartas comenzaron a apilarse, ya no solo sobre mi escritorio, sino sobre casi todas las superficies planas de la casa, y que la demanda de respuestas era cada vez mayor, comencé a buscar una manera más eficaz, aunque sin dejar de ser personal, de responder a todos. Si bien el factor tiempo y la inmensa cantidad de cartas lo hacía imposible, ansiaba responder cada una en detalle, desde mi propia perspectiva de mujer que ha amado demasiado, que, por cierto, ha sido adicta a las relaciones la mayor parte de su vida y, además, desde mi perspectiva de terapeuta con muchos años de experiencia en relación con la adicción y su recuperación.

Sin embargo, también sabía que las personas que enviaban esas cartas necesitaban mucho más que una carta mía. Se necesitaban las unas a las otras. Esas mujeres y esos hombres que compartían tantas cosas conmigo necesitaban oír las historias de los demás, descubrir juntos cómo la enfermedad de la adicción a las relaciones había funcionado en su vida. Yo quería ser capaz de crear para quienes nunca la habían conocido, o que aún no habían sentido su poder aplicado a la adicción a las relaciones, esa experiencia capaz de cambiar una vida: la de saber cómo son las cosas para otras personas que comparten el mismo problema.

Como terapeuta y personalmente, por mi propia recuperación progresiva, estoy convencida del inmenso valor de los grupos de apoyo. Estos grupos, constituidos por personas dedicadas a hablar francamente entre sí de un problema común y autodirigidos de acuerdo con pautas simples y principios espirituales, son, a mi entender, la fuente de curación más poderosa y profunda con que contamos. Proporcionan la base para recuperarse de todo tipo de adicción, química y de la conducta. Esta clase de grupos constituye, para todo adicto, la esperanza de una nueva y mejor forma de vida.

Cartas de las mujeres que aman demasiado ha sido escrito, entonces, con dos propósitos. En primer lugar, como una manera práctica de responder en detalle a las innumerables cartas que tienen temas y preguntas en común. Y en segundo lugar, para crear una oportunidad de que quienes comparten el problema de la adicción a las relaciones sepan cómo ha sido esa lucha para los demás y, si se ha producido cierta recuperación, cómo se logró.

Es obvio que, para obtener el mayor beneficio de este libro, el lector ya debe haber leído *Las mujeres...* lentamente, con atención y, es de esperar, más de una vez. Yo recomiendo volver a leerlo antes de empezar con este. No será de mucha ayuda hasta haber digerido *totalmente* el anterior, dado que aquí el objetivo no es ofrecer una explicación más detallada de los principios presentados en *Las mujeres...* El objetivo de este libro es, sobre todo, analizar, por medio de las preguntas y las experiencias de las lectoras y algunos lectores lo que implica poner en acción esos principios.

Cuando nos sentimos solos y perdidos, no ansiamos simplemente compañía, sino específicamente la compañía de alguien que esté en las mismas condiciones que nosotros. Estoy convencida de que esas columnas de consejeros que son tan populares en las revistas, se leen, no por las respuestas, sino por las preguntas. Todos queremos saber que no estamos solos, que entre toda esa gente cuya vida no conocemos hay quienes luchan como nosotros. Me siento agradecida de no estar sola al escribir este segundo libro. Tal como ha sucedido siempre durante los años de mi propia recuperación, muchas de ustedes han compartido conmigo sus historias y me ayudan a continuar mi lucha y a alcanzar la luz. Tengo la esperanza de que, a través de este libro, también puedan compartirlas entre ustedes.

A ustedes dedico este libro.

INTRODUCCIÓN

Las cartas que aparecen en este libro realmente existen, y cada una ha sido reproducida con autorización de su autora. Muchas de esas personas cuyas cartas se han usado aquí han expresado su gratitud por lo que recibieron al leer *Las mujeres...* Esas expresiones de gratitud, si bien las agradezco aquí, han sido eliminadas para evitar resultarle redundante al lector. Se han hecho otras correcciones para lograr mayor claridad y concisión, y para proteger la identidad de sus autoras.

Ha sido necesario ordenar las cartas y sus respuestas en capítulos que tratan sobre temas específicos. Sin embargo, muchas de las cartas contienen problemas y preguntas múltiples. Dado que las enfermedades adictivas, inclusive la adicción a las relaciones, tienden a superponerse en la vida real, lo hacen también en las cartas. Por ejemplo, los temas de alcoholismo y coalcoholismo, adicción al sexo, incesto, hábitos compulsivos de comida y recuperación pueden aparecer juntos en una sola carta. Por lo tanto, cualquier ordenamiento arbitrario de estas cartas es solo eso: arbitrario, y no se debe esperar que el contenido de cada carta sea tan estricto o inequívoco como podrían sugerir los títulos de los capítulos.

Al responder cada carta, me baso en quince años de experiencia en el área de las adicciones y en casi una vida de amar demasiado, que incluye, afortunadamente, siete años de recuperación. Pero esto de ninguna manera implica que mis respuestas sean las «correctas». Son, simplemente, eso: *mis* respuestas: incompletas, subjetivas y parciales. No trato de incluirlo todo en ellas. Cada carta se responde desde la perspectiva de ver a la adicción *como una enfermedad,* y cada respuesta o comentario incorpora mis firmes puntos de vista sobre el tratamiento, desarrollado durante años de cometer errores y aprender de ellos.

Es probable que a los lectores no les agrade mi respuesta a alguna carta en particular, que no esté de acuerdo conmigo. Reconozco que hay muchas otras maneras de responder, quizá más útiles, perspicaces o directas que las que aparecen en este libro. Cada uno de nosotros leerá estas cartas con sus propios ojos y su propio corazón, como una serie de manchas de tinta de Rorschach a las cuales aportamos nuestras propias percepciones, coloreadas por nuestra historia personal única. Las cartas absorberán nuestras experiencias y nos devolverán el reflejo de nuestra proyección, de modo, claro está, que lo que cada uno vea en ellas y sienta con ellas variará. En todo caso, creo que lo importante no son las respuestas. Lo que importa son las cartas en sí, con su dolor y su patetismo, sus lecciones aprendidas, sus traspiés, sus progresos y, a veces, sus triunfos.

Todos queremos respuestas para nuestras preguntas, nuestros temores y dudas y nuestras luchas. Pero, a la larga, las respuestas deben provenir, no de los consejos de otra persona, sino de su ejemplo combinado con nuestro compromiso de cambiar nuestra vida. El hecho de seguir el camino de otros que han enfrentado los mismos problemas y conocido los mismos temores, dudas y luchas, pero que están recuperándose, nos ayuda a lograr nuestra propia recuperación. Compartir las historias de otros, sus errores y sus victorias nos ayuda a hallar nuestro camino.

Finalmente, debo destacar con la mayor claridad posible que este libro no pretende ser un tratado general sobre el amor, sobre cómo encontrar al hombre adecuado ni cómo salvar una relación. Por el contrario, al igual que *Las mujeres...*, está escrito principalmente para las mujeres heterosexuales que son adictas a las relaciones. Su propósito es ayudar a aquellas mujeres cuya vida escapa cada vez más a su control debido a una obsesión progresivamente debilitante con un hombre en especial o con el último de una serie de hombres o, en caso de estar fuera de una relación, con la búsqueda de un hombre.

Al encarar así este libro, no es mi intención implicar que solo las mujeres heterosexuales se vuelven adictas a las relaciones, pues de ninguna manera es ese el caso. Hay muchos hombres que son adictos en sus relaciones, como también las relaciones adictivas son un tema muy común en gran cantidad de parejas homosexuales. He preferido concentrarme en las mujeres heterosexuales porque su experiencia con la adicción a las relaciones es la que entiendo mejor, tanto en lo personal como en lo profesional.

Si bien este libro contiene principalmente cartas de mujeres que están obsesionadas con los hombres, incluye también cartas de hombres y mujeres homosexuales, hombres heterosexuales, padres obsesionados con sus hijos e hijos obsesionados con sus padres. Tengo la esperanza de que *Cartas de las mujeres que aman demasiado* sea de valor para todos ellos y, además, para aquellos cuyas relaciones, aunque problemáticas, no son adictivas. No obstante, está dirigido a la mujer cuya salud mental y física está en peligro o ya ha comenzado a deteriorarse, cuyo rendimiento laboral se ve afectado potencial o realmente, quien probablemente tiene problemas económicos, cuyos hijos, amigos y familiares son dejados de lado o abandonados al igual que sus otros intereses, que es potencial o activamente suicida. En suma, a quien con el correr de los años, se enferma más y más de su dependencia para con los hombres y de lo que ella elige llamar «amor».

Tal como lo afirmaba en *Las mujeres...* yo considero la adicción a las relaciones un *proceso de enfermedad* definible, diagnosticable y tratable, similar a otras enfermedades adictivas tales como el alcoholismo y la ingestión compulsiva de alimentos. Comparte con estas otras enfermedades adictivas el hecho de que es naturalmente progresiva (empeora) sin tratamiento, pero sí responde a un tratamiento específico dirigido a sus componentes físicos, emocionales y espirituales. Tengo la convicción de que un tratamiento que no tenga en cuenta esos aspectos no resultará efectivo.

Es necesario decir todo esto a fin de explicar el enfoque inexorable de recuperación que, en mi opinión, es necesario. El enfoque más efectivo de la adicción en cuanto a su recuperación es el adoptado por los programas de Anónimos, y este enfoque es, a mi entender, el mejor también para la adicción a las relaciones. Es el *único* enfoque que personalmente puedo recomendar.

1

CARTAS DE MUJERES QUE...

Estimada Robin Norwood:
Su libro me pareció detestable.
Odié *Las mujeres que aman demasiado.*
Odié tanto ese libro que tardé meses en leerlo.
A veces, podía leer una sola página por día.
Odié a las mujeres sobre las que escribió.
Odié sus historias.
Odié todo lo que usted decía.
Y al fin terminé el libro.

Y entonces:

- Fui a mi primera reunión de Gordos Anónimos.
- Descubrí Alcohólicos Anónimos.
- Ingresé a Hijos Adultos de Alcohólicos.
- Ingresé a terapia de grupo.
- Descubrí VOICES (Víctimas sobrevivientes de Incesto) y por primera vez en mi vida confesé haber sido objeto de abuso sexual.
- Dejé de comer en exceso.

- Conseguí un nuevo empleo.
- Hice un presupuesto por primera vez (tengo treinta y tres años).
- He comenzado una nueva vida.

Estaba enloquecida y sin control. Mido un metro sesenta y pesaba cuarenta y cuatro kilos debido a mi síndrome de ingestión y purga. Ahora no concibo un día en que no tenga *Las mujeres que aman demasiado* sobre la mesa de mi sala y un segundo ejemplar en mi cajón «personal» en la oficina. Le doy las gracias.

Wendy D.

Para mí, la carta de Wendy lo dice prácticamente todo. El simple hecho de leer un libro, por más que nos afecte profundamente, nunca basta en sí mismo para producir los cambios que deseamos en nuestra vida. En el mejor de los casos, un libro puede ser un hito, una flecha que señale la dirección en la cual necesitamos viajar. De cada uno de nosotros depende decidir si tomaremos ese camino o no. Pero esta carta evoca un punto muy importante.

¿Cuándo comienza realmente la *recuperación* de cualquier adicción?
Cuando canalizamos la energía que antes invertíamos en nuestra enfermedad hacia nuestra recuperación.

La recuperación comienza cuando adquirimos, como Wendy, la voluntad de canalizar la energía y el esfuerzo que antes invertíamos en practicar nuestra(s) enfermedad(es) hacia nuestra recuperación. La recuperación de Wendy requiere mucho tiempo, trabajo y dedicación, pero, por otro lado, el hecho de ser activamente adicta también le costó mucho. Por lo tanto, ella optó por hacer cuanto fuese necesario para mejorar... y sigue tomando esa decisión cada día. De esta manera, ha empezado a recuperarse, y esa recuperación se prolongará por tanto tiempo como ella siga firme en su decisión.

¿Por dónde comenzamos quienes aún debemos dar el primer paso hacia la recuperación de la adicción a las relaciones? Comenzamos por adquirir la *voluntad* de canalizar la energía y el esfuerzo que antes invertíamos en tratar de producir un cambio en otra persona y, esta vez, encauzarlos hacia un cambio en nosotras mismas. Es probable que nuestros pasos iniciales en esta nueva dirección no sean rápidos ni fáciles, y al principio pueden parecer muy pequeños, pero debemos aprender a respetar su importancia. A medida que avanzamos hacia la recuperación, *ningún* paso que demos es realmente pequeño, puesto que cada uno cambia el rumbo de nuestra vida.

La siguiente carta es un buen ejemplo de cuál podría ser un primer paso hacia la recuperación. El solo hecho de dar ese pequeño paso y mantenerse firme con él tiene implicaciones para el resto de la vida de esta mujer. Ella ha iniciado el proceso de cambio.

Estimada Robin Norwood:
El Día de los Enamorados siempre ha sido una tradición que esperaba con ansiedad y esperanza y que, al mismo tiempo, me asustaba, pues temía la frustración de un día hecho para el amor pero en el cual no lo recibiría.

Hace dos días, había leído treinta páginas de *Las mujeres que aman demasiado*. En el cajón de mi escritorio tenía una tarjeta del Día de los Enamorados, dulce y sugestiva, para un hombre que, básicamente, no ha participado en nuestra relación desde hace ya varias semanas. El no enviar esa tarjeta parece una pequeñez, pero podría ser la primera vez que decido dejar de brindarme activamente a un hombre y a una situación en la cual el sentimiento de afecto no es mutuo.

Todavía no he terminado el libro. Es más, me cuesta leerlo porque habla muy claramente de la razón por la cual he tenido un fracaso tras otro en mis relaciones. Sin embargo, podría ser la herramienta que al fin comience a liberarme.

Aún tengo la tarjeta. No la enviaré. Quizás el Día de los Enamorados pase a ser mi Día de la Victoria.

THEO P.

En el caso de Theo, para que su recuperación continúe es necesario no solo que se abstenga de enviar un mensaje de amor a un hombre que no se interesa por ella, sino además que haga algo agradable *por sí misma,* para llenar el vacío que ha creado. No podemos, simplemente, interrumpir una conducta adictiva sin reemplazarla por otra (y es de esperar que esta sea más positiva). De otro modo, lo único que se logra es que la conducta adictiva se vuelva más firme. Esto se debe a que la Naturaleza parece aborrecer los vacíos, tanto en lo físico como en las áreas de la conducta humana.

Dado que Theo tiene el poder tanto de dar como de recibir lo que ansía de otra persona, no necesita esperar, vacía, hasta que llegue un hombre que llene su vida de placer y amor. Puede convertirse en su propia fuente de amor, si está dispuesta. Cuanto mayores sean el afecto y la generosidad con que se trate a sí misma, menos probable será que permita que otra persona la trate mal o con indiferencia.

Todo esto es fácil de ver pero no tan fácil de hacer, pues nada nos desafía más que la obligación de modificar nuestra forma de pensar, sentir y actuar, especialmente con respecto a *nosotras mismas*. Theo admite que aún no ha podido terminar *Las mujeres...* porque le resulta muy incómodo analizar su propia manera de relacionarse. Sin embargo, para recuperarnos es necesario que cambiemos, y la posibilidad de cambio comienza cuando tomamos conciencia. Debemos estar dispuestas a analizar nuestra vida con franqueza, y para eso se necesita coraje; debemos estar dispuestas a admitir que no somos perfectas, que necesitamos ayuda y que no podemos hacerlo solas, y para eso hace falta humildad. Por lo tanto, el *coraje* y la *humildad* son absolutamente esenciales para iniciar el proceso de recuperación.

En la siguiente carta, veremos qué es necesario, una vez iniciado el proceso de recuperación, para que ese proceso continúe.

Estimada Robin Norwood:
Mis padres tienen un problema de alcoholismo y, si bien yo no bebo ni consumo drogas, ahora me doy cuenta de que he sido adicta a los hombres que son autodestructivos. He tratado de dominar a los tres hombres con quienes he vivido mediante amenazas, sobornos, elogios, sermones y toda clase de manipulación que, creía, podía dar resultado.

Ahora comprendo que soy tan autodestructiva como ellos, porque elijo solamente a hombres menesterosos y deficientes. Nunca conservo el interés por los hombres sanos y competentes.

Mi novio actual acaba de llamarme desde la cárcel militar donde está cumpliendo una sentencia por tráfico de drogas. Dice que está aprendiendo su lección y que ya no buscará problemas. Le dije que me alegraba oír eso y que espero que se cuide. Entiendo que solo puedo cuidar de mí misma y en un par de días asistiré a mis primeras reuniones de Alcohólicos Anónimos y de Hijos Adultos de Alcohólicos.

No sé si él y yo volveremos a estar juntos y, en realidad, no importa, pues ahora estoy aprendiendo a estar bien sola.

Saludos de una adicta a los hombres en vías de recuperación.

BRITT J.

Cuando Britt toma distancia del problema de su novio y pasa a concentrarse en sus propios patrones de conducta y a buscar ayuda para modificarlos, ejemplifica la primera etapa de la recuperación de la adicción a las relaciones. En la medida en que continúe buscando su recuperación determinará que supere o no esta etapa. En las otras cartas de adictas a las relaciones que aparecen en este libro, veremos que no hay un grado específico de dolor que garantice que una persona se comprometa sinceramente a buscar su recuperación. En algunos casos hay grados increíbles de degradación y humillación personal que, no obstante, no provocan la capitulación necesaria para que se inicie la recuperación. En cambio, con una actitud muy similar a la del jugador compulsivo que no puede dejar de jugar *porque ya ha perdido mucho*, estas personas adictas a las relaciones utilizan su degradación para justificar sus intentos, cada vez más desesperados, de dominar a otra persona y de salvar una situación en progresivo deterioro. En otras palabras, a medida que las consecuencias de la adicción empeoran, algunas personas siguen enfermándose más y más. Pero hay otros que «tocan fondo» y adquieren, al menos en forma temporal, la voluntad de hacer todo lo necesario para mejorar.

A veces cuesta entender que alguien pueda reconocer el poder destructivo de la adicción en su vida y estar dispuesto a encararlo por un tiempo, para luego perder por completo esa voluntad. Sin embargo, es lo que sucede más a menudo. Es por eso que deben distinguirse tres etapas de la recuperación: primero, se empieza a reconocer el proceso de enfermedad que opera en nuestra vida (esto podría ocurrir al leer un libro como *Las mujeres...*); luego se adquiere la voluntad de encararlo como la adicción posiblemente fatal que es (asistiendo a una reunión de algún programa de Anónimos referido a esa adicción en particular); y finalmente, la recuperación debe seguir siendo nuestra prioridad de cada día (asistiendo a las reuniones con regularidad y mediante la oración y la lectura diaria).

Por difícil que resulte, la iniciación de la recuperación es apenas un primer paso y no garantiza que esa recuperación continuará. Hay muchos, muchos más alcohólicos que deciden abandonar la bebida que los que pueden abandonarla para siempre, y son muchas, muchas más las adictas a las relaciones que inician la recuperación, que las que la continúan.

Una característica inexplicable de todo tipo de adicción y de todo tipo de adicto es que nadie, por mucha experiencia o pericia de que disponga, puede prever quién se recuperará de una adicción dada y quién no lo hará. Lo único que se puede prever sin temor a equivocarse es que la mayoría de los adictos no sanarán. Sin embargo, quienes sigan deseando a diario su recuperación más que ninguna otra cosa y quienes la conviertan en su prioridad, a la larga, poco a poco y paso a paso, y a menudo con los consejos y el apoyo de otros que han pasado por la misma lucha, lo consiguen.

A fin de mantener la recuperación, además de la voluntad, el coraje y la humildad tan necesarios para iniciar el proceso, debemos desarrollar dos cualidades más: la *capacidad de autoexaminarnos con rigurosa franqueza* y *la confianza en un Poder Superior a nosotros*. Este Poder Superior no tiene por qué coincidir con las definiciones ajenas de lo que es o debe ser. Se lo puede llamar Dios. Puede no tener nombre. Se lo puede hallar tanto en un grupo de apoyo como en una iglesia o un templo. Es un principio muy personal, formulado individualmente, que, cuando se lo invoca, proporciona una fuente inagotable de fortaleza y consuelo.

La carta de Cecilia ejemplifica lo necesaria que es esta fuente de fortaleza a medida que el vital proceso de recuperación nos da nueva forma.

> Querida Robin:
> Quiero contarte algunas de las cosas que me han pasado desde que leí tu libro, hace dos años. Al leer *Las mujeres que aman demasiado* me di cuenta de que mi familia era alcohólica y de que, en verdad, la enfermedad es de *toda* la familia. Asistí a un par de reuniones de Alcohólicos Anónimos y empecé a entenderme a mí misma y a mis opciones mucho mejor. Me sentía «curada».
> En realidad, era apenas el comienzo.
> Después de un matrimonio infeliz a temprana edad y, más tarde, una relación desastrosa con un hombre que tenía largos y sórdidos antecedentes criminales, pude, con lo que había aprendido, tomar una decisión más sana. He vuelto a casarme, esta vez con un hombre maravilloso que me trata como oro. A veces me enfado cuando me dice que me quiere. A veces inicio una discusión. Me siento más cómoda si estoy enfadada. Aún no sé dejar que me amen.
> Había algo de mi pasado que sepulté durante años y ahora, con la ayuda de Dios, he podido recordarlo todo. Hace cinco meses, cuando recuperé ese recuerdo, al principio pensé que moriría de dolor. Recordé que, cuando yo tenía cuatro años, mi padre abusó de mí sexualmente. Cuando, al fin, pude reconocer eso, de pronto muchas cosas cobraron sentido. Siempre odié a mi madre y la compadecí, pero ahora he empezado a entenderla.

Claro que bebía. ¿Qué otra cosa podía hacer? ¿Enfrentar la verdad? Difícilmente. No había qué hacer con ella.

Durante mucho tiempo viví en un estado de negación. Quiero decirte lo *fuerte* que es la negación. Al recordar las verdaderas circunstancias de mi niñez, he experimentado algunas consecuencias físicas. Comencé a sufrir «ataques cardíacos» durante los cuales me dolía el pecho y me sentía a punto de perder el conocimiento. Me hicieron un electrocardiograma de esfuerzo y el médico me dijo que no había indicios de problemas cardíacos. Todo lo contrario: tengo un corazón muy fuerte. De modo que ese no era el problema. Pero los ataques de pánico seguían produciéndose, aun cuando no pensara en mis padres. Yo seguía tratando de sepultar todo eso. No quería recordar. No quería saber. Sentía que todo en lo que yo había creído acerca de mi familia era una mentira. Pensaba que estaba volviéndome loca. Al haberme criado en casa de mis padres, aprendí a ocultar la verdad aunque la tuviese delante de mis propios ojos. Ya no creía en nada, no sabía nada.

Durante este tiempo horrible, Dios me pidió de la manera más dulce y afectuosa que no bebiera. Con toda mi angustia por la locura de mis padres, estaba recurriendo a un *pinot noir* muy fino para aliviar el dolor. Ya había decidido que nunca sería como mis padres, y por eso no comprendía que yo también era alcohólica, igual que ellos. Ahora me siento agradecida de haber sido salvada de tres o más generaciones de alcoholismo.

Al dejar de beber me sentí desnuda. Había utilizado el alcohol, el sarcasmo, las peleas sucias y la ira para no sentir más el dolor. Entonces Dios me pidió que renunciara también a esas otras tácticas.

Durante todo este tiempo, tenía palpitaciones y empecé a tener migrañas entre tres y cuatro días por semana. El deseo de negar mi pasado creaba en mi cuerpo una guerra que me dejaba cansada y triste.

He llorado mucho últimamente, algo que nunca pude hacer en mi niñez. Me asustó mucho ponerme en contacto con las lágrimas y el dolor. A veces tuve la impresión de que nunca dejaría de llorar.

Te escribo, Robin, porque creo que es importante que sepas por lo que pueden estar pasando algunas personas al leer tu libro. El dolor del verdadero cambio es la angustia más intensa que he conocido y que espero conocer. No me sobrevino de una sola vez y tampoco se está curando con rapidez. Es probable que necesite muchos años y el amor de Dios para reconciliarme con este desolador secreto familiar, aceptarlo, curarme y perdonar a todos los implicados. Es un trabajo muy duro, y el precio de ver estas cosas es muy alto. Pero el precio de no verlas es más alto aún.

Por favor, haz saber eso a la gente.

Ahora me va muy bien. Sufro y lloro y me estoy curando. He renunciado a la imagen despreocupada que trataba de dar. Poco a poco disminuye mi necesidad de tener la aprobación de todo el mundo, y me estoy fijando objetivos realistas y límites afectuosos. Ya no necesito salvar a cada persona herida que conozco. Empiezo a sentirme bien al ocuparme primero de mí. ¡Incluso empiezo a sentirme bien cuando me aman!

Siempre pensé que solo quería que me amaran, pero la verdad es que solo elegía a personas incapaces de amarme. Esta vez he elegido mejor y estoy aprendiendo a aceptar ese amor.

Dios me ha enseñado mucho en muy poco tiempo, y me ha dicho que Él me llevará de la mano por el resto del camino, por largo que sea. Los dolores en el pecho están disminuyendo y las migrañas desaparecen, y estoy aceptando lo que me ocurrió y, cuando lo necesito, lloro por mi niñez perdida.

Mi maravilloso marido me abraza e incluso entiende por qué me cuesta tanto recibir su afecto. Lo veo luchar conmigo y deseo que todo termine y ya estar curada, por su bien además del mío. Entonces, como ves, tu libro fue solo el comienzo: un comienzo muy útil, tierno y afectuoso...

Cecilia

Si fuera más fácil y más cómodo ser francos con nosotros mismos, quizá no necesitaríamos un Poder Superior a nosotros para lograrlo. Pero, tal como lo demuestra la carta de Cecilia, el hecho de examinarnos a nosotros y a nuestra vida con franqueza puede ser tan doloroso que, en la mayoría de los casos, no podemos hacer frente a esa tarea solo con nuestros limitados recursos humanos.

Tratar de recuperarse sin fe es como subir una colina empinada caminando hacia atrás y con tacones altos.

Tratar de recuperarse sin fe, para alguien que no la tiene y no la desea, no es imposible, pero sí más difícil. Implica recuperarse de la manera más dura. Es posible llegar a destino, pero hay una forma más rápida, más eficaz y menos ardua de realizar el viaje. Sin embargo, es sorprendentemente fácil cultivar la fe si estamos dispuestos a hacerlo, dispuestos a actuar pensando que hay una Inteligencia Superior a la nuestra en el universo. No obstante, nada, *nada* podría ser más personal que la búsqueda de la fe, y nadie puede indicar a otra persona cómo llevar a cabo esa búsqueda. Cada uno descubre a su Dios solo y en silencio.

No tendría sentido reunir cartas de mujeres que aman demasiado a menos que, en conjunto, estas cartas puedan contribuir a alentar la recuperación de quienes las leen. Sin embargo, la recuperación de la adicción a las relaciones es un logro mucho más sutil y menos definible que la recuperación de la mayoría de las demás adicciones tales como el alcoholismo o el hábito compulsivo de gastar dinero, jugar o incluso comer. A lo largo de este libro, necesitarás evaluar por ti misma en qué consiste recuperarse de la adicción a las relaciones, qué alienta esa recuperación y qué la impide, por qué se produce en algunos casos y no en otros. Todas estas preguntas y sus respuestas serán sumamente importantes para ti, si deseas recuperarte.

Theo y Britt apenas comienzan a explorar la recuperación. Wendy y Cecilia están bien encaminadas porque los pasos que están dando para llegar a su curación ya forman parte de su vida diaria. Pero el inicio del viaje y su continuación dependen exclusivamente de cada una de nosotras. Nadie ni nada puede hacerlo en nuestro lugar. Debemos encontrar el coraje y la humildad, como Wendy, de dar los primeros pasos necesarios, y luego la franqueza y una fuente de fortaleza y guía espiritual, como Cecilia, para enfrentar las cuestiones específicas que están en nuestro camino.

A lo largo de este libro, un número de mujeres (y hombres) que han leído *Las mujeres...* describirán su vida, su situación, su adicción a las relaciones y, con mucha frecuencia, también sus otras adicciones. A veces, como en los casos de estas cuatro mujeres, nos hablarán de los pasos que han dado a fin de iniciar y continuar su recuperación. Es de esperar que los pasos y el progreso de quienes están recuperándose constituyan una fuente de inspiración y guía para aquellas de vosotras que estáis iniciando ese viaje.

2

... AÚN TIENEN QUE RECUPERARSE

Las raíces de la adicción a las relaciones se hallan, inevitablemente, en los traumas emocionales de la niñez (pérdida, dolor, abuso y abandono) y en los hábitos de relación desarrollados como consecuencia de esos traumas. Los detalles de esas experiencias traumáticas varían según los individuos, al igual que los correspondientes «estilos» de relación adictiva que se desarrollan y, más tarde, se practican en la vida adulta en forma de adicción a las relaciones. Por ejemplo, las mujeres que provienen de hogares violentos tienden a elegir hombres violentos como pareja; las mujeres que se criaron en hogares alcohólicos tienden a elegir hombres químicamente dependientes, y así sucesivamente.

Sin embargo, hay un factor que está siempre presente y activo en la adicción a las relaciones: el impulso inconsciente de recrear la lucha del pasado y, al volver a enfrentarla en el presente, emerger triunfantes. Dicho de una manera más simple, es una compulsión de volver a jugar y, esta vez, *ganar*. La lucha por prevalecer sobre lo que nos derrotó en el pasado se convierte en una obsesión. Mientras esa obsesión siga activa, estará presente la adicción a las relaciones, haya o no una pareja en ese momento.

Este capítulo incluye cartas de mujeres que reconocen su adicción a las relaciones y, además, reconocen algunos de los factores contribuyentes de su niñez. Sin embargo, tomar conciencia de las condiciones y los hechos que nos predispusieron a desarrollar una forma adictiva de relacionarnos, de ninguna manera equivale a dominar ese patrón de conducta.

Cada una de estas mujeres cree estar recuperándose más de lo que, a mi entender, ha logrado en realidad. Para entender mis reservas con respecto a estos informes de progreso en especial, recuerda los factores que alientan la recuperación. Se necesita coraje y humildad, además del desarrollo de una capacidad para la franqueza rigurosa. Debemos estar dispuestos a hacer todo lo necesario para curarnos. Para mantener el proceso de curación es necesario también, por lo general, rendirnos a una Inteligencia Superior en busca de guía y consuelo.

La conciencia en sí misma no basta para promover y apoyar los cambios masivos que son necesarios para que se produzca la recuperación. Cuando esa conciencia va de la mano con la determinación autoimpuesta de vencer la conducta adictiva, la posibilidad de recuperación se hace más remota aún, puesto que la adicta recurre, para derrotar a su enfermedad, a las mismas actitudes y conductas insalubres que ha utilizado con otras personas durante tanto tiempo. Nada cambia en realidad. Sigue actuando con la convicción de que ella, en sí misma, tiene la respuesta para su problema y el poder de obligarse a cambiar.

Al principio, resulta natural (y reconfortante) creer que el solo hecho de tomar la decisión pondrá fin al problema, pero si eso fuera lo único necesario no existiría la adicción. El autocontrol no da resultado frente a ningún tipo de adicción, puesto que todas las enfermedades adictivas son enfermedades de control. Nos esforzamos por controlar lo que no podemos y, al hacerlo, nos enfermamos cada vez más. La adicción no se rinde ante la obstinación; es necesario admitir que es más fuerte que nosotras y que no podemos derrotarla solas.

Las siguientes cartas te ayudarán a reconocer más fácilmente la adicción a las relaciones y a identificar la obstinación en acción. La obstinación siempre es característica de la adicción a las relaciones y constituye un enorme impedimento para lograr la recuperación.

Estimada Robin Norwood:

Me costó mucho terminar su libro. De hecho, lo dejé a un lado varias veces y me dije que no podía seguir leyéndolo: me dolía demasiado leer la verdad sobre mí. Cada vez que trataba de guardarlo en un cajón, con la portada hacia abajo, volvía a la página quince, donde había subrayado las palabras: «tú dejarás de ser una mujer que ama a alguien con tal intensidad que resulta dolorosa, para pasar a ser una mujer que se ama a sí misma lo suficiente para detener el dolor». Entonces perseveraba y continuaba leyendo. Sé que no puedo eliminar mi dolor del día a la noche, pero poder admitir al fin que estoy sufriendo es un comienzo.

Tengo treinta y ocho años, dos hijos, he tenido dos maridos y esta misma noche terminé una relación de un año con un hombre casado. Al leer *Las mujeres que aman demasiado* obtuve las fuerzas necesarias para poner fin a la relación. Todos estos hombres necesitaban «arreglos», y he llevado esta costumbre de tratar de «arreglar» a los demás también a mi carrera. Trabajo con adolescentes que tienen alteraciones emocionales severas. He recibido muchos premios y muchos elogios por trabajar con ellos, pero ahora tengo una nueva perspectiva de lo que he estado haciendo, en realidad, en todos estos años.

Cuando la gente me preguntaba por qué había elegido trabajar con chicos de esa clase, yo les respondía que no había elegido mi trabajo, que él me había elegido a mí, casi como una vocación. ¡Qué equivocada estaba! ¿Qué mejor profesión para una «arregladora» compulsiva? No voy a dejar mi trabajo, pero cuando lo retome lo haré con una nueva conciencia y una actitud más sana.

Usted escribe sobre las familias disfuncionales y el alcoholismo. Mi familia era disfuncional, no debido al alcoholismo sino a la muerte de mi único hermano, catorce meses menor que yo. Se enfermó a los nueve años, de un tumor cerebral terminal. Durante tres años fue muriendo un poco cada día, y mi madre, mi padre y yo moríamos con él. Murió en octubre, mis padres se divorciaron en diciembre, mi madre volvió a casarse en febrero y mi padre, en mayo. He pasado los últimos veinticinco años tratando de volver a «arreglarme», pero nunca lo entendí hasta que leí su libro. Mientras tanto, hice daño a dos hombres buenos y a mis propios hijos. Si escribe otro libro, por favor, hable de lo que hace a una familia la muerte de un hijo. Debe de haber muchos otros que, como yo, perdieron un hermano o una hermana y no reconocen lo que eso les hizo o, quizá, les sigue haciendo. Los padres del niño muerto reciben los pésames, pero sus hermanos solo saben que nunca podrán «reparar» esa pérdida para el resto de la familia: nunca pueden ser lo suficientemente buenos, inteligentes, bonitos o fuertes como para llenar el vacío. Nunca pueden amar lo suficiente o ser lo bastante perfectos para justificar su propia existencia y el hecho de estar vivos mientras su hermano está muerto. Por favor, trate de ayudar a los sobrevivientes a la muerte de un hermano que pueden tener los mismos sentimientos que yo. Usted puede llegar a mucha gente, y yo no.

Me gradué en la universidad con un promedio casi perfecto, y recuerdo que pensé en lo orgullosos que habrían estado mis padres si tan solo no hubiese tenido esa nota que me impedía alcanzar la máxima calificación. De alguna manera, estaba segura de que había decepcionado a todos.

Espero haber terminado de llorar por un tiempo, despertar por la mañana, mirarme al espejo y decir: «Moira, recibes mucho amor, especialmente de ti misma». Entonces seguiré adelante y tendré coraje para enviar esta carta.

Moira D.

La primera carta de Moira describe muy bien una de las muchas maneras en las que los niños pueden sufrir suficiente daño como para desarrollar una severa adicción a las relaciones en su vida adulta. Es inevitable que la pérdida de un hijo por la muerte signifique un golpe muy duro y de efectos muy prolongados para los restantes miembros de la familia y que, en mayor o menor medida, siempre afecte la relación entre ellos. Los miembros de la familia que sobreviven tienen mucha suerte si son capaces de analizar sus sentimientos de culpa, de dolor y de temor de sufrir otra pérdida y utilizar el dolor compartido para forjar vínculos más profundos y sinceros entre sí. En cambio, lo más frecuente es que se cierren a sus sentimientos, debido al lógico temor de volver a amar y a perder. Cuando esto sucede, la carga que asumen los hijos restantes de restablecer el bienestar familiar puede ser inmensamente pesada.

Tanto los sentimientos de culpa que tenía Moira por haber sobrevivido como su necesidad de ser perfecta para recompensar a la familia por su pérdida son reacciones comunes en los niños que se enfrentan a la muerte de un hermano y tienden a exagerarse hasta el punto en que la familia es incapaz de hacer frente al dolor por esa muerte. Sin embargo, en el caso de Moira, la pérdida fue mucho mayor que la muerte de su hermano. Su familia, todo su sistema de apoyo, en esencia murió junto con su hermano. La angustia de esa muerte lenta y prolongada forzó la capacidad de resistencia de la relación de sus padres hasta el límite. Al no poder llorar la enfermedad y la muerte de su hijo, los padres de Moira buscaron consuelo y alivio en sendas relaciones extramatrimoniales. Con su divorcio y la rapidez con que volvieron a casarse, Moira quedó emocionalmente abandonada. Trató de sofocar sus desesperados sentimientos de pérdida mediante sus esfuerzos por remediar el dolor de sus padres. Al ver que todos esos esfuerzos por ser perfecta a fin de salvar la familia y de restablecer todo lo perdido siempre fallaban, Moira redobló su esfuerzo con su propio dolor y su necesidad... y así se intensificó su sensación de fracaso.

El alcoholismo no causa problemas a una persona, una relación o una familia. Simplemente exagera los ya existentes.

Este axioma se aplica no solo en casos de alcoholismo, sino también cuando en una familia se producen situaciones de mucha tensión que no se pueden admitir ni discutir. Indudablemente, se aplica a la familia de Moira y a Moira como individuo. Creo que se puede suponer, sin temor a equivocarse, que su familia tenía dificultades con la intimidad emocional y la comunicación franca aún antes de la muerte de su hermano. Ese acontecimiento simplemente exageró los efectos de su incapacidad de ser genuinos entre sí.

Por otra parte, me inclino a pensar que Moira ya tenía una necesidad muy desarrollada de ser «buena» antes de la enfermedad de su hermano. La muerte del niño exageró esa necesidad y de ser una característica pasó a ser un defecto. El perfeccionismo de Moira era un intento de controlar lo incontrolable (en este caso, el deterioro de su familia). Inevitablemente, Moira llevaba consigo el temor a las situaciones incontrolables (que, por consiguiente, la atraían debido a su necesidad de repararlas) en cada área de su vida adulta. Incorporó todo su repertorio de herramientas para enfrentar esa vieja lucha familiar a sus relaciones con los hombres, a sus amistades, a su maternidad y a su carrera.

La siguiente carta de Moira (escrita en respuesta a mi solicitud de utilizar la primera en este libro) comienza expresando su preocupación, tan común en las mujeres que aman demasiado, por la posible predisposición de su hija a la adicción a las relaciones. A menudo, cuando no se concentran en su pareja, las adictas a las relaciones tratan de (como lo diría Moira) «arreglar» a un hijo o hija.

Esta segunda carta deja en claro que el poder y el control fueron, durante mucho tiempo, problemas para la familia de Moira y que, bajo la forma de «ayuda», ella ha adoptado estos enfoques para relacionarse con sus seres cercanos. En efecto, su carta es un estudio de una voluntad de hierro operando en las relaciones interpersonales. Demuestra, además, que esa voluntad de hierro puede disimularse, al menos para uno mismo, asumiendo los roles alternados de auxiliadora y víctima.

Moira está atrapada en lo que ya es un muy viejo modelo de relación. No da resultado, no produce los resultados felices que ella anhela, pero no puede detenerse. El hábito mismo crea presión y, bajo presión, es lo único que ella sabe hacer.

Querida Robin:

Mis hijos acaban de regresar a casa después de pasar tres semanas con su padre. No lo habían visto desde nuestro divorcio, hace cinco años. Esta separación de tres semanas nos hizo bien a todos, especialmente a mí, pues me dio tiempo para pensar en qué manera los ha afectado mi «amar demasiado». Tu solicitud de usar mi carta me hizo pensar que necesito decirte esto, pues parece que esta enfermedad puede volverse hereditaria. Mi hija fue la primogénita y constituyó mi redención por seguir viva, casarme y tener una familia, cuando mi hermano no había podido llegar a la adolescencia. Al nacer, pesaba 4,800 kilos y medía cincuenta y nueve centímetros. Todas las enfermeras y muchos médicos a quienes ni siquiera conocía pasaban por mi habitación del hospital para felicitarme por haber tenido ese maravilloso bebé. Yo sentí que tocaba el cielo con las manos. Estaba demostrando a mis padres que podía hacerlo todo a la perfección, incluso el hecho de dar a luz. Era un bebé perfecto. Era hermosa. Lo hizo todo a temprana edad y perfectamente. En el supermercado y en la calle, la gente nos detenía para elogiarla. Mi padre estaba loco por ella, pero mi madre actuaba como si deseara que nunca hubiese nacido, y no dejaba que la llamaran «abuela».

Ahora me doy cuenta de que yo no permitía a mi esposo mucho contacto con el bebé. En mi mente, él no era capaz de darle lo que necesitaba. Solo yo podía darle la clase adecuada de amor y de enseñanzas. Pobrecito. Cuando mi hija empezó la escuela, de inmediato la ubicaron en las clases más brillantes, con lo cual volvía a validar mi existencia. Yo no estaba emocionada ni muy impresionada, porque era lo que esperaba de ella. Después de todo, era mi hija. ¿Cómo podía ser de otro modo? Cuando estaba en cuarto grado, retomé mis estudios universitarios para obtener otro título. Ella insistía en que yo comparara nuestras calificaciones. Yo, por supuesto, siempre obtenía las notas más altas. Ella tenía alguna que otra que se apartaba de lo óptimo. Su maestra me llamó a la escuela. No creía que mi hija fuera completamente feliz. Algo empezaba a andar mal.

Ahora, a los quince años, ya no es la hija perfecta. El año pasado fue reprobada en dos materias. Se niega a creer que es hermosa, aunque los chicos la buscan como abejas a la miel. Una y otra vez, he tratado de decirle que es fantástica, pero rehúsa creerlo porque proviene de mí. Robin, ¿la mayoría de las mujeres como yo transmiten su enfermedad a sus hijas? Me asusta pensar en esa posibilidad. Mi hija no parece amar *suficiente,* ni siquiera a sí misma, pero sospecho que, al igual que yo, «ama demasiado». Por favor, dime si has visto que esto suceda. Me siento muy culpable. La quiero mucho y tengo miedo por ella. Se opone con mucha tenacidad a consultar a algún asesor psicológico, de modo que estoy esperando para ver qué traerá este año lectivo y si mi nueva capacidad de discernimiento puede ayudarla a ella también, antes de insistir en que consulte a alguien.

Además, tengo que contarte cómo elegí a mis maridos, porque hace poco tiempo comprendí lo que he hecho. Me casé con mi primer esposo cuando yo tenía dieciocho años, y él treinta. Mi padre tiene mucho dinero y yo me casé con un hombre que trabajaba en una gasolinera. Eso ya dice mucho. Pensaba que podía lograr que ese hombre llegara a ser algo y, por supuesto, ambos sufrimos con mis esfuerzos. Mi padre hizo que nos mudáramos de estado para que mi esposo pudiera trabajar para él, con la idea de que llegara a hacerse cargo de una parte de su empresa. No había manera de que eso sucediera. Mi marido nunca sería suficientemente bueno, ni a los ojos de mi padre ni a los míos. Carecía de preparación para esa tarea y no podía convertirse en una versión masculina de mí ni reemplazar a mi hermano muerto, pero ¡Dios mío, cómo lo presionamos! Él cedió a nuestra presión y comenzó a maltratarme físicamente.

Finalmente, el matrimonio se desintegró, aunque duró once años y medio.

Hacía apenas dos semanas de mi divorcio cuando conocí a mi segundo esposo. Él se había casado antes, a los dieciocho años, y hacía ocho que estaba nuevamente solo cuando lo conocí. Él también tenía un hijo de trece años, que vivía con él desde los tres años de edad. ¡Dos personas a quienes «arreglar»! Tanto mi esposo como su hijo eran drogadictos, aunque no me di cuenta de eso cuando nos conocimos, o no quise verlo, tal vez. Consumen cocaína. Mi hijastro ha tenido problemas con la ley por vender drogas, y hace casi un año que mi esposo no trabaja por causa de su adicción. Si bien estuve casada con él durante cuatro años, finalmente comprendí que debía dejarlo. Él también me maltrataba físicamente y, en una ocasión, tuve que internarme en el hospital porque él me había perforado el tímpano al golpearme en la cabeza durante una discusión. Ahora puedo verlo todo y entiendo por qué elegí a esos dos hombres. Los dos carecían de muchas cosas y, en mi opinión, necesitaban alguien como yo para que los cuidara.

Te escribo todo esto porque sé que lo entenderás. Mis amigos quedarían pasmados si sospecharan que he podido llegar a tal situación. Siempre me piden ayuda. Es agradable hacer saber a alguien que estoy muy lejos de ser perfecta.

Moira D.

Después de leer en la segunda carta de Moira que tanto su último esposo como su hijastro son adictos a la cocaína, le escribí instándola a asistir a las reuniones de Alcohólicos Anónimos, donde no solo podría entender mejor la dependencia de las sustancias químicas y su impotencia en relación con ella, sino que además aprendería a tomar distancia de los problemas de su hija y a concentrarse en sí misma. Su respuesta, que transcribo a continuación, revela el grado de su enfermedad tanto por lo imposible de manejar que se ha vuelto su vida como por su falta de voluntad, por ahora, de renunciar a su obstinación a fin de recibir ayuda adecuada. Si bien está lista para insistir en que su hija consiga ayuda, cree que ella puede encargarse de sus propios problemas a solas y en secreto.

Querida Robin:
Las cosas que te escribo son pensamientos que me he guardado durante tantos años que llegué a pensar que estallaría. Siempre creí que nadie más entendería lo que yo sentía, hasta que leí *Las mujeres que aman demasiado*. Lo que sufrimos son cosas que, creo, solo otros en nuestra misma condición pueden entender de verdad. Antes creía que era imposible amar demasiado, y siempre pensaba que tenía que dar más y más amor, sin comprender que el recipiente de mi corazón, mi alma y mi mismo ser tenía fondo. Supongo que algunos somos incapaces de levantar la vista y ver la luz del día hasta que nos golpeamos contra el fondo. Tengo un amigo que siempre menea la cabeza y, cínicamente, me describe como una «benefactora sufriente». Me parece bastante insensible, pero parece estar muy feliz con su forma de ser, de modo que ¿quién sabe? Me gustaría mucho encontrar el término medio entre nosotros dos.

En este momento, la mayor dificultad para mi recuperación tiene una relación casi directa con tu mención de Alcohólicos Anónimos. Mi segundo esposo ha estado tratando de reconquistarme. Cuando nos separamos, en marzo pasado, fue con mucha amargura de su parte y mucha tristeza de la mía. Me sentía derrotada y exhausta por haber vivido con dos adictos, padre e hijo, mientras trataba de protegerme a mí misma y a mis hijos de las adicciones de Will y de Billy. Mis hijos, a los quince y doce años, estaban en una edad muy vulnerable, y mi empleo como maestra de adolescentes también corre peligro por mi relación con las drogas o con adictos. Tanto Will como Billy me han maltratado físicamente y a veces, a mis hijos. Will provocó daños por dos mil dólares a mi automóvil nuevo con un bate de béisbol mientras mi hijo y yo estábamos adentro. Poco antes de separarnos, Will retiró veinte mil dólares de una cuenta de ahorro conjunta para hacer un negocio con drogas. El caso es que no volví a verlo ni a tener noticias de él hasta el mes pasado. Billy fue enviado a vivir con su madre en Florida, pues lo arrestaron dos veces por drogadicción y estaba en serios problemas. No veía a su madre desde los tres años de edad. Ahora Will está solo y me ha devuelto parte del dinero y de las pertenencias que se llevó. Me llama casi todos los días para suplicarme, me dice que ha cambiado, que comprende lo que perdió, etc., etc., etc. ¡Me está matando! El lunes próximo, mi hijo cumple los trece años y Will me ha dado un regalo para él, aunque siempre se ponía muy celoso de mi amor por mi hijo y lo trataba muy mal. En una ocasión habíamos dicho a los niños que no podían tomar más té helado después de la cena. Will lo descubrió con un vaso lleno y se lo derramó sobre la cabeza. ¡Qué cruel y humillante para un niño! ¿Qué madre podía dejar que sus hijos siguieran viviendo así? Cuando empiezo a sentir pena por Will, trato de recordar esas imágenes. Trato de no ver a un hombre solo y triste, sino a alguien cuya adicción ha hecho daño a mucha gente. He tenido una pesadilla recurrente en la cual estoy en el fondo de un hoyo muy profundo con Will. Trato de trepar por las paredes, pero Will me retiene tirando de mi pierna. Tengo las uñas rotas y me sangran los dedos. Todos los niños, incluso Billy, están arriba, llorando y recordándome que prometí cuidarlos. A veces, hasta el perro está arriba con ellos. Will está en el fondo, reteniéndome y diciéndome lo mucho que me ama. Despierto agotada. Él sigue sin empleo y drogándose, aunque dice que no lo hace desde julio. Pero reconozco la cocaína en su voz; la conozco bien.

La segunda dificultad es mi primer marido. Ahora que me separé de Will, me está enviando dinero para los niños, lo cual no había hecho desde mi segundo matrimonio. Este verano vio a los niños por primera vez desde nuestro divorcio. Llama por lo menos dos veces a la semana, conversa conmigo interminablemente y, cuando le pregunto si quiere hablar con los niños, dice: «Sí, pero deprisa. Esto es larga distancia». Me pide que considere mi matrimonio con Will como unas vacaciones de cinco años y quiere que vuelva con él. Estos dos hombres me están volviendo loca. Aún salgo con otros hombres, pero he tratado de hacerlo menos, pues estoy cansada de ellos.

En cuanto a Alcohólicos Anónimos, Robin, mi mayor temor es el de perder el control. Es por eso que no bebo y que jamás tuve la tentación de probar ninguna clase de droga. Entiendo que ese es un grupo de apoyo, pero he visto gente que se vuelve muy dependiente de Alcohólicos Anónimos, grupos religiosos, etc. Yo odio perder el control sobre mi vida. Por eso tengo en este momento esa impresión con respecto a cualquier tipo de terapia. Siento que es como admitir la derrota, y yo aún no me siento derrotada. Creo que me sentiré más fuerte si puedo seguir haciéndolo sola todo el tiempo que sea posible. Es curioso, pero siempre busqué a los hombres para no estar sola, sin darme cuenta de lo sola que estaba con ellos. Ahora, realmente quisiera estar sola con Moira durante un tiempo, solo para ver qué se siente. A veces es estupendo; me siento muy fuerte y capaz. De vez en cuando me siento decaer, pero no por mucho tiempo. En medio de todo esto casi olvidé agradecerte tu consejo sobre mi hija. Trataré de seguirlo, pero es muy difícil, por eso de que es carne de mi carne y todo eso. Seguiré intentándolo. Gracias.

Moira D.

Durante toda su vida adulta, Moira siempre estuvo relacionada con uno u otro hombre, o, como ahora, con más de uno a la vez. Ya fuera que esos hombres estuviesen casados con otra mujer, fuesen drogadictos, violentos o, simplemente, inadecuados, siempre constituyeron el centro de atención para ella. Le proporcionaban una distracción de su propia vida, con todo su dolor y sus sentimientos de culpa. Si se necesitara una prueba de que Moira está muy ligada a los avatares de la adicción a las relaciones, podemos hallarla en esta última carta, que contiene mucho más énfasis en «ellos» que en ella. Mientras siga utilizando sus relaciones con los hombres para evitar desarrollar una relación más profunda consigo misma, no se curará. Moira necesita dejar en paz a los hombres con sus problemas hasta haber abrazado por completo su *propia* vida. Cuando entienda, con todo su ser, que ningún hombre será jamás la respuesta a sus dificultades, dejará de ser prisionera de sus patrones de conducta.

> La resistencia a participar en un programa de recuperación tiene más que ver con nuestra ilusión de control que con el temor de llegar a depender de una fuente de ayuda.

No resulta sorprendente que alguien que ha sido tan dependiente de los hombres, tan adicta a ellos como Moira, exprese su temor de llegar a depender demasiado de un enfoque en particular para su recuperación. Hay una increíble ironía en la reticencia de Moira a buscar ayuda porque, para ella, eso implica renunciar a controlar su vida. Sería difícil imaginar una vida que estuviese más fuera de control que la suya. Sin embargo, Moira está segura de poder controlar el problema sola, por pura fuerza de voluntad. Todo adicto puede dominar su adicción *por un tiempo,* pero mi experiencia, tanto en lo profesional como en lo personal, me dice que el control permanente mediante la obstinación es una ilusión fatal, y que solo se logra la recuperación cuando nos damos por vencidos y pedimos ayuda.

Para la mayoría de la gente de esta cultura, la obstinación denota fortaleza y decisión, mientras que la capitulación implica debilidad de carácter. Hasta cierto punto, es verdad, pero para muchos de nosotros hay momentos en los cuales debemos reconocer que todos nuestros recursos personales no bastan para vencer nuestras dificultades. Entonces es necesario que podamos acudir a otros que nos entiendan y compartir con ellos nuestro secreto. Eso no es debilidad. Eso es humildad, y por medio de la humildad descubrimos que disponemos de una increíble fuerza. Debo predecir que Moira no podrá efectuar en sí misma los cambios drásticos necesarios para su recuperación. Sin el apoyo de otros que han pasado por las mismas luchas a las que ella se enfrenta, carece de los recursos necesarios para lograr una recuperación prolongada.

El miedo de volverse dependiente de una fuente de ayuda en particular es una preocupación común en los adictos de todo tipo. Los alcohólicos, por ejemplo, a menudo declaran un temor de volverse «adictos» a Alcohólicos Anónimos y, por ende, no desean ingresar en ese programa. Pero el concepto de adicción solo se aplica cuando la vida se vuelve cada vez menos manejable. Si la participación en un programa nos permite manejar mejor nuestra vida y no a la inversa, eso no es adicción: es recuperación. La resistencia a participar en estos programas a menudo tiene que ver con una reticencia a renunciar a nuestra ilusión de control y con cuestiones de orgullo y obstinación, más que con un verdadero temor de llegar a depender demasiado de una fuente de ayuda. Otra razón para resistirse a participar en un programa de recuperación es que, simplemente, no estamos listos para renunciar a la adicción misma.

La siguiente carta demuestra con claridad los aspectos generacionales de las enfermedades de adicción y coadicción, como también la atracción que ejercen entre sí quienes tienen antecedentes disfuncionales de adicción o de otra clase. La carta y mi respuesta indican qué larga y exigente es la tarea de recuperación.

> Querida Robin:
> Estoy en el proceso de separarme de mi tercer marido (el primero y el tercero son alcohólicos; el segundo era un hombre casado en quien perdí todo interés una vez que nos casamos, y él, a su vez, empezó a golpearme). Mi actual marido es un alcohólico en recuperación que lleva casi cuatro años en Alcohólicos Anónimos.

Llevamos cuatro años y medio de casados. Él ha pasado de su alcoholismo activo a una adicción activa al trabajo, y yo he reaccionado con la furia, la violencia y los esfuerzos por dominar que se describen en *Las mujeres que aman demasiado*. En general, la relación me ha dado poco o nada en lo emocional, sexual o intelectual, salvo seguridad económica. Ahora que sabes que tengo todas las condiciones de una adicta a las relaciones, permíteme darte un breve panorama de mi niñez.

Mis padres se divorciaron cuando yo era un bebé. Mi madre me abandonó y mi padre obtuvo la custodia. Mi abuela paterna (cuyo segundo marido era alcohólico) me crio hasta los cinco años, cuando mi padre se casó con una mujer proveniente de un hogar alcohólico. Mi padre y mi madrastra me castigaban encerrándome en el armario del sótano. Esto duró años. Al mismo tiempo, mi abuelo paterno (el primer marido de mi abuela) comenzó a abusar sexualmente de mí y siguió haciéndolo durante años. Mi padre, que era muy violento, me golpeaba a mí y a mis cinco medio hermanos. Tuve una cantidad excesiva de responsabilidad y rara vez me permitían hacer las cosas que hacen los niños y los adolescentes. Mi verdadera madre se convirtió en alcohólica; luego ingresó en Alcohólicos Anónimos y se mantuvo sobria durante siete años, pero ahora ha vuelto a beber. Mi padre sigue siendo un alcohólico activo, sin tratamiento. La familia continúa siendo sumamente disfuncional. Mis hermanos se han casado con personas adictas y alcohólicas. Ha habido intentos de suicidio, etcétera. Uno de mis hermanos es activamente alcohólico a los veintidós años.

Ahora, las buenas noticias. Gracias a tu libro y a mi terapeuta, a quien he visto hasta tres y cuatro veces por semana, y a mis años en Alcohólicos Anónimos, estoy bien encaminada hacia la recuperación.

Mis dos hijos (de mi primer matrimonio) y yo estamos a punto de abandonar a mi actual marido y nos mudaremos pronto. Ni yo ni mi esposo hemos solicitado el divorcio aún, pero yo sigo con mi vida. Mi relación con él ha terminado. No me cierro a la posibilidad de que se pueda formar una nueva relación sobre las cenizas de la anterior pero, a menos que él piense en ingresar en terapia durante seis meses al menos, no aceptaré quedarme con él.

Hoy soy más libre y más feliz que nunca.

HOLLY L.

Querida Holly:

Quiero ayudarte a volver a concentrarte en ti misma, que es donde debe producirse la curación, para que *tú* puedas volver a relacionarte con otra persona con confianza y con intimidad emocional. Estás disgustada hasta la violencia con tu actual marido porque, después de recuperar la sobriedad, se sumergió en su trabajo, en lo que parece ser un intento consciente y deliberado de rehuirte. ¡Pero, Holly, te casaste con él mientras bebía! Entonces tampoco podía estar disponible para ti, de modo que esta actitud no es nada nueva y tu furia por su adicción al trabajo no tiene mucho sentido.

Has avanzado mucho al entender las contribuciones que ha tenido tu historia familiar para determinar el desarrollo de tu vida y la persona que eres hoy. Pero debes comprender que tu actual marido no es tu problema principal. Él es simplemente el hombre con quien te casaste porque la limitada intimidad emocional de la que él era capaz (además del drama y el caos que acompañan al alcoholismo activo) te resultaba cómoda. La comprensión y la conciencia que ahora tienes de tus antecedentes familiares no bastan para enseñarte a tener intimidad emocional con otro ser humano. Nadie puede cambiar radicalmente su forma de relacionarse en el transcurso de una sola vida. Es más, debemos considerarnos increíblemente afortunados si podemos extender siquiera mínimamente nuestra capacidad de confiar, de intimar en forma honesta y no manipulativa, y de, simplemente, aceptar el afecto de los demás. Tú exiges a tu esposo algo que, quizá, no podrías manejar si lo obtuvieras ahora.

Un amigo mío muy sensato, un ministro episcopal, me dijo una vez que, cuando la gente le preguntaba si creía en el divorcio, él respondía: «A veces las personas necesitan separarse. Pero no deben hacerlo hasta haber aprendido la lección que esa relación trata de enseñarles. Si no aprenden esa lección, tendrán que volver a enfrentarla en la siguiente relación, y quizás otra vez en la siguiente a esa». A veces, Holly, una vez que aprendemos la lección nos damos cuenta de que, después de todo, la verdadera cuestión no reside en quedarnos o marcharnos. En cambio, hemos enfrentado una tarea mucho más sencilla y, sin embargo, mucho más difícil: aprender a vivir con nosotras mismas y con otro ser humano, con todas nuestras imperfecciones individuales y compartidas.

Cuando hayas perfeccionado la capacidad de estar serena, la permanencia o el abandono sucederán solos.

Mientras sigas exigiendo a tu esposo más atención de la que es capaz de dar, él, naturalmente, seguirá apartándose en defensa propia, con temor y con furia. Ese impulso, esa necesidad apremiante de hacer *algo* (de efectuar un cambio en otra persona) constituye uno de los elementos más destructivos de la coadicción. En lugar de actuar según esa necesidad de cambiar al otro, puedes aprender a convivir con tu propia angustia, ira, frustración, desesperación o cualquier otra emoción que te domine. Rastrea su origen en *ti*. Ábrete a la emoción, incluso dale la bienvenida, si puedes. Siéntela, experiméntala, explórala y permite que ella te enseñe sobre ti misma, tu historia y tu dolor. Porque, Holly, *ninguna* relación puede evitarte el dolor de tu historia. Ninguna pareja puede proporcionarte suficiente distracción o suficiente amor para mantenerlo oculto. Debes enfrentarlo, entrar en él, aceptarlo y permitir que tu Poder Superior te ayude a sanar y a perdonar y a seguir con tu vida. Entonces aprenderás la lección a la que se refería mi amigo.

Cuando hayas perfeccionado esa capacidad de serenarte, si puedes recurre a todo lo que has aprendido en Alcohólicos Anónimos y en terapia para bendecir a tu esposo y aceptarlo *tal como es*, sin ira ni resentimiento, sin deseos de castigarlo o de cambiarlo, sin tomar a pecho lo que él hace o deja de hacer, realmente habrás profundizado en tu alma y recibido el don que esa relación trataba de obsequiarte. Después de eso, la permanencia o el abandono sucederán solos. Te lo prometo.

Con mayor frecuencia, la adicción a las relaciones se practica con el cónyuge o la pareja de uno. A veces, la adicta cree que se ha recuperado porque la relación con la persona en quien se concentraba su adicción ha terminado. Sin embargo, tal como lo demuestra la siguiente carta, un cambio semejante de circunstancias rara vez constituye la recuperación.

Estimada señora Norwood:
Acabo de comprar un ejemplar de *Las mujeres que aman demasiado* y he tenido que dejar de leerlo en el

trabajo porque mis exclamaciones de «¡Oh, Dios mío!» molestan a mi jefe. Durante veinte años he estado casada con un hombre que, cuando no bebe de hecho, tiene borracheras secas: está furioso, me critica y cambia de humor constantemente.

Yo solía comparar a mi esposo con un águila salvaje que estaba atrapada en una jaula, golpeándose las alas contra los barrotes. Yo era un patito regordete y doméstico que estaba satisfecho en la jaula. Cada tanto, el águila se salía de la jaula; el pato volaba con ella y era feliz. Pero siempre se conformaba al volver a la jaula. El águila también volvía, pero al poco tiempo volvía a golpearse las alas contra los barrotes.

Hace dos meses, mi esposo huyó con mi ex mejor amiga. Está en algún lugar, viviendo una fantasía con ella. Cuando se marchó, lo primero que pensé fue: «Si él no me quiere, ¿quién me querrá?». ¿Le suena conocido? Tenía un sobrepeso de quince kilos que, según él, no le molestaban, pero a sus amigos les decía que deseaba que yo adelgazara. Durante todo nuestro matrimonio, siempre lo consideré más inteligente, más atractivo, más todo que yo, y me consideraba afortunada por tenerlo conmigo. ¿Cómo podría existir sin él?

Hace dos años me contrataron para un trabajo que me encanta y en el cual me consideraban inteligente, innovadora e inventiva. Además, comencé a cantar y a actuar en producciones locales de teatro, con críticas muy positivas. Volví a escribir, pero en casa siempre me veían como tonta, torpe y aburrida. Nuestros dos hijos mayores, por entonces adolescentes, me culpaban por todos sus problemas. Estaba loca, ¿no lo sabía? ¿Cómo podía existir en el mundo exterior si estaba loca?

El otoño pasado, nuestra hija de quince años huyó de casa por dos días. Ingería mucho alcohol y píldoras.

Aparté mi atención de mi esposo y me dediqué de lleno a ayudarla. La opinión de mi esposo era que deberíamos echarla a la calle. No quería hacerse cargo de ningún problema. Mi respuesta fue: «Es nuestra hija. ¡No la echaré a la calle!». Gracias al asesoramiento psicológico, mi hija comenzó a enderezarse, mientras mi relación con mi esposo se deterioraba. Lo veía acercarse más y más a mi ex amiga, pero yo trataba de salvar a mi hija, y no me quedaba nada para darle a él.

No podía hacer nada. En veinte años, me ha permitido acercarme a él emocionalmente seis veces, una vez cada tres o cuatro años. Eso no es compartir mucho amor y comprensión. Durante diez años he asistido a sesiones psicológicas, tratando de averiguar qué estaba haciendo mal, cómo podía cambiar para que las cosas mejoraran. Después de todo, ¿acaso la culpa no era mía?

Cuando mi esposo se marchó, una amiga me mostró cierta información acerca de la dependencia a las sustancias químicas y de la manera en que afecta a las familias. De pronto, empecé a verlo todo, ¡cosas que había buscado durante todos esos veinte años! He ingresado en Alcohólicos Anónimos y eso me ha ayudado inmensamente.

Si mi esposo no me quiere, habrá otro hombre que sí. No soy tonta, no soy fea y tengo algo que ofrecer. En este tiempo he perdido once kilos, y continúo haciendo dieta y gimnasia. La comida, sobre todo la dulce, ya no es tan importante para mí. Sigo actuando y cantando. Asisto a mi programa y sobrevivo sin mi esposo.

Mi hija, sin embargo, ha reincidido en el consumo de drogas y alcohol y se está volviendo violenta. Está en una espiral descendente y veo en ella el mismo modelo que en mi esposo. El lunes tomé la decisión de internarla en un centro de rehabilitación de drogas y alcohol para adolescentes durante seis semanas. Esta noche se le comunicará la decisión. Está viviendo con una psicóloga amiga mía, por el momento. La semana pasada huyó de casa dos veces y llegamos al acuerdo de que, si no era feliz en casa, debíamos hallarle un sitio agradable donde pudiera quedarse por un tiempo. Si huye esta noche, no podré hacer mucho más que llamar a la policía. Sé que, si inicia el tratamiento, lo seguirá. En realidad, está pidiendo ayuda.

Hace uno o dos meses, yo habría estado viviendo en un pánico total, preguntándome qué había hecho mal para que mi hija se comportara así. Estoy aprendiendo, de la manera más difícil, a no sofocarla y a sobrevivir a estas crisis con razonable cordura. Estoy mejorando, gracias a Dios.

No sé qué será de mí en el futuro pero, por ahora, estoy más en paz conmigo misma que nunca. Me agrado. Estoy bien. No tengo que depender de mi esposo para sobrevivir. Gracias por su libro. Me ha abierto los ojos y me ha ayudado a hallar las partes esquivas de mí misma.

Willow D.

Querida Willow:
Si bien deseo aplaudir el progreso que has hecho al entenderte a ti misma y al reconocer la situación de tu familia, también quisiera prevenirte. Al tener cierto conocimiento del poder de la adicción a las relaciones, que, en tu caso, es de la variedad coalcohólica, resulta fácil ver por qué no pudiste dejar de concentrarte en tu marido hasta que pudiste trasladar tu atención hacia tu hija. Ahora que tu esposo ya no está en la casa, la tendencia de concentrarte en tu hija se volverá mucho más apremiante. Con mucha frecuencia,

cuando la pareja de una adicta a las relaciones queda fuera de escena, se produce una compulsión de dedicarse a la persona más cercana después de él. A menudo, eso significa que uno o más hijos recibirán de lleno la atención de la adicta a las relaciones. Cuando esa adicta es coalcohólica y su pareja ya no está presente pero un hijo alcohólico sí lo está, la necesidad de ayudar, manejar y controlar la vida de ese hijo *parece* ser un esfuerzo perfectamente justificado y no la continuación del proceso de enfermedad que es en realidad.

La gente no deja de ingerir alcohol y otras drogas en exceso para que los demás se sientan felices o cómodos, se trate de sus maridos, esposas, padres o hijos. Si lo hacen, es porque las consecuencias de su adicción se han vuelto intolerables para ellos mismos.

A riesgo de atraer sobre mí la ira de todos los padres que tienen esa actitud, quiero decirte que tu primera tarea no consiste en hallar soluciones para tu hija adolescente. Tu tarea es cuidar de ti misma. Cuanto mejor puedas cuidarte e impedir que tu vida se convierta en un caos por la conducta de tu hija, mayor será el favor que estarás haciéndole a ella y a ti misma.

Una forma muy elevada del amor consiste en permitir que alguien a quien queremos profundamente sufra las consecuencias naturales de su comportamiento y tenga así la oportunidad de aprender las lecciones que esa conducta le enseñará. Cuando, por temor o por un sentimiento de culpa, tratamos de evitar esas consecuencias y, por consiguiente, esas lecciones, lo hacemos más por nuestro bien que por el del ser querido.

Cuando nos sentimos responsables y no soportamos nuestra culpa o la desaprobación ajena, necesitamos ayuda *para manejar nuestros propios sentimientos de incomodidad,* no ayuda para manejar la vida de otra persona. Básicamente, necesitamos ser capaces de discriminar lo que es nuestro problema y lo que es problema de otro. Te recomiendo que dejes la responsabilidad por el abuso de alcohol y drogas de tu hija donde debe estar: con ella. Cuando tratas de imponer una solución para el problema de tu hija, lo que haces, como coalcohólica, es manifestar tu enfermedad. Tu recuperación es aún muy reciente y tienes mucho que aprender para no manejar y controlar a quienes te rodean.

La gente no deja de ingerir alcohol y otras drogas en exceso para hacer felices a los demás.

Una y otra vez, he visto a adolescentes y adultos jóvenes que trataban de asumir la responsabilidad por su propia vida y recuperarse de la adicción (lo primero es necesario para lo segundo) llegar a *suplicar* a sus padres que dejaran de rescatarlos, pagarles la fianza, darles dinero, buscarles una vivienda o *buscarles ayuda,* y que los dejaran lograrlo solos. Y una y otra vez he oído a esos padres decir a sus hijos que esa ayuda era su deber como padres y que, además, no soportaban verlos sufrir, que, aunque a la larga fuese para bien del hijo, no podían dejar de «ayudar». He oído también a personas en vías de recuperación de sus adicciones a las drogas, al alcohol o a la comida, decir: «Mis padres gastaron más de un millón de dólares tratando de que yo mejorara. Solo cuando al fin dejaron de intentar arreglarme, decidí hacer algo por cambiar mi vida». La mejor regla empírica para tratar con adictos consiste en evitar escrupulosamente hacer por ellos cualquier cosa que podrían hacer ellos mismos *si lo decidieran.*

En muchos aspectos, las adictas a las relaciones somos personas muy peligrosas, porque *necesitamos* a otra persona que sea nuestro proyecto, nuestro centro de atención, nuestra razón de ser, nuestra distracción de nosotros mismos. La gran atracción que sentimos por la inadecuación o la dependencia de los demás nos lleva a idealizar románticamente la adicción en lugar de verla como la enfermedad que es. (Tu comparación de tu esposo con un «águila salvaje» es un ejemplo de esto.) Realmente podemos llegar a sabotear el desarrollo de autorrespeto y el crecimiento de los demás cuando asumimos demasiada responsabilidad por causarlo o prestamos demasiada atención a su desarrollo. Willow, haz a tu hija un inmenso favor de amor: aparta tu atención de ella y concéntrate en ti misma.

Mucha gente ansía ser la mejor en algo, destacarse en al menos un aspecto digno de atención de todo el resto del planeta. Es un deseo común, aunque no necesariamente conduce siempre a la mayor paz interior. Por ejemplo, cuando una adicta a las relaciones experimenta ese anhelo de ser diferente, de ser especial, puede evolucionar hasta convertirse en una identificación excesiva con los aspectos más negativos tanto de su historia como de su enfermedad. La convicción (y el relato de historias a modo de apoyo) de que una ha tenido la niñez *más triste* o los amantes *más peligrosos* o las experiencias *más asombrosas* puede convertirse en la manera principal de alguien para sentirse importante y obtener la atención de los demás. Una vez desarrollada esa estratagema, el hecho de renunciar a ella y de cambiarla por la tranquilidad y la compostura de la recuperación puede parecer tan incómodo como resignarse a la oscura mediocridad. Pero, si hemos de recuperarnos, renunciar a ella es, a la larga, absolutamente necesario porque, inherente a una identidad tan exageradamente dramatizada, está la autocompasión o la autoexaltación, o ambas cosas; es una total determinación de ganar el premio en la categoría «Mejor

Peor» de la vida. Tratar de lograr ese objetivo es una empresa vacua en comparación con los beneficios que se obtienen al poner nuestra vida en perspectiva, aceptar el pasado, perdonarlo, aprender de él y seguir adelante con mayor sabiduría.

La siguiente carta contiene, claramente, un esfuerzo por conseguir el premio al «Mejor Peor» y revela el gusto de Hedy por su papel secundario en los dramas y melodramas recurrentes que, enhebrados uno tras otro, han formado su vida. En la segunda mitad de su carta, comienza a probar la posibilidad de tener una existencia más tranquila y sensata. Tendrá que renunciar a gran parte de su orgullo si realmente desea hacer esa transición.

>Querida Robin:
>Perdona la informalidad de esta carta, ¡pero quizá nunca llegues a verla si tengo que sacar la máquina de escribir!
>Leí tu libro como un ávido jugador de béisbol en el estadio de los Yankees. Lo leía en todas partes y lo comenté con muchos hombres y mujeres.
>Soy una mujer que ha amado (y tal vez aún ama) demasiado. He pasado por nueve años de terapia, suficiente para pagar la carrera universitaria del bebé de mi terapeuta. Lo di todo al ciento diez por ciento y supliqué comunicación, atención y aliento por parte de los demás pero, en cambio, obtuve un cruel desaliento. Ahora puedo verlo todo. Antes de este momento, estaba lista para el gran paso, pero no estaba segura de cómo debía hacerlo ni de que fuera realmente mi problema.
>Claro que mis historias y anécdotas podrían haber escandalizado a tus lectores. He salido y me he acostado con la más increíble variedad de hombres. Eran de todos

los grupos étnicos, todas las edades y todas las profesiones imaginables. Cada tanto, había algún sujeto agradable; por esos no tenía respeto. Me parecían débiles.

Entonces, ahora que tengo treinta y seis años, he decidido que ya es tiempo de hacer algo. Mientras leía tu libro, recordaba mi vida y me parecía asombroso haber podido obtener una licencia de fisioterapeuta, un diploma en danzas y en teatro, dos certificados de docencia y haber llegado a graduarme como hipnotista y masajista terapéutica y a tener un empleo de tiempo completo en un hospital. Además, me preocupa mucho mi salud y hago ejercicios físicos a diario. ¡Y también tengo un millón de amigos!

Mientras leía tu libro, me venían a la mente, de mis situaciones con los hombres, frases tales como: «Te necesito para cumplir mi sueño» y «Me has decepcionado mucho». Ahora veo las manipulaciones de esos hombres. (Me cuesta admitir las mías.) Al examinar mi niñez, veo cómo mis padres y yo hemos bailado al mismo ritmo. Ellos veían a mi hermana como la más importante, y yo fui concebida para proporcionarle una compañera de juegos. Mi madre me ha dicho lo mucho que la decepcioné al no estar a la altura de sus expectativas en ese aspecto.

¡Como tú dices, las familias no cambian! Mis padres aún quieren que yo pague las llamadas de larga distancia para disponer que seis personas se hospeden en mi apartamento de un solo dormitorio durante diez días. ¿Por qué no? Lo hice antes. Ahora lo esperan de mí. Creo que a menudo la sociedad, la familia y los amigos alientan a quienes, como yo, estamos descritas en tu libro, a continuar nuestro ciclo.

Mi vida es excitante (como una montaña rusa: a la gente le encanta visitarla y mirarla); siempre un amante distinto, un restaurante o una salida distinta: siempre tan intensa. A la gente le asombra que yo pueda pasar toda la noche despierta y, al día siguiente, ir a trabajar con increíble energía, o renunciar a mi empleo en la Costa Este para casarme con un corredor de apuestas de la Costa Oeste, veintinueve años mayor que yo, a quien ni siquiera conocía. Yo solía contar esas anécdotas con humor y orgullo. Todos se maravillaban.

Cuando empecé a leer tu libro, estaba saliendo con un «sujeto agradable» (tal vez) y con otro hombre a quien describo como «carismático». Sucede que el sujeto agradable era un osteópata muy bueno y paciente, pero con quien no sentía nada de «fuegos artificiales». El señor Carisma era absolutamente halagador en forma muy sincera (?). Era tan romántico que cuando llamaba a mi puerta a las tres de la mañana, yo siempre tenía tiempo para conversar y hacer el amor. A medida que pasaba el tiempo, el señor Carisma siempre estaba conmigo cuando tenía apetito y, por supuesto, elogiaba mis comidas. (¡Sé que lo decía en serio!) Después, aparecía en mitad de la noche. ¿Quién más lo dejaría entrar? Y cuando desaparecía por dos semanas, me llamaba para que fuera a recogerlo y lo llevara a mi casa. (Claro que no era más de la una de la mañana.) Era un talentoso compositor que solo iba a Hollywood de vez en cuando, a trabajar un fin de semana, ganar dinero para la renta y para la cocaína.

Yo seguía menospreciando al osteópata, haciendo cosas como verificar mi contestador automático desde su casa. Si había algún mensaje del señor Carisma, corría a casa y me sentaba junto al teléfono.

Después de leer dos tercios de tu libro, tras haberme obligado a quedarme en casa por la noche a leer, comprendí que lo que deba hacer debo hacerlo yo.

¡Robin, tú sabes lo difícil que es!

Algunas de las técnicas que he utilizado pueden ayudar a tus pacientes. Empecé a pedir pequeños favores al señor Carisma. Por ejemplo, una llamada de larga distancia con cobro revertido porque necesitaba que él recogiera algo para mí o que me llevara a alguna parte, o cualquier cosa. Dejé mi contestador automático puesto para seleccionar las llamadas. Después quería verlo para divertirme y lo llamaba para que fuéramos a algún sitio en especial, pero me cercioraba de tener una cita dos horas más tarde. (Nos veíamos en público.) Todas estas maniobras me permitieron interponer cierta distancia sin sentir que había cerrado por completo la puerta a esa relación. Pero pude tomar distancia y, al hacerlo, comenzó a cambiar mi percepción de él. Recordé las lecciones de tenis que nunca me dio, la invitación a navegar que nunca se cumplió, los paseos en bicicleta que nunca tuvimos. Empecé a preguntarme qué era lo que obtenía. ¿La respuesta? Sexo y halagos. Imaginé su cerebro obnubilado por la droga y, cuando me hablaba, pensaba en lo tonto que sonaba en realidad. Tendía a ser un poco calvo, de modo que me concentré en esa cabeza brillante (en silencio), y su dieta no era sana, de modo que también pensé en su cuerpo fláccido. Cuando hablaba de él, lo llamaba «el Imbécil Carismático».

La otra noche llamó por teléfono: a las dos de la mañana, a las tres, a las tres y media, a las cuatro, a las cuatro y media y a las cinco, con mensajes muy exigentes. Me alivió estar justificada (aunque la justificación no era necesaria) para terminar con él. En realidad, vacilé en cuanto a atender o no el teléfono, pensando: «¿Qué pensará de mí si no respondo?». (¡La recuperación es un proceso lento!)

Siempre habrá un «imbécil carismático». Lo más

difícil es seguir con el sujeto agradable. A veces pienso: «¿Esto es todo?». Y entonces la otra vocecita responde: «¿Qué esperas? Este sujeto agradable es un ser humano común. Has dado un gran paso. Ahora sigue así». Tal vez mi amigo osteópata no sea «el» hombre para mí, ¡pero es una buena práctica!

Cuando me invade el pánico, lo identifico y me pregunto qué quiero. Trato de permanecer quieta para ver si el pánico se disipa. Siempre ocurre así.

Ahora estoy dedicando mis energías a mi trabajo. ¡Siempre he dicho que, si dedicara tanto tiempo a mi trabajo como a mis relaciones, sería famosa! Ejerzo una increíble atracción sobre la gente. Gozo de montones de amigos y contactos sociales y profesionales, de modo que puedo desarrollarme en los aspectos que quiero mejorar.

Estoy dispuesta a tomar decisiones (un gran riesgo) y comprendo que sé qué es lo mejor para mí. Cuando lo hago, es divertido observar las reacciones y la conducta no verbal. ¡Qué sensación de poder! Un poder centrado y calmo. ¡Es maravilloso!

HEDY P.

Querida Hedy:
La clave de los patrones de vida que describes en tu carta reside en el párrafo que habla de tu relación con tus padres y tu hermana. Al leerlo comprendí todo lo demás, pues en todas las áreas que describes —tu trabajo, tus amistades, tus citas y tu matrimonio— observo una lucha compulsiva por vencer la identidad que te dio tu familia. La persistencia de ellos en definirte como una especie de complemento de tu hermana y su correspondiente incapacidad de reconocerte como persona separada, distinta, única y

valiosa en tu propio derecho aún deben de ser muy dolorosas para ti, dado que te esfuerzas tanto por demostrar que eres agradable, consumada, interesante y atractiva y por distraerte de lo que parece ser un temor de que la evaluación de tu familia sea correcta.

Al final de tu carta mencionas el pánico que te invade cuando no te dedicas con frenesí a una cosa u otra. Pareces estar encaminándote hacia un acceso de adicción al trabajo a fin de obtener el aturdimiento que, hasta ahora, ha creado el drama de tu vida amorosa. Puedes cambiar una conducta compulsiva por otra, pero no te *recuperarás* de la compulsión hasta que puedas hallar el coraje de concentrarte en ti misma más que en un hombre (sea excitante o aburrido) o en una nueva clase de trabajo, en otro diploma o certificado, en una fiesta, en un acontecimiento social, en una reunión familiar, o en cualquier otra distracción que puedas encontrar.

Tal vez necesites ayuda para estar «quieta» de esa manera, ayuda de personas ante quienes tendrás que admitir que no puedes hacerlo sola. Espero que encuentres el coraje que requerirá de tu parte una capitulación así: el coraje de admitir que tu vida no es tan excitante y maravillosa como has tratado de hacerla parecer. Además, si deseas recuperarte, debes enfrentar y aceptar el hecho de que tal vez nunca llegues a ser tan especial a los ojos de tu familia como quisieras ser. Para eso, debes dejar de tomar tan a pecho su opinión. La percepción que tienen de ti dice mucho más acerca de ellos que de ti. Cuando entiendas eso, quizá puedas dejar de esforzarte tanto por ganar su atención, su aprobación y su amor. Después de todo, a esta altura, lo que te lleva a actuar con tal frenesí no es la falta de aprecio y aceptación *de ellos,* sino la tuya. Puedes cambiar eso, pero necesitarás mucha humildad para hacerlo, dado que tu rechazo de ti misma está cuidadosamente disimulado mediante la actividad y los logros personales.

> Si lo que hiciéramos siempre realmente diera resultado, no necesitaríamos recuperarnos.

Me cuesta imaginar un desafío mayor para alguien de tu personalidad que el cultivar la humildad. La acción y el poder han sido tus defensas favoritas contra el dolor, y la humildad implica lo contrario: rendirse, aceptar el hecho de que nadie tiene todas las respuestas ni los recursos y que, por lo tanto, debemos esperar y dejarnos guiar por Algo superior a nosotros.

Para muchas de nosotras, Hedy, la clave de la recuperación reside en aprender a hacer todo lo contrario de lo que hemos hecho siempre. Por más que eso nos asuste, si lo que hicimos siempre realmente diera resultado, no necesitaríamos recuperarnos, ¿verdad?

Estimada señora Norwood:
He pasado la mayor parte de treinta años tratando activamente de averiguar de qué se trataba mi vida y por qué siempre era tan caótica. Mi biblioteca consta, principalmente, de libros de autoayuda. Casi todos mis cursos universitarios han sido de sociología y psicología. Participé en diversos tipos de grupos y he tenido mucha terapia individual, pero nada de eso llegó a dar en la tecla ni pudo explicarme mi forma de ser.

Mis dos ex maridos no podían ser más distintos; al menos, eso me parecía. Uno era bueno, gentil, amante de la diversión, un hombre emprendedor que tenía proyectos e intereses tanto en casa como fuera. Era amado y respetado como una persona buena y decente. Mi segundo esposo era un solitario que tenía pocos amigos, ningún pasatiempo preferido ni proyectos, pero a quien le encantaba tenerme solo para sí. No quería perderme de vista y se resentía si me veía con otras personas. A veces era un comediante de maravilloso sentido del humor.

¿Por qué me atrajeron esos dos hombres que eran tan distintos como el día y la noche? ¿Y por qué ambos matrimonios fracasaron? No creí que hubiese un común denominador hasta que leí *Las mujeres que aman demasiado*. ¡De pronto, lo entendí todo! Falta de accesibilidad verdadera. Ambos eran distantes: uno, con sus intereses ajenos al hogar, y el otro, con su obsesión consigo mismo; con ambos, yo ocupaba un lugar secundario. ¡Era exactamente lo mismo que en mi niñez! Era a lo que yo estaba *acostumbrada*.

Mi padre era distante e inaccesible. Era médico, drogadicto y alcohólico. Su carácter y su salud fueron deteriorándose poco a poco hasta que, después de dos años de guardar cama, murió de un ataque. Antes de su muerte, mi madre lo hacía todo por él, sin aceptar ayuda, y a la larga, en consecuencia de su martirio, desarrolló una dolencia cardíaca.

Crecí viendo sufrir a mi madre. Ella decía que lo amaba, aunque yo nunca pude entender por qué, dado que mi padre era muy malo con ella, con mi hermano mayor y conmigo. Ella nos dijo que había sido un golpe muy duro para ella que mi padre le informara sin rodeos de que ya no la quería. Mi madre no había visto las señales de peligro, o había preferido ignorarlas. Nos dijo que se había quedado con él por nosotros, sus hijos. Mi hermano le estaba agradecido por eso, pero a mí me parecía una locura. Sabía que yo habría estado mucho mejor sin él. En cambio, al observarlos, aprendí a sufrir e incluso a adoptar las expresiones faciales de mi madre. Me veía a mí misma haciéndolo. Cuando ingresé a la escuela secundaria, ya tenía toda mi actuación preparada. Estaba triste por derecho propio, pero adopté también la tristeza de mi madre. Me dije que la quería y después traté de convertirla en la clase de madre que yo quería que fuera. Me obligué a reaccionar a ella como si realmente fuera esa persona ficticia que yo había inventado, y eso parecía dar resultado. Me sentía algo mejor.

Tanto mi madre como mi padre eran muy estrictos sin saber por qué. Automáticamente decían que no a todo. Tenían temores infundados y reaccionaban a ellos, no a quien yo era en verdad. Nunca me preguntaron cómo era la vida para mí. No recuerdo que jamás me hayan preguntado nada personal. Actuaban juntos en base de suposiciones, y la mayoría de esas suposiciones eran negativas. No estaban de acuerdo en nada más. Peleaban en silencio y daban por sentado que eso no podía afectarnos a mi hermano ni a mí. Si, de vez en cuando, su ira afloraba la apagaban de inmediato. La gente decente no pelea como gatos y perros. Hacerlo era ordinario y ellos no lo eran.

Mientras crecíamos, mi hermano y yo teníamos una relación muy hostil; siempre tratábamos de hacernos daño, y nos alegrábamos cuando el otro se lastimaba o se enfermaba. Mi hermano, tres años mayor que yo, jamás se enfrentó a mi padre, y yo lo odiaba por eso. Además, tenía un comportamiento estúpido. Hablaba cuando no debía hacerlo y ponía furioso a mi padre. Yo, al menos, sabía cuándo debía cerrar la boca, de modo que aprendí a no respetar a mi hermano. Sin embargo, cuando me casé, mi primer marido y mi hermano se llevaban bien, y entonces empezó a agradarme de alguna manera.

Me casé con el único hombre que mi padre realmente aprobaba. En ese momento sabía que era mi manera de acercarme al padre que siempre me había ignorado o me había hecho la vida intolerable de uno u otro modo.

Mi primer matrimonio comenzó a deteriorarse casi en cuanto empezó. Cuando llegaron los niños, vi que mi esposo tampoco era accesible con ellos y comencé a ponerme nerviosa. No me daba cuenta de que la historia se repetía. Solo sabía que aquello me resultaba conocido, demasiado conocido. Me sentía atrapada en el matrimonio por causa de nuestros dos hijos pequeños y, en consecuencia, me acerqué más a mi madre. Si bien ella era mucho mayor que yo, teníamos en común el hecho de que ambas estábamos casadas y teníamos hijos. En silencio, compartíamos el hecho de que ambas éramos infelices.

Cuando los niños crecieron, comencé a salir. Me encontré con un hombre de quien había estado muy enamorada muchos años antes. Él no estaba disponible debido a un matrimonio del cual *siempre* se quejaba. Tenía dos hijos, mucho mayores que los míos, y una esposa drogadicta a quien él había iniciado con píldoras para bajar de peso. Luego, ella comenzó a falsificar recetas de anfetaminas y, finalmente, se dio a la bebida. Él y yo iniciamos una relación seria. Me prestaba mucha atención y, como yo nunca la había tenido, me sentía en el séptimo cielo. Él, a su vez, se sentía bien conmigo porque no era adicta y podía contar conmigo para todo. A la larga, pasó a ser mi segundo esposo. Yo era todo para él y él era todo para mí. Al principio, parecía el matrimonio ideal. Bueno, tal vez no exactamente. Había indicios de los problemas que vendrían, pero yo estaba segura de que lo solucionaríamos, por todo lo bueno de nuestra relación. ¡Qué equivocada estaba! Empecé a beber para aliviar las presiones hasta que un día él me dijo sin rodeos que, si iba a ser una ebria como su primera esposa, me dejaría y jamás miraría atrás. Supe que lo decía en serio. Dejé de beber. Cumplí mi promesa. A mi vez, le pedí que tratara de dominar su ira y que examinara su frialdad, pero él nunca cumplió su parte del trato. Las cosas fueron de mal en peor.

Mientras sucedía todo esto, yo recibía asesoramiento psicológico y trataba de que él también lo hiciera. Me acompañó solo a unas pocas sesiones, sin buenos resultados. No podía salvar sola ese matrimonio, pero lo intenté porque lo amaba mucho. El dolor de esa relación era como ningún otro dolor en el mundo. Casi me sofocaba. En dos oportunidades acudí a un abogado e inicié los procedimientos de divorcio. Dos veces me retracté y seguí con él. No estaba convencida de que no se pudiera salvar la relación, y trataba de asustarlo para que reconociera la realidad de lo que nos estaba sucediendo, pensando que nuestro matrimonio era tan importante para él como para mí. ¡Otra vez me equivocaba!

Empecé a tener síntomas de esclerosis múltiple. Después de todos los análisis posibles, dos médicos dijeron que tenía esclerosis múltiple y otros dos opinaron que no. Pero yo me daba cuenta de que nadie sabía realmente lo que me pasaba, salvo que estaba muy enferma.

Aún tengo los síntomas. Estoy divorciándome de mi segundo esposo, después de años y años de intentar salvar mi matrimonio. Ahora estoy más feliz que nunca en mi vida, a pesar de todas las incógnitas: ¿El dinero? ¿La casa que había puesto a nombre de los dos? ¿El automóvil? Y así sucesivamente. Al fin llegué a un punto en mi vida en el que fui maltratada emocionalmente POR ÚLTIMA VEZ. No me importaba quedar sin un centavo. Quería estar libre de toda esa tristeza, todo el dolor y de todo y todos los que lo habían acompañado.

Ya había dicho esto antes. Esta vez lo decía con todo el corazón. Y aún sigo haciéndolo.

Le envío esta carta, con errores y todo, porque creo que querrá tenerla como sea.

Leslie S.

Querida Leslie:
Una familia en la cual ambos padres están enfermos, como los tuyos (uno, de una adicción al alcohol que empeora progresivamente y la otra, por sus esfuerzos cada vez más desesperados e ineficaces por controlarlo) produce una hija cuyas necesidades de atención, afecto y seguridad emocional han sido ignoradas casi por completo. Es casi inevitable que esa hija se convierta en una persona adulta virtualmente insaciable en su necesidad de que le demuestren amor. Pero al mismo tiempo es incapaz de confiar en la voluntad y la capacidad de otra persona de proporcionarle amor.

Esta condición, junto con la probable incapacidad de esta mujer de elegir como pareja a un hombre sano, permite prever parte de lo que sucederá en su matrimonio. Pronto, la esperanza de que todo salga bien, de que todas sus necesidades se vean satisfechas y de que todas sus heridas de la niñez se curen, comienza a desvanecerse. Vuelve a sentir ese vacío que exige ser ocupado. Tiene una molesta sensación de haber sido traicionada porque su matrimonio, su pareja, no puede hacerla sentir segura y capaz de ser amada. A la larga, su necesidad constante de estar en compañía de su esposo ya no la halaga. Lo que él al principio percibía como una atracción y un amor profundo por él, ahora le parece la necesidad sofocante que es en realidad, acompañada por la falta de confianza que oscurece la percepción que ella tiene de todos sus contactos.

Todos tenemos la tendencia de elegir como pareja a

aquellas personas que son capaces de aceptar el mismo grado de intimidad emocional que nosotros. Por lo tanto, los integrantes de un matrimonio a menudo comparten antecedentes similares que los prepararon, bien o mal, para el compromiso y la intimidad prolongados con otra persona. En efecto, a las personas que han sido dañadas en la niñez les desagrada el compromiso total o las ocasiones de verdadera intimidad; tales situaciones les resultan claustrofóbicas e intensamente amenazadoras. Una atmósfera de tensión constante y de frecuentes discusiones pronto disipa la amenaza de esa intimidad poco conocida y poco agradable. Entonces el matrimonio, que se suponía sería la solución para los viejos problemas y penas, parece haberse convertido en el mayor de todos los problemas.

Se trazan líneas de batalla y se eligen las estrategias opuestas. Uno de los participantes puede elegir el papel de perseguidor: empieza a perseguir con avidez y luego con furia al otro, que, a su vez, ha pasado a ser el distanciador y huye de la amenaza. Si se llegara a una crisis en la cual la ruptura pareciera inevitable, la pareja puede intercambiar roles, con lo cual el distanciador comenzará a perseguir al otro que, al menos en forma temporal, ha renunciado a la persecución. Este intercambio de roles explica muchas reconciliaciones, basadas en un cambio profundo en la voluntad y la capacidad de cada uno de dar y recibir amor, sino en un cambio temporal de tácticas de batalla. Estas reversiones sirven, en última instancia, para mantener el *statu quo* de la ausencia de una verdadera intimidad emocional.

Si la perseguidora original, ahora perseguida, viera flaquear su resolución de marcharse debido a la nueva atención de su pareja antes inaccesible y volviera a comprometerse con la relación, las posiciones volverán a cambiar con bastante rapidez. Pronto volverán a asumir sus viejos roles y comportamientos más conocidos, que garantizan que su capacidad de confiar el uno en el otro y de relacionarse íntimamente no se verá forzada hasta hacerse insoportable.

En tu primer matrimonio, aparentemente, fuiste la perseguidora, mientras que en el segundo fuiste, al menos al principio, perseguida. Me inclino a suponer que tu segundo esposo era coalcohólico en su familia de origen, igual que tú. La pista más importante es el hecho de que se casó con una mujer que desarrolló una dependencia de las sustancias químicas y luego escogió una pareja cuyo hábito de beber era un problema para él. A propósito, siempre que alguien deja de ingerir una droga para aplacar a otro, como tú cuando dejaste de beber para que él no se marchara, esa persona experimenta un enorme resentimiento. La persona que ha dejado la droga espera que quien se lo exigió haga que «valga la pena». Tu carta indica que tu segundo esposo nunca fue capaz de recompensarte adecuadamente por haber dejado de beber.

Cuanto menos necesitamos recibir de nuestra pareja, más capaces somos de elegir a alguien que no esté tan necesitado.

Cuando describes tus intentos de obtener de cada uno de tus maridos el afecto y la atención que ansiabas y lo gravemente que llegaste a enfermar al hacerlo, reflejas una suposición básica de que cada uno de ellos *podría* haberte dado lo que querías y necesitabas si tan solo te hubiese querido lo suficiente para hacer el esfuerzo. Deseo sugerir que esta premisa es defectuosa, que cada hombre te dio cuanto podía y que, al ver que eso no bastaba, se apartó por temor de verse sofocado y por la ira que le producía sentirse inadecuado. Es como si alguien en tu situación necesitara agua, tomara un cubo, se dirigiera al pozo rotulado «marido» e introdujera el cubo en él. Al retirar el cubo y ver que no estaba lleno, se sintió dolida y furiosa, y volvió a bajar el cubo una y otra vez, derramando un poco cada vez y recogiendo menos agua. Desesperada, puede haber recurrido a otro pozo rotulado «familia», pero con resultados similares: poco o nada de agua, lo cual aumentaba el dolor, la ira y el resentimiento. Mientras tanto, hay tal vez una docena más de pozos de los cuales podría, si lo decidiera, obtener diversas medidas de agua, suficiente para satisfacer sus necesidades. El error está en insistir en que *un pozo en particular le proporcione la cantidad total.*

Tu familia de origen y, luego, cada uno de tus maridos, solo podían dar una pequeña porción de lo que querías y necesitabas. Debido a su propia carencia, no podían proporcionártelo todo. Pero todos, como adultos, tenemos la responsabilidad de ocuparnos de nosotros mismos y de cerciorarnos de que nuestras necesidades se vean satisfechas. Hay muchas fuentes a las cuales podemos recurrir para satisfacer nuestras necesidades si estamos dispuestos a renunciar a la obstinación y a la autocompasión; es decir, si no estamos demasiado decididos a extraer todo lo que necesitamos de una sola fuente en particular.

Una de las características principales de la adicción a las relaciones es una inmensa dependencia, a menudo, pero no siempre, disimulada mediante una fortaleza aparente. La dependencia es extrema porque conservamos muchas necesidades insatisfechas desde la niñez. Quienes somos adictas a las relaciones nunca podremos forjar una pareja sana hasta que estemos dispuestos a recurrir a más de una fuente para nuestras necesidades. Necesitamos otras fuentes sanas, tales como amigos, intereses, una práctica espiritual, etc., para validarnos, apoyarnos, llenar nuestro vacío y curar nuestra dependencia. Si no asumimos así la responsabilidad por satisfacer nuestras necesidades, nos encontraremos una y otra vez luchando con relaciones en las cuales presentamos nuestra (pseudo) fortaleza y elegimos un hombre que presente su necesidad, o bien presentamos nuestra necesidad y elegimos un hombre que presente una fortaleza aparente. Sin embargo, es muy probable que ese hombre «fuerte» sea otra persona dependiente como nosotras, que finge tener suficiente fuerza para soportar la carga de nuestra necesidad pero, en realidad, oculta necesidades de dependencia igualmente profundas.

Al dejar atrás este segundo matrimonio, sospecho que estás recurriendo a tus amigos para algunas de tus necesidades de afecto y que estás expandiendo tus horizontes para incluir en tu vida oportunidades de expresión creativa y de interacción positiva con los demás. Esta expansión de tu círculo de «fuentes» te servirá de mucho en cualquier relación futura. Te ayudará a ver a una posible pareja tal como es, con todos sus puntos fuertes y débiles. No estarás tan cegada por tu propia necesidad cuando se junten, porque esta ya no será tan grande. Cuando te ocupas de ti misma, se reduce mucho la probabilidad de que haya una unión ciega. Cuanto más curamos nuestras propias heridas y cuanto menos *necesitamos* recibir de nuestra pareja, más capaces somos de elegir a alguien que no esté tan dañado o tan necesitado. Entonces podemos ser realmente felices desde adentro y estar agradecidos por aquello que nos es dado libremente.

Las dos cartas siguientes deben leerse juntas para entender el grado de obstinación que opera, por lo general, en una mujer adicta a las relaciones. No es difícil leer entre líneas y ver la ira y el desprecio por los hombres que Wynne incorpora a sus relaciones «amorosas» adultas. Según indica su primera carta, esos sentimientos tienen sus raíces en el pasado. Debe curar su amargura hacia su padre para poder llegar a conocer una relación de pareja que no degenere en una competencia de voluntades.

Si bien estas partes han sido excluidas, en su segunda carta, Wynne escribe también, con gran detalle, acerca de libros (proporcionando inclusive los números de las páginas) que me dice que debería recomendar, y envía material impreso que cree que debería usar en el prólogo de mi próximo libro (junto con un nombre y una dirección donde sugiere que «verifique las citas» que me proporciona). Me recomienda que me presente en un programa específico de televisión y, finalmente, ¡se ofrece a corregir mis manuscritos! La necesidad de Wynne de controlar a los demás bajo una apariencia de ser útil es muy típica de las adictas a las relaciones.

Señora Robin Norwood:
No soy producto de un hogar alcohólico pero soy hija de un hombre/niño egoísta que competía conmigo, y yo con él, por la atención de mi madre. Debido a que me acusaba de haber provocado la enfermedad de mi madre, me esforcé más aún por ganar su aprobación y su amor. Desde entonces, todas mis relaciones emocionales han sido con hombres inaccesibles. Por decisión propia, puse fin a una relación que no iba a ninguna parte después de un año y medio de lucha. Estaba enamorada de una idea, pero él no lo hacía recíproco ni validaba mi amor y mi entrega. ¡Dios, estoy destrozada! Sé que hice lo correcto, pero me pregunto si sabría reaccionar a un hombre afectuoso. Esa clase de hombres me parece débil y aburrida, no un desafío.

WYNNE F.

Querida Robin:

He pasado casi un año desde mi primera carta. Sigo recomendando tu libro y releyendo mi ejemplar.

Pasaré a actualizarte sobre mis progresos. Después de programarme durante veintiún días para una pareja perfecta, la «víbora» con quien he estado saliendo me llamó y me reuní con él, pero lo vi de otra manera. Aún me cuesta sobreponerme. Aparece, alborota las hormonas y vuelve a esfumarse. Mientras tanto, mi programación dio como resultado la reaparición de un hombre muy agradable en mi vida. Lo conocía desde hacía unos tres años, solo como amigo. Realmente posee todas las cualidades que he estado buscando (y para las cuales me he estado programando), pero lo había descartado como a cualquier hombre común, agradable pero aburrido, que no constituía el desafío que siempre me agradó y no era en absoluto alguien que me atrajera sexualmente. Es un buen hombre, bueno conmigo y bueno para mí y, si bien mi mente racional e intelectual lo sabe, mi parte químico/sexual emocional sigue deseando a la «víbora».

Sé que necesito reprogramar ciertas ideas en mi mente para olvidar a la «víbora». No es que lo necesite; solo quiero que él me necesite a mí. (Lo mismo sucedía en mi relación con mi ex marido, hace años.) Me lastima el orgullo el hecho de que, después de la carta que le envié para terminar con él, no haya vuelto y me haya dicho: «Eres una chica estupenda, y te quiero, te necesito, ¡te amo!»

Entonces yo podría decir «Lo siento». Como ves, el desafío es a mi orgullo.

Lamentablemente, la «víbora» se mete en mi cabeza y en mi cama, figurativamente, cuando estoy con el hombre agradable.

La Ciencia de la Mente o Control Mental nos aconseja tener cuidado con lo que programamos o pedimos, porque lo conseguiremos. Como la «víbora» no me quería, pedí a Dios un hombre que me quisiera más de lo que yo lo quisiera a él. Este hombre agradable encaja en esa descripción y, por lo tanto, voy a hacer otro programa de veintiún días para pedir que la relación sea recíprocamente afectuosa. Necesito olvidar a la «víbora» y llegar a amar y desear al hombre agradable.

En mi vida, he tratado de ganar la aceptación y la aprobación de por lo menos tres hombres... ¡Por lo tanto, sé de lo que escribes! ¡Me he beneficiado y he crecido!

Wynne F.

Querida Wynne:
Quiero referirme a dos cuestiones que se plantean en tus cartas. A una la llamaría «la obstinación contra la voluntad de Dios», y la segunda tiene que ver con los componentes hostiles del deseo y la actitud seductora.

Comencemos por el segundo punto. Es obvio que no te agrada el hombre a quien llamas «víbora», aunque afirmas haberlo amado y que aún te atrae mucho sexualmente, mientras que tu atracción sexual por el hombre agradable es escasa o nula. Este es un fenómeno muy común entre las mujeres adictas a las relaciones, y no es nada difícil de entender si renuncias a la errónea idea de que tu alto grado de atracción sexual o deseo tiene, o ha tenido, algo que ver con el amor. Es probable que tus sensaciones sexuales estén mucho más cerca, en principio, a la excitación que experimenta un cazador cuando se acerca al animal que persigue que a algo realmente relacionado con el amor, que es una aceptación profunda y tierna de otra persona y el afecto que se siente por ella.

> En la persecución sexual hay un elemento predatorio, un deseo de subyugar a otra persona por medio de la propia capacidad de atracción sexual.

Es una intensa lucha por el dominio, el control y, desde luego, en última instancia, por la victoria.

El hecho de aprender a interactuar sexualmente con otra persona en forma íntima, y no competitiva y esencialmente hostil, constituye una tarea muy difícil para la mujer adicta a las relaciones. Solo se vuelve posible *después* de lograr una gran medida de recuperación, cuando ya no nos atraen las relaciones dramáticas o difíciles. Cuando nuestro objetivo primordial pasa a ser la protección de nuestra propia serenidad y nuestro bienestar, y no la búsqueda del hombre adecuado, entonces y solo entonces somos capaces de empezar a elegir acompañantes de quienes podamos ser amigas y que, además, nos quieran de forma sana. Para quienes están en vías de recuperación, las relaciones sexuales se basan en la ternura de experimentar un verdadero afecto por otro ser humano y en la excitación de compartir la intimidad, no en la lucha por conquistar a un amante imposible.

Ahora volvamos al primer punto: la obstinación contra la voluntad de Dios. Por tu carta, parece evidente que estás involucrada en lo que a menudo se llama «Nuevo Pensamiento», una orientación religioso/filosófica que enfatiza, entre otras cosas, el uso de afirmaciones para producir los resultados deseados en la vida. Lo que declaro a continuación es, desde luego, mi opinión personal, pero deseo compartirla contigo.

Yo creo firmemente en las afirmaciones y apoyo su uso para provocar la manifestación de condiciones más positivas (por ejemplo, «Cada día estoy más serena»), y el uso de negaciones para neutralizar las condiciones adversas (por ejemplo, «Ya no sufro»). Sin embargo, pienso que cometemos un grave error cuando elevamos nuestra orden a nuestro Poder Superior para obtener un resultado específico, ya sea que pidamos que aparezca un hombre para que sea nuestra pareja, que deseemos que suceda algo o que deseemos recibir algo material. Dado que nunca podemos saber tan bien como ese Poder Superior qué será realmente mejor para nosotras, es probable que, con nuestras afirmaciones tan específicas (o, utilizando tu expresión, nuestra «programación») lleguemos a limitar nuestro crecimiento y nuestro propio bien. Nuestras afirmaciones siempre deben constituir una invitación a que nuestros principios espirituales nos guíen, no exigencias obstinadas para conseguir una cosa, un acontecimiento o una persona en especial. Por ejemplo, es probable que, al programarte para tener otro hombre en tu vida, te esperen muchos más meses o años de lucha en una relación, tiempo que podrías pasar mejor llevando adelante tu curación.

La mayoría de las mujeres con quienes he trabajado y que tenían una vida similar a la tuya no podían albergar la esperanza de tener una relación sana con ningún hombre hasta haber pasado suficiente tiempo tratando de alcanzar una mejor comprensión y aceptación de sí mismas y de todos quienes habían estado en su vida. Necesitaban aprender a vivir sin concentrarse en un hombre como problema o como solución. Necesitaban bendecir y perdonar y, al menos en sus corazones, *pedir perdón* a todos los hombres (y también a las mujeres) con quienes habían luchado en el pasado.

Esto es un esfuerzo espiritual muy exigente. Requiere una firme concentración en nuestro camino espiritual, humildad y la total disposición de renunciar a la ira y a la creencia de que somos buenas y justas. A menudo se necesitan meses, incluso años, de trabajo paciente. Sin embargo, cuando al fin estamos realmente dispuestas a eso, a menudo experimentamos un inmenso adelanto en nuestra comprensión y nuestro discernimiento al quedar atrás el dolor del pasado. A veces, ese adelanto se produce de una sola vez; otras veces, sucede en pasos o etapas. A veces es muy doloroso y otras veces nos trae una inmensa alegría. Pero siempre tenemos la sensación de estar renunciando a algo duro y helado y, por consiguiente, inamovible: algo increíblemente viejo y de inconmensurable profundidad. Yo creo que, a través de ese trabajo de indulgencia aprendemos la lección para la cual nuestra alma eligió esta vida.

La ira que sientes por tu padre es vieja, profunda y amarga, y hasta que optes por curar esa relación, tu trato con los hombres siempre se verá, en cierta medida, afectado por tu relación insalubre con él. Pero el hecho de decidirte a curar tu relación con él no significa que debas decirle lo mal que se portó contigo, con la esperanza de que te pida perdón. Hacerlo sería otra demostración de obstinación y te pondría en peligro *a ti* y a tu bienestar, porque *necesitarías* que él reaccionara de cierta manera. Cuanto más necesitamos una reacción específica de otra persona, más dependemos de ella y, sin embargo, más probable es que nos encontremos solo con sus defensas. Si, a fin de protegerse, tu padre se enfada, te dice que estás loca, niega todo lo que dices o dice que no recuerda que fuera así en absoluto, es probable que tú reacciones de la manera que mejor conoces y con la que tienes más práctica. Si tu tendencia ante la frustración es enfadarte, en esas condiciones te pondrías furiosa. Si tiendes a deprimirte, puedes pensar en el suicidio si tu padre no reacciona como tú esperas. Si te sientes dolida, seguramente caerías en la autocompasión. Si tu estilo es desquitarte, podrías insultarlo con todos los epítetos que recuerdes. Es obvio que no puedes dejar que tu serenidad dependa de la reacción de él. Debes aprender a no necesitar nada de él.

Lo que necesitas, entonces, es cumplir tus prácticas espirituales y rezar a diario por obtener la capacidad de perdonar *completamente* a tu padre por todo lo que hizo o dejó de hacer y que te lastimó o te enfureció. A medida que te dediques a esa práctica, puede suceder que recuerdes más cosas desagradables en tus sueños o en la vigilia. Es como si, al oír tus plegarias, la psiquis estuviera dispuesta a cooperar con tus esfuerzos y desenterrara el dolor del pasado para liberarlo a la conciencia. Repito: es un trabajo duro. A menudo el esfuerzo te fatigará. Debes respetar la enormidad de la tarea que emprendes y la energía y el tiempo (a menudo años) que requerirá. Debes rezar mucho para obtener la disposición, las fuerzas y el coraje necesarios para mirar tu pasado con franqueza: para experimentar todos los sentimientos, reconocer el papel que tú misma has tenido en tu vida hasta ahora, perdonarte a ti misma y a los demás, liberar el dolor del pasado y renunciar a él. En tu corazón, es necesario que estés dispuesta a pedir perdón a tu padre por toda la ira, el resentimiento y la mala voluntad que has tenido por él durante todos estos años. Si es posible que le pidas perdón personalmente, debes estar dispuesta a hacerlo. Si no es apropiado porque puede hacerte daño a ti, a él o a otros (o imposible por otros motivos), el hecho de que lo expíes de corazón logrará, a su manera, mover montañas en la vida de ambos. Aun cuando tu padre esté muerto, no es demasiado tarde para enmendar las cosas. Cuando estés lista, es necesario que comiences a trabajar para hacerlo, por el bien de su alma y de la tuya.

Wynne, personalmente creo que nos manifestamos en este plano terrenal muchas, muchas veces y que, a medida que nuestras almas tratan de aprender sus lecciones para acercarse a la perfección, eligen las condiciones de vida que les darán la oportunidad de hacerlo. Pero, como en nuestro caso, para aprender ciertas lecciones, debemos sumergirnos en las mismas condiciones que producirían naturalmente en nosotros, el efecto contrario de lo que tratamos de aprender. Al vencer nuestra reacción natural a esas condiciones, aprendemos la lección. Por ejemplo, si realmente quiero aprender a ser paciente, debo poner a prueba mi paciencia hasta el punto más extremo. Entonces *quizás* al fin lo aprenda, a través del renunciamiento de mi impaciencia, o quizá no. Pero la oportunidad de aprender la paciencia solo se obtiene al ponerla a prueba. Si mi lección consiste en aprender a perdonar, debo experimentar lo imperdonable y luego, mediante los efectos autodestructivos de mi amargura, tal vez adquiriré la disposición de perdonar. Pero si no perdono lo imperdonable, ¿dónde está la lección? ¿Dónde está el crecimiento doloroso que redime el alma?

Una mujer que asistió a un seminario dijo que su terapeuta le había dicho que las únicas personas que nunca tienen que perdonar son las víctimas de incesto. En mi opinión, nadie tiene la *obligación* de perdonar, pero a la larga debemos hacerlo si deseamos curarnos. Perdonar no significa regresar y dejar que esas personas vuelvan a hacernos daño. Significa tomar suficiente distancia como para no tomar tan a pecho sus actos. Para obtener nuestra validación personal, recurrimos a nuestro Poder Superior, no a ellos. Comprendemos la posibilidad de que ellos también estuviesen muy lastimados y que hicieron lo mejor que pudieron, aunque eso fuera deplorable. Recordamos que están en manos de Dios, como nosotros, los bendecimos, los liberamos y los dejamos ir *para que nosotros podamos vivir.*

Cuando hablas de «olvidar a la víbora», al utilizar ese epíteto en realidad te estás atando a él más que nunca. La ira y el odio por alguien nos atan a esa persona con lazos de hierro. Esta es una de las razones por las cuales es tan importante perdonar y pedir perdón. A través de ese perdón liberamos a la otra persona y a nosotros mismos. Sin él, regresamos a esa persona o a otras como ella y volvemos a representar nuestro drama una y otra vez. Lejos de convertirnos en personas débiles que se dejan pisotear por los demás, el perdón nos libera para que nunca dejemos que vuelvan a tratarnos mal. Hemos dado bien por mal (perdonado) y hemos terminado con ello.

El acto de perdonar abarca más aún que todo esto. La razón por la cual constituye una tarea tan inmensa, según mi experiencia, es que aquello que aceptamos, perdonamos y liberamos en otra persona también lo aceptamos, perdonamos y liberamos en nosotros, tal vez de esta vida, tal vez de otra.

A continuación hay un ejemplo sobre lo estrechamente relacionados que pueden estar el perdón a uno mismo y el perdón a los demás. El hecho de que la historia de Sue incluya sueños que revelaban sus experiencias de vidas pasadas no es una cuestión esencial en su recuperación, aunque esos sueños fueron muy esclarecedores para ella y, en última instancia, constituyeron parte de una experiencia profundamente espiritual. Mucha gente, al leer esto, podría objetar que las vidas pasadas no tienen nada que ver con la realidad. Al igual que con todo lo demás que está escrito en este libro, por favor toma solo lo que te resulte aceptable y útil y pasa por alto el resto.

La ira y el odio por alguien nos atan a esa persona con lazos de hierro.

Sue, de poco más de treinta años, tuvo una niñez gravemente traumática debido a que sufrió abusos sexuales y físicos, especialmente de manos de su padre, pero también de su madre, su abuela y una de sus madrastras. Al crecer, llegó a ser muy compulsiva sexualmente y el descuido de su seguridad personal era alarmante. Más de una vez la violaron y a menudo se encontró en situaciones sumamente peligrosas. Después de un período de unos diez años en el cual tuvo, principalmente, encuentros sexuales con gran cantidad de hombres, a la mayoría de los cuales seducía deliberadamente, conoció a un hombre varios años menor que ella y que, a su vez, era sexualmente compulsivo. La primera vez que Sue lo visitó en su apartamento encontró el suelo cubierto de material pornográfico. Tanto antes de su matrimonio como después de él, este joven no dejaba de perseguir a otras mujeres y de tener aventuras en secreto; además, siempre tenía gran cantidad de material pornográfico que, con el tiempo, se concentraba cada vez más en la idea de subyugación y violencia. Después de varios años en los cuales la compulsividad de él fue en aumento (más aventuras extramatrimoniales, más material escondido, más tiempo eludiendo a Sue y practicando su enfermedad), al igual que los intentos de ella por controlarlo, y en que la frecuencia del contacto sexual entre ellos fue disminuyendo, Sue puso fin al matrimonio.

Una práctica espiritual que incluía plegarias, meditación y lectura siempre había tenido gran importancia para Sue. En medio del dolor de su matrimonio, había acudido a esas actividades reconfortantes y curativas con más diligencia de la que había demostrado en años. Además, comenzó a concentrarse en su coalcoholismo en Alcohólicos Anónimos, dado que su madre era drogadicta y su padre, su abuela y su esposo eran alcohólicos. Los Doce Pasos de Alcohólicos Anónimos pasaron a ser parte central de su práctica espiritual diaria.

Sin embargo, seguía relacionándose con hombres que eran dependientes de las sustancias químicas y, a la vez, sexualmente adictos. Por otra parte, cada uno de esos hombres tenía una inclinación cada vez más severa hacia la violencia. Además, una y otra vez, cuando estaba en público, se topaba con hombres que se exhibían a ella o que eran abiertamente inapropiados en lo sexual.

Durante esta época, el padre de Sue falleció. Mientras luchaba con sus sentimientos conflictivos de ira hacia él y de dolor por haberlo perdido, después de la muerte de su padre tuvo el primero de una serie de sueños muy vívidos. En él, vio claramente que ella había tenido otra vida similar a la de su padre. Ella también *conocía* la experiencia de ser una persona alcohólica, violenta y sexualmente abusiva. Ese conocimiento la ayudó a dejar de juzgar a su padre con tanto rigor y a comenzar a perdonarlo.

Con la ayuda de los sueños que siguieron, y que dirigían su atención a sus sentimientos y a su conducta, Sue pudo, aunque con inmenso temor y vergüenza, empezar a enfrentar su compulsividad sexual. A medida que adquiría una disposición de examinar cómo *ella* había estado totalmente fuera de control en el aspecto sexual y se había casado con un hombre a quien podía intentar dominar en lugar de enfrentar el creciente problema que tenía en sí misma, su experiencia cotidiana de la realidad empezó a cambiar. Después de un tiempo, dejó de toparse con exhibicionistas. Ya no atraía ni se sentía atraída por los hombres tan insalubres que la atraían tanto antes de casarse como después. Ellos también comenzaron a desaparecer de su vida.

Todos sus sueños en conjunto ayudaron a Sue a reconocer, aceptar y perdonar su propia compulsividad sexual. Al hacerlo, pudo también perdonar a quienes la habían maltratado. Al mismo tiempo, Sue adquirió una creciente capacidad de rechazar a las personas y las situaciones insalubres que antes la atraparan inexplicablemente. Por último, estas personas y situaciones dejaron de manifestarse en su vida porque las lecciones que debía aprender de ellas se habían completado.

Esa serie de sueños intensos y significativos fue el regalo de su psiquis para promover su curación. Llegaron en respuesta a su compromiso de recuperarse y a su dedicación a cumplir los principios espirituales. Sue aceptó esos sueños con sensatez, pero no los utilizó para lanzarse a una búsqueda provocativa pero contraproducente de una mayor información sobre su vida anterior. Reconoció que el motivo por el cual, por lo común, no tenemos conciencia de vidas pasadas es que no son lo que debe preocuparnos en el presente. Debemos concentrarnos en lo que sucede ahora, en *esta* vida. Es una gran ironía que deseemos viajar hacia atrás y hacia delante en el tiempo y de un extremo a otro de la tierra en busca de información cuando el trabajo de nuestra alma siempre está delante de nosotros. Aun sin los sueños, la tarea de Sue de perdonarse y perdonar a los demás habría sido la misma. Los sueños solo fueron una especie de explicación adicional luego de que ella se comprometiera, a través de su práctica espiritual, a lograr ese perdón.

Nunca se insistirá bastante en lo difícil, amenazante, doloroso y consumidor que es todo este proceso de autoanálisis y curación. Pero para Sue la alternativa era una vida —y, muy probablemente, una muerte— intrincadamente unida a su enfermedad.

Nada está destinado a permanecer inalterado, y si no avanzamos, decaemos. Estamos aquí para crecer, aprender y despertar. Es por eso que en las relaciones cotidianas no hay hechos casuales. Nos vemos inexorablemente atraídos hacia personas con quienes podemos aprender nuestras lecciones personales y de relación o bien quedar más atrapados en la trama de nuestros patrones insalubres de vida y de relación, patrones que, a la larga, nos presionarán más para que cambiemos. Del mismo modo, estoy convencida de que no hay casualidad en cuanto a las almas con las cuales nos manifestamos, ya sea nuestro padre, nuestra madre o los demás con quienes tenemos vínculos obligatorios. A pesar de todas las dificultades que pueden representar para nosotros, son regalos para nuestra alma. Nos proporcionan una oportunidad de aprender la siguiente lección espiritual. O la aprendemos o nuestra alma se enferma más, a pesar de la práctica religiosa, y perdemos contacto con nuestra espiritualidad esencial.

Entonces, como ves, Wynne, nuestro trabajo siempre es con nosotras mismas, para modificar nuestro corazón y estar dispuestas a renunciar a nuestra identificación con ese rol que hemos cumplido durante mucho tiempo y, en cierto modo, bien: el rol de víctimas, de mártires, de salvadoras o de vengadoras, o quizá todo a la vez. Es obvio que se trata de un desafío mucho mayor que el simple hecho de salir a buscar otro hombre con la esperanza de hallar al «adecuado» esta vez. Ningún hombre será nunca adecuado hasta que curemos en nosotras aquello que se ha visto atraído hacia una batalla de voluntades y que ha necesitado ganar o perder para luego culpar a otros por nuestros problemas.

Quienes estamos totalmente familiarizados con la adicción y la recuperación nos vemos enfrentados casi constantemente a dos situaciones muy arduas: los encuentros con personas que son adictas pero tratan de demostrar que no lo son, y los encuentros con otros que insisten en haberse recuperado pero no lo han hecho. La primera clase de encuentros se produce, con mayor frecuencia, con aquellos cuyo tipo de adicción constituye un gran estigma, mientras que la segunda clase sucede más a menudo cuando la adicción implica un estigma mucho menor o ninguno. El hecho de admitir que se ha luchado con la adicción a las relaciones (se utilice esa frase específica o no) tiende a provocar compasión más que condena en la sociedad actual, dado que se trata de la adicción más vista como «romántica» y la mayoría de la gente cree que tiene muy poco en común con enfermedades tan sórdidas como la drogadicción o el alcoholismo. Por otra parte, debido a que la recuperación de la adicción a las relaciones requiere un esfuerzo tan riguroso y, sin embargo, es tan difícil de medir con eficacia, es mucho más común que las adictas a las relaciones afirmen haberse recuperado que lo logren realmente. Declaraciones tales como «Esta vez sí que aprendí mi lección» o «Nunca podría volver. Me humillaría demasiado», o «Ahora estaré bien. Tengo otras cosas de qué ocuparme en lugar de andar persiguiéndolo» tienden a señalar la presencia de la enfermedad más que el logro de la recuperación. En esas declaraciones no hay nada que reconozca el increíble poder que tiene la adicción a las relaciones sobre quienes la padecemos ni la disciplina y el trabajo que se necesitan para vencerla.

La recuperación siempre será un proceso, nunca un producto terminado.

Es muy tentador considerarnos curadas cuando, en realidad, apenas hemos iniciado lo que será un proceso de cambio y crecimiento, lucha y autodescubrimiento que durará toda la vida. La clave está en reconocer que la recuperación siempre será un proceso, nunca un producto terminado. Cada día de recuperación es un regalo inapreciable y un logro espléndido.

3

... SON GOLPEADAS

He aquí una definición práctica de la adicción: A pesar de tener suficientes pruebas de que algo no es bueno para nosotros, no podemos renunciar a ello. No nos detenemos, aunque hayamos experimentado consecuencias negativas tanto en lo emocional (por medio de la humillación y la degradación) como en lo físico (con el decaimiento general de nuestra salud y la posibilidad, ocurrencia o recurrencia de enfermedades o heridas graves), y quienes entienden mejor nuestro estado (profesionales que entienden la adicción u otros con historias similares a la nuestra y que están en vías de recuperación) nos dicen que, infelices y enfermos como estamos, a menos que cambiemos nuestra conducta, nos pondremos peor aún. El hecho de recibir más información no afecta la compulsión de repetir nuestra conducta, como tampoco lo hace un mayor sufrimiento, por grande que sea. Eso es adicción.

Esta definición va tan en contra de los enfoques racionales comunes que la mayor parte de la gente trata de aplicar a la mayoría de los problemas que, para muchos adictos y para muchos de quienes tratan con ellos pero que no entienden la adicción, resulta incomprensible que cualquier aspecto de la conducta humana pueda ser tan incontrolable. A los adictos se los acusa de ser obstinados o estúpidos; tal acusación proviene de quienes tratan de cambiarlos y de los mismos adictos.

Solo a partir de una apreciación completa de la naturaleza y del poder de la adicción se puede entender esta gran parte de la conducta humana, de otro modo inexplicable y, si el adicto está dispuesto, es posible entonces su tratamiento. Una de estas áreas de conducta aparentemente inexplicable es la de la mujer golpeada. La siguiente carta de Meg expresa muy bien la irracionalidad de la adicción a las relaciones en la mujer golpeada. Solo cuando se le aplica el concepto de adicción a las relaciones es posible entenderla y tratarla con eficacia.

Meg encaja a la perfección con el perfil de la mujer golpeada que he visto una y otra vez en el ejercicio de mi profesión. Proviene de una familia violenta; la atraen mucho el dramatismo, el caos y la excitación, y había sufrido violencia física a manos de su pareja *antes* de comprometerse seriamente con él. Es muy importante reconocer estos factores cuando están presentes (y lo han estado con *todas* las mujeres golpeadas a quienes he atendido) para poder dejar de ver a la mujer golpeada como una víctima de un hombre brutal. Hacerlo sería garantizar el fracaso de su tratamiento.

A riesgo de caer en la redundancia, debo repetir que, en nuestras relaciones, elegimos naturalmente aquello con lo cual ya estamos familiarizados. La palabra «familiarizado» deriva del concepto de familia. Entonces, lo que hemos conocido en nuestra familia de origen siempre será lo que nos resulte más conocido y cómodo, por insalubre que fuera esa familia de origen. Si lo que hemos conocido es violencia, en nuestra vida adulta elegiremos automáticamente una pareja y una situación en la cual la violencia vuelva a ser un factor, tanto porque «encaja» para nosotros como porque su presencia continua nos ofrece una oportunidad tras otra de intentar conseguir lo que más deseamos: *ganar*. Cuando hemos sido traumatizados de alguna manera, siempre existe el impulso (por lo general inconsciente) de recrear la situación traumática y, esta vez, imponernos, llegar a dominar lo que antes nos derrotara. Cuanto mayor es el trauma, más intenso es este impulso de vencerlo.

Hay una gran variedad de mujeres golpeadas: desde indefensas y desesperanzadas hasta quienes parecen competentes en todos los demás aspectos de su vida y, finalmente, quienes son agresivas y se muestran injustamente ofendidas. Pero siempre, *siempre* hay una furia interior que ya estaba presente y encendida mucho antes de que existiera la relación de pareja actual. Esa furia es la consecuencia de haber sido explotada y maltratada en la niñez, cuando no se tiene capacidad para defenderse o protegerse.

Para curar esa furia y cambiar los patrones de relación, es necesario reconocerla, experimentarla conscientemente y examinar los métodos utilizados para negarla, suprimirla o descargarla.

Quiero aclarar que, al destacar la necesidad de reconocer estos factores no me refiero, de ninguna manera, a culpar a la mujer por haber sido golpeada. Cualquier persona que perpetra un acto de violencia siempre es responsable de ese acto. Pero tanto la mujer que ha sido golpeada como quienes desean tratarla con eficacia deben ser capaces de reconocer que la intensa atracción que ella siente hacia los hombres violentos ha contribuido a llevarla a ese estado. Quienes trabajan con víctimas de la violencia doméstica, inclusive los miembros del sistema judicial en lo criminal y de las profesiones de asistencia, ven que, una y otra vez, esta evidente atracción que experimenta la mujer ha superado sus mejores esfuerzos por asesorarla y protegerla. Es necesario reconocer y tratar esa atracción.

En realidad, hay tres aspectos que todo refugio y todo programa para mujeres golpeadas haría bien en encarar con sus pacientes: la clara adicción de la paciente a las relaciones, su muy probable coalcoholismo y su altamente posible dependencia química. Aproximadamente el ochenta por ciento de quienes maltratan a otros padecen la enfermedad del alcoholismo, lo cual automáticamente convierte a su pareja en coalcohólica. (Además, la mayoría de las mujeres golpeadas son hijas de alcohólicos violentos.) Por otra parte, alrededor de la mitad de las mujeres que buscan protección contra sus maridos o novios violentos son químicamente dependientes. El personal que acoge a estas mujeres y otros que trabajan con ellas a menudo vacilan en encarar la cuestión del alcoholismo o la drogadicción con sus pacientes por temor de que estas no continúen el tratamiento si ellos lo hacen. Sin embargo, ningún tratamiento puede ser eficaz si ignora la presencia de alcoholismo o adicción a otras drogas en la paciente. Cuando hay maltrato físico, ninguna mujer que sea activamente dependiente de sustancias químicas puede desarrollar por sus propios medios las herramientas necesarias para recuperarse de la adicción a las relaciones. Para estas mujeres, el primer paso en el tratamiento es, inevitablemente, enfrentar la adicción química cuando está presente.

Mediante la asistencia a las reuniones de Alcohólicos Anónimos u otros programas de Doce Pasos que encaren la dependencia química, las mujeres golpeadas quedan expuestas al poder curativo de un grupo de apoyo con orientación espiritual. Esta experiencia les servirá para cualquier otra recuperación a la que se enfrenten, inclusive en la recuperación de la adicción a las relaciones. Del mismo modo, el hecho de asistir a las reuniones de Alcohólicos Anónimos beneficia a todas las mujeres golpeadas que entren en la categoría de coalcohólicas por tener una pareja alcohólica o provenir de una familia alcohólica, o ambas cosas. Si el alcoholismo no está presente en la mujer ni en su pareja, puede hallar ayuda adecuada en el enfoque de Doce Pasos de Adictas Anónimas a las Relaciones (ver Capítulo 7) y en otros programas de Doce Pasos que enfoquen la adicción a las relaciones. Sea cual fuere el caso particular, *toda* mujer golpeada reúne las características suficientes para al menos un programa de Doce Pasos. El ingreso al programa o los programas adecuados debe representar una fuente primordial de recuperación de su enfermedad.

La recuperación de la adicción a las relaciones, especialmente de la variedad que padece la mujer golpeada, es un proceso muy difícil, de un día por vez, que requiere un enorme deseo de curarse. Esta enfermedad es tan taimada, desconcertante y potente como el alcoholismo y su promedio de recuperación es menor aún, tal vez debido a las múltiples adicciones que suele incluir. (Además del alcoholismo y la drogadicción, en la mujer golpeada a menudo se observa alimentación compulsiva y adicción sexual.)

Trabajar con mujeres golpeadas es algo desalentador, tanto por el bajo promedio de recuperación como porque esta, a menudo tarda mucho tiempo, a veces muchos años. La mujer asustada, en peligro, dañada y desesperada que ha sido maltratada, casi inevitablemente «engancha» esa parte del asesor psicológico que desea rescatarla, ayudarla, controlarla. Pero a fin de serle realmente útil, nunca se deben perder de vista los principios específicos de la recuperación ni dejar de compartirlos con la paciente.

Al leer la carga de Meg, por ejemplo, es casi inevitable desear hacer lo que ella pide y aconsejarla sobre si debe quedarse o marcharse. Sin embargo, ese consejo es tan inútil y tiene tan poco sentido al provenir de un terapeuta como lo es al provenir de los amigos de Meg porque, *ante la adicción, los consejos no dan resultado*. La única respuesta adecuada consiste en invitar a Meg a encarar su propia adicción a las relaciones, de a un día por vez.

Estimada Robin Norwood:
Estoy leyendo su libro, y me identifico con esas mujeres.

Tengo veinticuatro años y llevo tres meses de casada. Mis padres se separaron cuando yo tenía once años y se divorciaron cuando tenía dieciséis. Cuando papá estaba en casa, más que un padre era un amo, y usaba el castigo físico más que las charlas francas para mantenernos a raya.

Cuando yo tenía dieciocho años y estaba en el último año de la escuela secundaria, mientras vivía con mi padre en Massachusetts (mamá y el resto de la familia viven en Ohio) tuve un romance con un sujeto de veinticuatro años que conducía un automóvil espléndido y vivía en una casa. Cuando le dije que pensaba dejarlo, se puso irracionalmente violento. Por lo general, si yo me ponía sarcástica durante una discusión, me golpeaba con suficiente fuerza para derribarme. Una noche trató de matarme «para que nadie más me tuviera, ya que él no podía». Logré escapar y hacer señas a un patrullero, que me llevó a casa. Mi padre se puso furioso al verme en ese estado y se marchó con un arma. Más tarde, volvió y me dio un ultimátum: o lo denunciaba o él lo mataba. Lo denuncié, pero dije a mi padre que no me presentaría a la corte. Regresé a la escuela y nunca volví a ver a ese sujeto.

Mientras estuve en la universidad no tuve ninguna relación seria. Después de mi graduación, conseguí un empleo temporal y necesitaba un sitio donde vivir. Pensaba ir a casa, a Worcester, para que mi padre me ayudara a instalarme. Él iba a conseguirme un apartamento como reembolso del préstamo estudiantil que me había quitado en el primer año de universidad. Pero conocí a Tim y traté de hallar una manera de quedarme donde estaba, en New Rochelle. Le pedí mudarme con él y en los tres meses siguientes estuve sin trabajo. Luego mi empleador anterior me llamó para un segundo empleo temporal. Volví a trabajar con muchas esperanzas de conseguir un puesto permanente.

Las cosas entre Tim y yo eran tormentosas. A veces discutíamos toda la noche y él también me golpeaba. Yo lloraba y dejaba que me consolara. Entonces nos reconciliábamos y hacíamos el amor.

Sin embargo, yo siempre amenazaba dejarlo, con lo cual siempre estaba empacando y desempacando. Mis amigos me advertían que dejara a Tim. En cambio, prácticamente los dejé a ellos.

Finalmente, Tim me llevó a casa de mi padre en Worcester, y discutimos durante todo el viaje. Incluso me golpeó en la cara con un periódico por sobrepasar las líneas mientras conducía.

Me quedé durante un mes con mi padre, quien me fastidiaba con respecto a mi peso y a lo mucho que estaba tardando en encontrar trabajo. Tim (créase o no) me consolaba por teléfono y me pedía que «volviera a casa».

Finalmente, Tim se hartó de New Rochelle y vino de visita a Worcester. Discutimos y lo eché. En ese mismo instante, subió al automóvil y volvió a casa. Yo quedé muy angustiada y tuve ataques de llanto durante ocho horas, hasta que pude comunicarme con él por teléfono.

Accedió a mudarse a Worcester pero tardó dos semanas en venir. En realidad, desapareció y nadie, ni siquiera su madre, sabía dónde estaba. Más tarde dijo que había ido a México y a California para tratar de olvidarme.

Mientras tanto, tuve un breve romance de una semana con uno de los guardias de seguridad de mi oficina. Cuando al fin apareció Tim, lo terminé después de algunas últimas visitas en secreto.

Nuestra vida en Worcester también estaba llena de peleas, tanto verbales como físicas. Le pedí que se marchara. Lo hizo. Después le rogué que volviera. Acordamos una cita.

Después decidimos casarnos: idea mía. Él consiguió mi anillo de compromiso en una tienda de empeños (aún conservaba el recibo) y nos casamos dos meses más tarde.

Al cabo de un mes de matrimonio, me deprimí y traté de suicidarme con píldoras. El psiquiatra sugirió que fuésemos a un consejero matrimonial. Tim aceptó, pero luego rehusó ir.

Hace poco, compró un arma para defenderse en su empleo nocturno de tiempo parcial. Lo han asaltado dos veces. Tengo miedo de que el arma pase a formar parte de nuestras peleas domésticas. La otra noche me despertó (yo estaba durmiendo en el segundo dormitorio) y me exigió que abandonara la casa a medianoche porque estaba tan furioso que sabía que me haría daño.

Fui a casa de mi padre, donde estoy ahora, tratando de decidir si esto tiene arreglo (??!!??).

La discusión se produjo porque firmé el recibo de una encomienda certificada de una dama que tiene al hijo de mi marido y que lo busca para que le envíe el dinero de manutención. Además, dijo que debía marcharme porque daba portazos aunque él me advirtió que no lo hiciera.

Ahora quiere que vuelva a casa. Le dije que mi padre

me estaba ayudando a buscar un nuevo sitio donde vivir y que pronto obtendría la anulación.

Tim dice que será más atento, menos violento, que irá al consejero matrimonial, etc., etc., etc.

Robin, los confines externos de mi inteligencia me dicen que no hay esperanzas para esta relación. ¿Crees que el consejero matrimonial pueda ayudarnos? ¿Es mejor que Tim y yo estemos separados?

Por otra parte, cuando no discutimos, tenemos largas charlas sobre sociedad, religión, familia, hijos. Por lo general, todas las semanas vamos al cine o hacemos algo divertido.

Sin embargo, él no es muy generoso y olvidó mi cumpleaños durante el primer año en que lo conocí, cuando vivíamos en New Rochelle. En otras ocasiones se mostró reticente a hacer regalos.

A pesar de todo esto ¿hay esperanza con el consejero matrimonial? ¿O debo darle la espalda y renunciar a mi matrimonio?

Tratando de hacer lo mejor,

MEG C.

Querida Meg:
Tú sufres uno de los tipos más mortales de la adicción a las relaciones. No solo tu salud física está en peligro, sino tu vida misma, tal como lo supusiste cuando Tim compró el arma. Sin embargo, si yo te dijera (como sé que te han dicho otros) que dejes de ver a Tim, ese consejo no lograría que de pronto pudieras hacerlo. Por eso, en cambio, te recomiendo que busques ayuda para *tu* adicción a Tim: no ayuda para él ni para tu matrimonio, sino para ti misma y para tu propia vida tan difícil de manejar. El hecho de buscar esa ayuda no se basa en que dejes de ver a Tim. La nece-

sitas, vuelvas con él o no. A menos que encares tu propia adicción, siempre estarás sujeta a esa violencia que amenaza tu vida. No te repondrás en un solo día. En cambio, se trate de Tim o de otro hombre, las situaciones se volverán más peligrosas; los encuentros, más mortales, y el daño físico, más grave. Tanto tu adicción a las relaciones como la adicción de tu pareja a la violencia son enfermedades progresivas que empeoran naturalmente con el tiempo.

Hay muchísimos hombres violentos que son también alcohólicos y muchísimas mujeres maltratadas que provienen de hogares en los que había violencia y alcoholismo, de modo que la mayoría de las mujeres que son o han sido golpeadas reúnen las condiciones para asistir a Alcohólicos Anónimos. Si las reúnes, tienes mucha suerte, pues no hay mejor lugar para aprender a enfrentar tu impotencia ante los actos y los cambios de humor de los demás. Cuando entiendas bien esa impotencia, podrás comenzar, con el apoyo de la gente y las herramientas del programa, a cuidarte mejor y, a la larga, a curar esa parte de ti que hasta ahora ha *necesitado elegir a hombres peligrosos* y *situaciones peligrosas.*

Al igual que muchas mujeres que sufrieron abusos por parte de su padre, tú sigues muy atada al tuyo (y él, a ti). Haces con él diversos «tratos» que os mantienen «enganchados». Dado que tu padre fue el primero en golpearte, cada vez que abandonas a un hombre y regresas con tu padre, a su casa, sus reglas, sus consejos, sus críticas, su «protección», lo que haces, en esencia, es saltar de la sartén para caer en el fuego. Constantemente reaccionas a él o bien a otro hombre violento, y los ves como «recursos» o como «problemas». Aprender a actuar de otra manera —a mantener en calma contigo misma para poder enfrentar tu *propia* furia, curarla y, a la larga, aprender a llevar una vida más tranquila— será para ti un desafío mucho mayor que tolerar continuamente los repetidos malos tratos y las reubicaciones geográficas a las que ya te has acostumbrado tanto. Pero, en última instancia, ese aprendizaje te salvará la vida.

Aprender a estar en paz contigo misma y a curarte te salvará la vida.

No podrás llevar a cabo esos cambios sola ni con la única ayuda de un terapeuta. Necesitas una fuente de apoyo a la que siempre puedas recurrir. Necesitas personas que compartan contigo sus herramientas de recuperación pero que no caigan en las conductas obsesivas que son parte de tu enfermedad (llamarlo, buscarlo, tratar de dominarlo o de castigarlo, hablar de él, tener aventuras con otros hombres, etc.) Necesitas personas que, mediante el ejemplo, te ayuden a guiar tu pensamiento hacia aquellos conceptos que alientan la recuperación, inclusive a confiar en un Poder Superior, y no en Tim o en tu padre, para resolver tus problemas y eliminar tu dolor.

Por favor, recuerda, Meg, que el hecho de saber por qué haces lo que haces, si bien es útil, no basta para hacerte cambiar. El camino que es necesario que tomes para llevar una vida de cordura y serenidad consiste en aceptar el conocimiento de que tú sola no puedas vencer tu compulsión de elegir a hombres violentos, y luego debes unirte a otros que también tratan de curarse de esa misma compulsión. Espero que busques ayuda en un refugio de tu área y que allí, a su vez, te pongan en contacto con un grupo que utilice el enfoque de los Doce Pasos para la recuperación.

Querida Robin:
Me he criado en un ambiente muy conservador y rígido donde no había drogas, alcohol, malas palabras

y casi solamente críticas, una disciplina rigurosa y violenta y castigos severos. Ahora tengo un matrimonio que *sé* que no es saludable ni gratificante y que debe de ser, estoy segura, una adicción para mí. Todos los días me pregunto ¡¿Por qué, por qué, *por qué* sigo así?!

Desde hace años y años (al menos cinco o seis) mi esposo me maltrata verbal, emocional y psicológicamente y, por fin (aunque nunca pensé que llegaría a hacerlo), llegó a la violencia física. Si bien eso en sí ya es malo, su hijo de quince años (del primer matrimonio de mi esposo) me atacó físicamente dos veces en menos de un año y estoy segura de que volverá a hacerlo. He tenido dos consejeros matrimoniales (uno seglar, otro religioso), y tanto ellos como dos psicólogos me han dicho que abandone a mi marido. Este ha consultado ya a tres psicólogos y debemos haber gastado *toneladas* de dinero tratando de «curarlo», todo en vano. Todo el mundo (amigos, familiares, funcionarios de la ley, el centro local de asesoramiento para mujeres, etc.) parece pensar que necesito abandonar mi hogar. No porque esté ante un vejador, ¡sino *dos*! A esta altura, el hijo me ha tratado peor que el padre, y nuestra casa parece un campo de batalla. Es como gasolina en busca de una cerilla. ¡Y yo sigo aquí!

Hay muchos otros factores que empeoran la situación y la hacen muy complicada. Una de las cosas que más significaron para mí en tu libro fue que te referías específicamente a la espiritualidad. Como cristiana, me ha costado muchísimo encontrar una especie de término medio entre lo que me parecían dos extremos. He estado asistiendo a un excelente programa para mujeres golpeadas a través de la Asociación Cristiana de Mujeres de aquí y, sin embargo, me han dicho tantas veces cosas como «Deja a ese canalla», «Acaba con ese maldito», «Abandónalo ya», «Pide el divorcio», etc., que parecía ser la única línea de pensamiento y, con toda franqueza, me molestó. El otro extremo, al cual me exponen la Iglesia, un estudio femenino de la Biblia y la mayoría de mis amigos cristianos, es que debo seguir con este matrimonio PASE LO QUE PASE. *Nunca* se debe renunciar. El divorcio es el no supremo. Mi matrimonio está antes que mi seguridad personal (?!?!). Es obvio que estas personas quieren que me convierta en mártir y que renuncie a toda mi vida y a cualquier posibilidad o esperanza de ser feliz. Me ha costado mucho creer en cualquiera de esos dos enfoques y, hasta ahora, nuestros problemas siguen sin resolverse. Tu mención del desarrollo espiritual me pareció muy alentadora. Sé muy bien lo importante que es tener Alguien a quien recurrir cuando llego a mis niveles máximos de frustración y exasperación. Hoy en día hay tanta gente que parece huir de Dios que casi me asombró verlo mencionado en un libro que no compré en una librería religiosa.

Fay K.

Querida Fay:
He visto relaciones similares a la tuya en que se trata de luchas sumamente combativas entre dos personas que buscan refuerzos en familia, amigos, clero, consejeros y en la ley, pero no son más que eso: luchas muy combativas entre *dos* personas muy enfadadas y obstinadas, cada una decidida a cambiar (controlar) a la otra. Lo que hace que les resulte tan difícil dejar de relacionarse en esa forma combativa y de pelear una y otra vez es la decisión de ganar que tiene cada uno, de prevalecer sobre el otro. Esto se aplica tanto a quien recibe los golpes como a quien los da.

Una de las armas más potentes que tienes en este conflicto con tu esposo y su hijo es tu manera de usar tu inclinación religiosa. Dado que el ser cristiano implica docilidad, humildad y entrega a la voluntad de Dios, puedes creer que tu preocupación por las actitudes y conductas de tu marido proviene de un afectuoso impulso cristiano hacia él. Quiero sugerir que puede estar sucediéndote algo muy distinto. Sospecho que, al igual que muchas otras mujeres, tal vez estés utilizando tu «cristiandad» para disimular tu obstinada decisión de cambiarlo *a él* asumiendo que Dios está de tu lado en todos tus esfuerzos.

¿Puedes decir con sinceridad que todos tus intentos de presionar a tu esposo para que cambiara han sido afectuosos y no coercitivos?

Recuerda que, cuando creemos tener la solución para los demás, cuando creemos que ellos se equivocan y nosotros estamos en lo cierto, tenemos una actitud que no puede coexistir con los principios espirituales de humildad y entrega.

Lamentablemente, esta actitud de creer que sabemos con exactitud la verdad sobre el bien y el mal puede constituir una de las defensas más impenetrables contra la posibilidad de despertar a la verdad sobre nosotros mismos. Espero que puedas empezar a reconocer que llegaste a este matrimonio llena de ira por el tratamiento que recibiste de tu familia de origen y que las peleas con tu esposo te han permitido descargar en parte esa furia, pero también han contribuido a intensificarla.

Dado que una pareja puede divorciarse y, aun así, seguir peleando durante años, es obvio que la respuesta no es tan simple como quedarse o marcharse. Si realmente deseas recuperarte de tu adicción a las relaciones, debes asumir tu responsabilidad por haber *elegido* a este hombre como pareja y comprender que en esta relación hay lecciones que debes aprender. Las primeras lecciones serán sobre cómo renunciar a la decisión de cambiar a otra persona. Luego debes aprender a asumir la responsabilidad de curar el daño que te hicieron en el pasado. Este es el trabajo al que necesitas dedicarte y del cual, durante todo este tiempo, tu esposo y ahora tu hijastro te han distraído. Cuando estés dispuesta a encarar esa tarea, no permitirás que ellos te aparten de tu curso. Sabrás cuidarte mejor y los dejarás a ellos en manos de Dios.

En la recuperación, ya no calculamos lo que decimos y hacemos desde el punto de vista de cómo reaccionará la otra persona: si nos «oirá» y cambiará, si se apenará, se enfadará o se marchará, o lo que sea. En cambio, hacemos lo que hacemos y decimos lo que decimos (y, por lo general, decimos *mucho* menos) con un solo propósito en mente: conservar nuestra paz mental. Detenemos *nuestra* mitad de la batalla y, al hacerlo, la batalla termina. Verás, Fay, la recuperación no consiste en ganar, sino en no jugar. Por lo común, cuando empezamos a renunciar a nuestros esfuerzos por cambiar a otra persona y a concentrarnos, en cambio, en nuestra recuperación, se produce un período terrible de tensión mientras tratamos de aprender esas nuevas maneras de pensar y de actuar. Es posible que nuestra pareja trate de volver a «engancharnos» en la batalla, y es probable que una parte de nosotros realmente desee volver y hacer los movimientos ya conocidos. A veces, cuando las cosas se enfrían, descubrimos que, mientras nos ocupábamos de nosotras mismas, nuestra pareja y la relación también se curaron un poco. Pero a veces, no. Irónicamente, es *más fácil* marcharse, si eso es lo que finalmente necesitamos hacer, una vez que contamos con cierta recuperación. A medida que aprendemos a dejar de concentrarnos en cambiar a otra persona y pasamos a cuidar de nosotras mismas, naturalmente tomamos más distancia de la lucha con esa persona, la aceptamos más como es y estamos menos enfadadas. Recuerda que es la ira, no el amor, lo que mantiene a la mayoría de la gente en una relación insalubre. Cuando dejamos de insistir en que *él* nos atienda emocionalmente y, en cambio, *nosotras* nos ocupamos de nosotras mismas, nos volvemos menos dependientes y, naturalmente, más capaces de renunciar a esa insistencia. Entonces, cuando estamos con él ya no nos sentimos vacías, desesperadas, furiosas, frustradas y desesperanzadas. Podemos permitir que él sea como es y elegir lo que está bien para nosotras.

Para obtener apoyo para la clase de cambios que necesitarás a fin de recuperarte, te será muy útil asistir a las reuniones de Adictas Anónimas a las Relaciones en tu área. Si bien este programa es muy nuevo en muchos sitios está muy difundido. Pero recuerda que, debido a que es nuevo, la mayoría de sus miembros, a menos que tengan mucha experiencia con otros programas de Doce Pasos, también son nuevos en este enfoque. Cualquier programa de Doce Pasos tarda mucho en desarrollar un núcleo de individuos que cuenten con una recuperación bien practicada para recibir a los recién llegados.

El enfoque muy simple (pero no siempre fácil) de Doce Pasos adoptado en los programas de Adictas Anónimas no estará en conflicto con tus principios religiosos. De hecho, puede servir para esclarecértelos más.

El propósito de *Las mujeres que aman demasiado* era presentar un argumento lo más persuasivo posible para encarar la adicción a las relaciones, al igual que el alcoholismo, como un proceso de enfermedad progresivo y, a la larga, fatal. La carta de Nan, reproducida a continuación, apoya esta teoría con dolorosa claridad. Su breve carta demuestra que estaba atrapada en un modelo de relación que no podía controlar por sus propios medios y que, con el paso del tiempo, ese modelo se convertía en una fuerza cada vez más dañina y extenuante en su vida. Dicho en forma más simple, si ella no hubiese buscado ayuda y *no la hubiera conservado,* es muy probable que hubiese muerto por su enfermedad.

Si bien podemos estar tentados de ver a su esposo violento como la verdadera amenaza para su bienestar, este cándido relato de su historia demuestra que él solo fue uno en una serie de hombres peligrosos a quienes, debido a su enfermedad, Nan *eligió.*

Robin Norwood:
Conocí al señor Maravilloso el primero de mayo y vino a vivir conmigo el 31 de ese mismo mes. Dos semanas más tarde, me desgarró la oreja derecha. Después de que me golpeó repetidas veces, me introdujo un mango de escoba y me escupió en la cara; finalmente lo hice arrestar. Ah, sí, también prendió fuego a mi cabello y me quemó la cara y los brazos con cigarrillos encendidos.

Robin, después de tres matrimonios con sus respectivos divorcios, no quería otro fracaso, por eso cuando salió de la cárcel al cabo de seis meses y vino a verme, lo dejé entrar. Volvió a golpearme, pero esta vez el fiscal de distrito retiró los cargos que presenté contra él, a pesar de que había violado la libertad condicional y me había maltratado.

Después de leer tu libro, pude poner fin a muchas relaciones (cuatro) que había iniciado en los últimos meses porque me sentía sola. He podido mantenerme lejos de mi esposo, y también de un hombre que consume drogas, otro que es casado y otro que es drogadicto y alcohólico.

Ahora empiezo a entender por qué llegué a ser así. Fui adoptada. Mi madre adoptiva trabajaba, mientras su hijo nos maltrataba a los demás niños.

Estoy en un programa local de asesoramiento para víctimas y testigos por medio del fiscal de distrito. Son estupendos. Me ayudan mucho.

Pronto mi esposo irá a la corte y quiere que yo esté de su lado. Pero no puedo o no quiero soportar más abusos. Seguiré adelante con la demanda de divorcio. Me siento sola, pero no quiero volver a vivir como antes.

Deséame suerte. Empiezo a saber que Dios me ama.

NAN G.

Cuando Nan me envió su contrato firmado por el cual me permitía usar su carta, escribió en él que ahora su divorcio es definitivo, que una vez más tuvo que hacer arrestar a su esposo por malos tratos, que continúa con la terapia y que ahora sabe cada día que hay un motivo para vivir.

Ahora, Nan está aprendiendo a cuidarse y protegerse. Si sigue trabajando en su recuperación, a la larga tendrá que enfrentar y curar los aspectos violentos de su propia personalidad, que han atraído a (y se han visto atraídos por) esos hombres que manifestaban una conducta violenta. Cuando reconozca, enfrente y cure su dolor y su ira, los encuentros con su esposo y con otros hombres violentos dejarán de formar parte de su vida.

Hay un principio espiritual según el cual seguiremos topándonos con otros que representen la oportunidad de aprender nuestra lección más urgente. Cuando aprendamos a vencer el problema *en nosotros mismos*, nuestros «maestros» se esfumarán.

Con mucha frecuencia, quienes asesoran a las mujeres

golpeadas se ven atraídos a ese trabajo debido a su propia ira no resuelta y, a menudo, no reconocida, hacia los demás, especialmente hacia los hombres. En ese caso, no podrán guiar a sus pacientes hacia lo que debería ser el objetivo de su trabajo en conjunto: la curación de esa ira y un verdadero distanciamiento de la situación violenta (en lugar del deseo de prevalecer sobre esa situación). Para todos nosotros, pacientes y asesores por igual, el trabajo más importante siempre está en nosotros mismos.

Querida Robin Norwood:
Cuando me enteré de la aparición de *Las mujeres que aman demasiado*, pedí que me lo enviaran a la oficina. Dije a mi secretaria que estaba haciendo un curso (¡y era verdad!) y que tenía que estudiar sin interrupciones durante la hora del almuerzo. Mis ojos enrojecidos podrían haberme delatado pero, aparentemente, no fue así. Al cabo de tres meses continué el «curso» con una reunión en Alcohólicos Anónimos por semana, al mediodía, y una cita por semana, también al mediodía, con un asesor diplomado sobre alcoholismo en un centro de rehabilitación local. Al cabo de otros tres meses, el asesor y yo decidimos que yo tendría que abandonar la zona en secreto para evitar una posible confrontación con mi esposo alcohólico y violento. Con la ayuda de una empresa de mudanzas y la presencia de un oficial de policía, empaqué mis pertenencias, tomé a mi hija de ocho años y a nuestro gato, y me mudé a Washington, donde viven dos de mis hermanas.

Desde entonces, encontré un buen empleo en mi campo altamente especializado y estoy consultando a otro especialista en alcoholismo y coalcoholismo, con planes de «graduarme» pronto y pasar a la terapia grupal. Mi hija está bien, a pesar de algunos temores que son de esperar. Cada tanto la llevo a un psiquiatra de niños por ese tema. Alquilamos una casa justo enfrente de donde vive mi hermana preferida, que me brinda mucho apoyo emocional.

Mi ex marido no nos ha molestado y de vez en cuando (no tan a menudo como yo quisiera) escribe a mi hija. Está bastante mal, consume mucha marihuana, además de ingerir montones de cerveza y cocaína, y tiene una lesión precancerosa en el colon. Espero que haya alguna manera de poder llevar a Amelia al sur para verlo alguna vez, antes de que él ya no esté y cuando yo me sienta lo suficientemente fuerte para hacerlo bien.

Estoy feliz sola y, al mismo tiempo, sigo trabajando para recuperarme, para poder, algún día, tener una buena relación con un hombre, si lo encuentro. ¡Es un verdadero milagro ver cuánto he cambiado en un año! Y el círculo se expande: mis hermanas me hacen preguntas cautas sobre las reuniones de Hijos Adultos a las que asisto ahora. Me entusiasma mucho la idea de que empiecen, pero no digo nada a menos que ellas toquen el tema.

Es probable que *Las mujeres que aman demasiado* haya causado en mi vida un efecto tan grande como mis padres, y fue lo que al fin me ha hecho crecer. Gracias.

Kathryn F.

Es alentador finalizar un capítulo sobre mujeres golpeadas con una nota tan positiva. Kathryn está haciendo todos los esfuerzos adecuados para recuperarse y le están dando resultado. Sin embargo, si fuera mi paciente, le recomendaría seriamente que examinara sus motivos para hacer un viaje con su hija y visitar a su ex esposo.

A riesgo de parecer cruel para todos los que piensan que esa niña «necesita» a su padre, quisiera exponer dos cosas.

Primero, este hombre es un alcohólico y drogadicto que está en las últimas etapas de su enfermedad. Mientras siga bebiendo y haciendo uso de drogas, cualquier visita servirá, en el mejor de los casos, para provocar confusión y desaliento en su hija y, en el peor, puede ser peligrosa. En segundo lugar, es un error muy grave pensar que él es el único que tiene problemas y que Kathryn puede visitarlo sin correr ningún riesgo. No me refiero solamente a su integridad física, aunque es un factor muy importante. Dado que Kathryn, al igual que todas las demás víctimas de la violencia doméstica a quienes he conocido, es adicta a las relaciones, su visita a su ex marido es tan peligrosa para su recuperación como el hecho de tomar una copa lo es para un alcohólico sobrio.

Dentro de todas nosotras hay una necesidad increíblemente fuerte de hacer que las cosas salgan como quisiéramos, de lograr, de alguna manera, un final feliz para las situaciones más desastrosas. Pero para quienes somos adictas a las relaciones, tales maniobras se parecen sospechosamente a la manipulación y al deseo de forzar las cosas.

Las adictas a las relaciones siempre debemos cuestionar muy atentamente nuestros motivos para volver a relacionarnos con las personas que han sido nuestra «droga». A veces, nuestras razones parecen muy plausibles, incluso humanitarias, pero en el fondo son racionalizaciones para volver a practicar nuestra enfermedad. Si debe haber una visita entre Amelia y su padre, debe ser proyecto de él, no de Kathryn. Parece improbable que él pueda llevar a cabo un proyecto así a menos que esté sobrio. Su hija ya sabe cómo es cuando bebe y se droga. Una visita no cambiará nada como por arte de magia a menos que él haya cambiado.

El alcoholismo, al igual que la muerte, representa una tremenda pérdida del sueño de cómo nos gustaría que fueran las cosas. Pero, tal como sucede con la muerte, lo que el alcoholismo nos ha quitado no puede ser alterado por ningún acto de nuestra parte. Debe ser aceptado. Kathryn debe reconocer que el camino de su hija incluye conformarse con lo que es y lo que no es parte de su niñez. Kathryn, en su posición de madre, no está en deuda con su hija ni con su ex marido para buscar la manera de reunidos. Es mejor que eso quede en manos de Dios.

Para vivir con las enfermedades de adicción y coadicción es necesario suspender las reglas de la etiqueta y seguir las pautas de la recuperación. Ese es uno de los aspectos más difíciles de la recuperación de la coadicción. Lo que debemos hacer para proteger nuestra recuperación no siempre es lo más «agradable» para los demás. Nos pueden juzgar como egoístas, desconsideradas, mezquinas. Pero nos lo debemos a nosotras mismas y a quienes amamos: debemos llegar a cualquier extremo para recuperarnos. El mejor regalo de esta madre para su hija es su continua recuperación. A medida que Kathryn se cure, Amelia verá una y otra vez lo que es tomar decisiones saludables en lugar de optar por lo más «fácil», lo que parece más agradable y lo que los demás aprueban pero que, en realidad, forma parte de la enfermedad de adicción a las relaciones.

Lo que constituirá la lección más formativa para Amelia en cuanto al significado de ser mujer no es lo que su madre le diga, sino lo que su madre haga y sienta. La recuperación de Kathryn no es ninguna garantía de que Amelia no se convertirá también en adicta a las relaciones, pero dada toda su historia compartida, la recuperación de Kathryn proporciona el mejor seguro contra la progresión de la enfermedad en su hija. Hay un reconfortante principio de la recuperación según el cual cuanto mejor cuidemos de nosotras mismas más creamos la oportunidad de una verdadera curación en los demás.

4

... HAN SUFRIDO VEJÁMENES SEXUALES Y/O ADICCIÓN SEXUAL

La adicción sexual no es lo mismo que la adicción a las relaciones. Una mujer puede buscar sexo en forma adictiva, con poco o nada de intención de establecer una relación, o bien puede buscar relaciones en forma obsesiva a fin de tener el marco que requiere para practicar su adicción sexual. Estos dos estilos de conducta constituyen adicción sexual. La adicción a las relaciones es la intensa necesidad de tener a alguien en quien concentrarse. La adicción sexual es una obsesión con actividades y/o pensamientos sexuales. Estas dos adicciones pueden coexistir, tal como sucede con otras enfermedades de adicción como, por ejemplo, la ingestión compulsiva de alimentos y la compulsión por gastar dinero, o la compulsión de beber y la de jugar por dinero. Pero cada enfermedad adictiva es algo separado y requiere una recuperación aparte, aun cuando las herramientas empleadas para recuperarse pueden ser, esencialmente, las mismas.

La adicción sexual se puede practicar con una sola persona como pareja y dentro del marco santificado del matrimonio tanto como con innumerables personas sin rostro o con nadie en absoluto. Lo importante es saber identificarla cuando está presente como una enfermedad adictiva y comprender el enfoque más eficaz para su tratamiento.

Hasta el momento, se ha escrito muy poco acerca de la compulsividad sexual y la codependencia sexual. Mi propia instrucción sobre este aspecto en particular de la adicción y la coadicción comenzó leyendo las cartas de lectoras de *Las mujeres que aman demasiado*. Hoy tengo el privilegio de conocer a personas que están recuperándose. Ellas han seguido educándome en el grado de negación que opera en la adicción y coadicción sexual, las maneras en las que estas enfermedades se manifiestan en la gente «normal» y el nivel de sinceridad con uno mismo que se necesita para recuperarse.

¿Cuáles son los elementos específicos de la adicción sexual? Los estilos de compulsividad sexual, al igual que la conducta de los alcohólicos para beber, puede variar de un adicto a otro, pero siempre hay componentes que todos tienen en común, sea cual fuere la adicción.

Algunos de ellos son:

- Que la adicción hace que la vida se vuelva cada vez más difícil de manejar.
- Que, si bien la práctica de la adicción produce un alivio temporal, esa conducta provoca, a la larga, más molestias que alivio.
- Que la conducta es destructiva para el bienestar emocional del adicto y, con el tiempo, para su salud física.
- Que se ve apoyada por la falta de honestidad con uno mismo y con los demás.
- Que hay constantes intentos de controlarla (de no volver a hacerlo) y, por lo común, esos intentos fracasan.
- Que se siente vergüenza tanto por la conducta como por la incapacidad de abandonarla.

- Que el mecanismo inconsciente de defensa de la *negación* (la falta de conciencia con respecto a la realidad de la propia conducta y su frecuencia) y la *racionalización* (la invención de excusas, especialmente el hecho de culpar a otros por la conducta propia) operan constantemente, lo cual impide que el adicto evalúe con precisión su estado.

Cuando estos criterios se aplican a la conducta sexual, hay una adicción sexual. Al hablar de alcoholismo, decimos que lo que lo define no es qué, cuánto ni con qué frecuencia beba una persona. Lo mismo sucede con la adicción sexual. Lo que define a la adicción sexual no es necesariamente la frecuencia con la que haga el amor ni con quién lo haga (salvo en los casos de violación y en la seducción de menores) ni de qué manera ni en qué condiciones. Se trata de la forma en la que la propia conducta sexual afecta las demás áreas de la vida y de si, ante problemas debidos a la conducta sexual, se es incapaz de detenerse o de cambiar. Esos problemas podrían incluir el hecho de que la actividad sexual que uno tiene no alienta el desarrollo de relaciones sanas con los demás, sino que las impide o bien las destruye. Otro problema muy posible es que constituye una amenaza para la salud y, ante la epidemia de SIDA, para la vida misma. Otro indicio es el hecho de que una persona se arriesgue a que la arresten, la enjuicien y la encarcelen por ciertas actividades sexuales y, aun así, no deje de practicarlas. Cualquiera de estas señales basta para diagnosticar una adicción sexual.

De vez en cuando, muchas personas optan por usar el sexo como una droga, para desensibilizarse a lo que esté ocurriendo, de la misma manera en que muchos prefieren usar el alcohol, la comida, las compras o los juegos de azar con el mismo propósito. Pero cuando la necesidad y el uso del sexo (o de cualquier otra conducta o sustancia) crea problemas mayores de lo que justifica o compensa la excitación momentánea que proporciona, se debe investigar la naturaleza adictiva de esa conducta. La adicción se desarrolla cuando el hecho de apoyarse en la droga, sustancia o actividad deja de ser una elección y pasa a ser una compulsión. Cuando la adicción es sexual, se pasa de elegir (consciente o inconscientemente) usar cierta actividad sexual para distraerse de los problemas a *tener* que realizar esa actividad para evitar verse abrumado por la angustia. En última instancia, tanto en la adicción sexual como en todas las demás adicciones, la creciente carga de angustia que debe manejar el adicto se debe, en parte, al peso acumulativo de las dificultades que ha evitado enfrentar mediante el sexo, en parte a traumas crónicos que amenazan aflorar, y en parte es consecuencia de episodios pasados de la actividad adictiva en sí.

Las mujeres cuya «droga elegida» es el sexo o que eligen como pareja a hombres adictos al sexo no optan así por casualidad, según mis observaciones. Sus experiencias infantiles de traumatización sexual, especialmente de vejámenes sexuales, las predisponen a desarrollar esta forma particular de adicción y/o coadicción. En efecto, la compulsividad sexual y la codependencia sexual (tener como pareja a una persona adicta al sexo) a menudo son dos aspectos intercambiables de la misma enfermedad: la obsesión por el sexo. Ya sea por la propia actividad sexual o por la de otra persona, la obsesión siempre es por el sexo y sus raíces son siempre las mismas: la traumatización sexual en la niñez. La seducción sexual es un acto agresivo y hostil, ya sea que la practique un adicto sexual o un codependiente que trata de controlar al adicto. La necesidad constante de prevalecer sexualmente por sobre otra persona se origina en la vergüenza y la ira que se siente al haber sido explotado.

Es probable que el desarrollo de la adicción sexual en consecuencia de un abuso sexual sea, en realidad, la forma en la cual la psiquis trata de provocar una curación de ese trauma del pasado. Esas experiencias de la niñez casi siempre están tan profundamente enterradas o tan negadas emocionalmente que quizá se necesite una fuerza tan angustiante y peligrosa como la adicción sexual para forzar su reconocimiento. Dado que para curarse de la adicción sexual es necesario enfrentar esa traumatización del pasado, revivirla emocionalmente y, por fin, perdonarla, la adicción misma sirve como clave para el pasado de quien la sufre. Cualquier cosa, salvo el pleno compromiso de recuperarse, podría permitir al adicto utilizar todas las racionalizaciones conocidas para explicar su concentración en el sexo y seguir manteniendo a raya la realidad de su desagradable historia familiar.

Hay varios factores que dificultan una discusión objetiva del sexo en sí y, mucho más, de la conducta sexual adictiva. Una dificultad es que el tema es, inevitablemente, inquietante en cierta medida, provoca incomodidades o alienta una especie de voyeurismo. Otro factor es la inmensa ambivalencia de nuestra cultura con respecto a la expresión sexual. Carecemos de un verdadero consenso cultural en cuanto a qué clase de conducta es apropiada o inapropiada, sana o degenerada, liberada o inmoral. Si bien tenemos valores y reglas culturales acerca de la expresión sexual, casi nadie los acata. Aún nos falta decidir si el hecho de quebrantarlos es engañoso, inmaterial o si constituye una expresión de mayor sinceridad de la que las reglas permiten. Lo que escribo aquí no pretende encarar esas cuestiones. En mi opinión, la adicción de todo tipo nunca es inmoral sino, simplemente, amoral, como cualquier otra enfermedad. No está bien ni mal, como tampoco el cáncer está bien ni mal. Las enfermedades de adicción implican tanto la violación del propio sistema de valores como la incapacidad de abandonar o modificar la conducta mediante los propios esfuerzos.

Recibí la siguiente carta de una médica que ha sido respetada como profesional pero cuya vida se volvió muy difícil de manejar debido a la adicción y coadicción sexual. Ella describe su recuperación como coadicta sexual y su punto de vista (el cual comparto) de que los programas de Anónimos proporcionan la fuente *primordial* de recuperación de la adicción y la coadicción. El asesoramiento psicológico puede servir como complemento, pero no a la inversa.

La carta de esta mujer es una buena introducción al concepto de compulsividad sexual.

Estimada señora Norwood:
Leí su libro, *Las mujeres que aman demasiado*, con gran interés. Creo que es una importante contribución a la comprensión de las coadictas. Como médica y miembro de un grupo de Anónimos, me impresionaron varios conceptos expresados en su libro:
1. Tales mujeres necesitan participar en un programa de Doce Pasos, además de cualquier ayuda profesional que reciban.
Me alegró mucho leer que usted insiste en que sus pacientes que pertenecen a Alcohólicos Anónimos, Al-Anon, Gordos Anónimos o cualquier otro programa de Anónimos deben asistir a las reuniones adecuadas para seguir en terapia con usted. Me ha consternado la cantidad de psicoterapeutas de mi comunidad que consideran los programas de Doce Pasos una posibilidad *alternativa* con respecto a la terapia, y no como parte del proceso de autocuración. De hecho, muchos asesores psicológicos, psicólogos y psiquiatras parecen sentirse amenazados por esos grupos, como si temieran perder dinero si la

gente recurre a los grupos de autoayuda. Más aún, la comunidad psiquiátrica parece tener la impresión de que los grupos de autoayuda pueden servir para las personas que tienen problemas menores, pero cuando se necesita *verdadera* ayuda hace falta un profesional *en lugar de* un grupo de autoayuda. He confeccionado una lista de los profesionales de mi comunidad que trabajan con grupos de Anónimos y, cuando lo considero apropiado, les envío a mis pacientes. Espero que su libro logre una amplia difusión y un efecto significativo en quienes atienden a «mujeres que aman demasiado».

2. No es casual que ciertas mujeres entablen relaciones con alcohólicos y otros adictos. Hace un par de años ingresé a un grupo de Doce Pasos para cónyuges de adictos sexuales. Oí a otras mujeres relatar sus historias y resultó evidente que siempre habían tenido ese hábito de relacionarse con hombres inapropiados y adictos. Al escucharlas comprendí que yo también tenía una larga historia con este problema, desde mi elección de un homosexual para mi primer romance hasta mi actual matrimonio con un hombre que es adicto a las relaciones extramatrimoniales. Tal como dijera una mujer de mi programa: «Fuimos voluntarias, no víctimas». Ese conocimiento me ayudó mucho a perdonar a mi esposo por el dolor que yo sufría a causa de sus aventuras.

3. El tipo de adicción que alguien desarrolla puede variar, pero la dinámica es siempre la misma. Usted menciona el alcohol, la comida, las drogas, el juego y el trabajo. Estoy totalmente de acuerdo, y quisiera hablarle de otra adicción que usted menciona brevemente en su libro. Usted afirma que el sexo puede servir como sustituto de una droga para aliviar la ansiedad que es típica en los comienzos de la sobriedad. Estoy de acuerdo, pero el sexo mismo puede ser una adicción primaria,

con todas las características disfuncionales de las demás adicciones. El libro más concluyente sobre este tema es *La adicción sexual,* de Patrick Carnes.

En Estados Unidos hay varios grupos de Doce Pasos en existencia que encaran esta cuestión. El grupo al que pertenece mi esposo se llama Sexoadictos Anónimos. Lo que Al-Anon es a Alcohólicos Anónimos, S-Anon es a Sexoadictos (SA), y yo soy miembro de S-Anon. Mi esposo no tiene ninguna otra adicción; su «droga» siempre fue el relacionarse con otras mujeres. Yo lo hallaba excitante, dinámico, sensual, sensible, etc., y hasta que ingresó a SA y yo a S-Anon nuestra convivencia fue un caos. Puedo identificarme con todo lo que se dice en S-Anon, y hace mucho tiempo comprendí que, sea cual fuere la adicción en particular, los problemas son los mismos. Hace casi dos años que mi esposo está «sobrio» y participa en su programa; yo participo en el mío y nuestra vida ha mejorado muchísimo.

Entre paréntesis, las adicciones múltiples son una característica común en los círculos de SA. Muchos miembros lograron primero abandonar el alcohol y luego comprendieron que su adicción sexual estaba fuera de control y amenazaba su sobriedad química.

Lamento mucho que usted no estuviera familiarizada con la adicción sexual y sus grupos de Doce Pasos al escribir su libro, pues estoy segura de que muchas de sus lectoras tienen este problema y les gustaría saber que tienen adonde acudir.

DRA. SHARON J.

Esta carta describe claramente los paralelos entre la adicción y coadicción sexual y otras adicciones y coadicciones, inclusive la eficacia de un enfoque de Doce Pasos para la recuperación. No requiere más comentario que mi agradecimiento a la mujer que la escribió. Después de recibir su carta, pude enviar a SA o S-Anon a mis pacientes que padecían una adicción o coadicción sexual y a quienes les interesaba recuperarse. Estos grupos crecen cada vez más, pues la necesidad es grande.

Mientras tanto, entre los miembros de las profesiones de asistencia apenas comienza a aparecer una actitud adecuada hacia el diagnóstico y el tratamiento de la adicción sexual. Si bien los terapeutas consideran que los problemas de falta de deseo sexual o incapacidad de desempeñarse sexualmente son áreas que justifican cierta preocupación, solo últimamente han reconocido a la sexualidad compulsiva como un proceso de enfermedad adictiva que, al igual que otras enfermedades de adicción, responde mejor a un enfoque de Doce Pasos. Nuestra instrucción tampoco nos ha ayudado mucho. Según he observado, muchos de los profesionales que se especializan en la enseñanza y el tratamiento de los problemas sexuales están, ellos mismos, obsesionados con el sexo (razón por la cual han elegido esa área en particular en su trabajo). Debido a su propia negación, racionalización y otras defensas que les impiden reconocer esa enfermedad en sí mismos, es natural que les resulte difícil diagnosticar en sus pacientes una compulsividad sexual. Hasta el momento, la definición de lo que constituye una sexualidad compulsiva es menos clara aún que la de lo que constituye el hábito compulsivo de beber, y en gran parte las razones son las mismas.

Nosotros, como cultura, tenemos maneras de «disfrazar» las adicciones para que parezcan una libre elección más que la compulsión que en realidad son.

Fue principalmente gracias a los alcohólicos, que los profesionales al fin aprendieron (cuando aceptaron dejarse enseñar) a entender la adicción al alcohol y su tratamiento apropiado. Yo diría que lo mismo ocurrirá con la adicción sexual y su tratamiento. Quienes admiten su adicción sexual y están recuperándose y manteniendo una sobriedad sexual constituirán la fuente de verdadera comprensión de este proceso de enfermedad. Del mismo modo, los codependientes en recuperación serán quienes arrojen luz sobre su componente de esta enfermedad. A partir de ellos, los profesionales aprenderán que la adicción y coadicción sexual, como el alcoholismo y el coalcoholismo, requieren que se enfoquen los aspectos físicos, emocionales y espirituales para que el tratamiento sea efectivo.

Si bien los alcohólicos no parecen elegir típicamente una carrera o un área de trabajo en especial, he observado que otras clases de adicciones a menudo llevan a una persona a ser muy precisa en su elección de carreras, y estas, en general, reflejan la enfermedad misma. Por ejemplo, las adictas a las relaciones se ven generalmente atraídas hacia las profesiones asistenciales, y sus preferencias más comunes están en las carreras de enfermería y asesoramiento psicológico. La siguiente carrera más común es la enseñanza, especialmente cuando se enfatiza el aspecto de «ayuda», como con los estudiantes discapacitados o emocionalmente alterados. Los deudores (o gastadores) compulsivos tienden a dedicarse a los trabajos que impliquen el manejo de dinero, como en bancos, contaduría, impuestos, empresas de préstamos y créditos, y teneduría de libros. Quienes comen por compulsión buscan trabajos de alguna manera relacionados con la comida. Estudian nutrición y preparación de comidas, trabajan para centros de adelgazamiento, escriben libros de cocina o enseñan a cocinar, o se emplean como camareros. Quienes han sufrido abusos físicos y tienen tendencias hacia la violencia a menudo se ven atraídos a carreras que incluyen la violencia como componente importante aunque controlado, tales como el cumplimiento de la ley o la milicia. Y quienes son sexualmente compulsivos tienden a elegir carreras que tratan sobre las relaciones humanas, especialmente en el área de la moralidad. Por lo común, se involucran en algún aspecto de la Iglesia o, en general, en una vida religiosa en la cual, con frecuencia, asesoran a otros. Otra elección común son las profesiones que brindan la oportunidad de trabajar con el cuerpo de los demás, como en el área médica. (Al describir esas observaciones, no quiero implicar que todos los que se dedican a esas profesiones sean adictos de una u otra clase, sino solo que estas carreras tienden a atraer a personas que tienen adicciones afines.)

No es difícil discernir que cada una de estas clases de adictos busca una manera de estar siempre en contacto con la sustancia o conducta que hace que su vida se vuelva cada vez menos manejable y, al mismo tiempo, de *controlarla* mediante el esfuerzo, la educación y la pericia. Estos adictos intentan también, cada vez con mayor desesperación, usar su carrera como defensa contra su adicción. Después de todo, ¿cómo se puede tener un problema en un área dada cuando se es experto en ese campo?

Sin embargo, siendo la adicción lo que es, el resultado de todos esos esfuerzos por mantener el control es precisamente lo contrario de lo que se espera. El control falla una y otra vez y se va produciendo una disparidad cada vez más alarmante entre la imagen pública del adicto y su conducta privada y secreta. Debido al orgullo y al miedo, la carrera que sería la mayor defensa contra el ejercicio de la enfermedad se convierte en el mayor impedimento para rendirse y recuperarse.

Ten en mente este concepto mientras lees las siguientes dos cartas de Catherine N., religiosa. Sus cartas me proporcionaron uno de los impulsos más intensos para escribir este libro, porque describe muy bien tanto la progresión de la enfermedad de adicción a las relaciones (en su caso, específicamente la codependencia sexual) como la humildad, la entrega y la perseverancia necesarias para lograr la recuperación.

Estimada señora Norwood:

Leí su libro y tengo todos los síntomas crónicos de una mujer que ama demasiado: ataques de pánico, claustrofobia, uso de tranquilizantes, intensa angustia, depresión, pensamientos suicidas, una sensación *constante* y atormentadora de dolor emocional que está alojada en mi pecho y mi garganta, y accesos de llanto, por lo general varias veces al día. No puedo aliviar el dolor ni identificar el motivo del llanto. Antes de leer su libro, pensaba que estaba volviéndome loca. Nadie sabía lo que me ocurría, y yo, menos aún. Tengo treinta y siete años, tres hijos de nueve, once y trece años, y llevo quince años de casada con un hombre apuesto y viril que es adicto al sexo ilícito desde los doce años. Continuó ejerciendo su adicción durante nuestro matrimonio; yo siempre trataba de ocultar sus andanzas y sentía que era mi «deber» perdonarlo siempre. Sabía hacerlo muy bien después de haber vivido con una madre alcohólica, física y emocionalmente abusiva. (Típico, ¿verdad?)

Los dos somos ministros eclesiásticos. ¡Qué imagen para aparentar! Hace seis semanas, yo había leído tres capítulos de su libro cuando mi marido confesó otro «desliz» y lo abandoné. Ahora estoy otra vez en casa con los niños y le dije que buscara otro lugar donde vivir. No quiero que vuelva a menos que acuda a un terapeuta y a un grupo de apoyo y comunique a nuestros superiores en la Iglesia lo que sucede en realidad.

Él no es obstinado, ya ha buscado ayuda, ha admitido que es adicto y que no puede recuperarse solo. Ha derribado paredes emocionales y llora por primera vez en veinte años. Mientras tanto, a mí me destroza este dolor emocional y necesito ayuda, con desesperación. A veces, el dolor es tan intenso que no sé qué hacer. No puedo trabajar, atender bien a mis hijos (brindarles cualquier tipo de atención buena) ni mi casa. Lloro todo el tiempo y no puedo ir a ninguna parte porque en cuanto llego empiezo a llorar.

El dolor y el llanto han sido así de intensos durante un año y medio, sin interrupción, aun cuando hace seis semanas que nos separamos. Confío en que usted sabe a qué me refiero.

CATHERINE N.

Querida Robin:

Quiero hacerte saber que te agradezco mucho el haber respondido mi carta en diciembre pasado y que estoy recuperándome. Después de abandonar a mi esposo en noviembre, en diciembre asistimos a un seminario de tres días para profesionales asistenciales, dictado por Patrick Carnes, autor de *Out of the Shadows: Understanding Sexual Addiction*. En ese seminario, mi esposo identificó su problema y comenzó a frecuentar a un consejero matrimonial y familiar a quien conocimos allí. Yo también identifiqué mi problema de codependencia sexual e inicié terapia. El doctor Carnes, en su programa de recuperación, sugiere un período de abstinencia para el adicto sexual; lo aceptamos y me hizo tanto bien como a mi esposo. Mediante la abstinencia, él perdía su «droga» (el sexo) y yo la mía (él). En tu carta me aconsejaste que acudiera a S-Anon, que encontré por medio de mi esposo, que había empezado a asistir a Sexoadictos Anónimos, y desde entonces concurro todas las semanas. Al mismo tiempo, nuestro asesor psicológico nos recomendó seriamente que siguiéramos separados, lo cual hicimos durante siete meses.

Durante todo ese tiempo, yo seguía sufriendo y llorando, y la depresión empeoraba por la realidad que debía enfrentar. Comencé a analizar algunas cuestiones relacionadas con la infancia y el alcoholismo en la familia, leyendo *It Will Never Happen To Me*, de Claudia Black, y asistiendo a un seminario de ocho semanas sobre ese tema. Sentía deseos de suicidarme y mucho miedo de mi esposo. Todas las lágrimas que nunca había llorado se derramaban como si se hubiese roto un dique. Yo siempre decía: «las cosas fueron demasiado lejos por demasiado tiempo (catorce años) con mi esposo y nunca volverá a dar resultado y no sé si podré sobreponerme». Sentía el impulso de huir y lo único a lo que podía aferrarme eran las palabras de tu libro: «... a medida que te recuperes, comprenderás que quedarse no es el problema y marcharse no es la respuesta». Día tras día me sentaba en la cama y me aislaba bajo las mantas, lloraba y me rodeaba de libros de autoayuda. El hecho de levantarme a lavar los platos me parecía como si me pidieran que escalara una montaña. Pensé que nunca volvería a sentirme normal (emocionalmente sana). Lo único que me hacía seguir adelante era asistir a mis clases de gimnasia aeróbica.

Pero empecé a aprender que yo también tenía una enfermedad, y apenas este mes, ocho meses más tarde, comienzo a saber lo que significa ejercer cierta restricción sobre mí misma, no obsesionarme por mi esposo, no controlarlo, culparlo ni manipularlo. Él lleva ya nueve meses de «sobriedad» y se ha convertido en uno de los ejemplos y patrocinadores de su programa. (Debido a que el programa de SA es muy nuevo aquí, hay pocos veteranos.) Mi enfermedad parece más sutil aún que la de él, pues puede tratar de esconderse muy bien dentro de mí. Al principio, en lugar de concentrarme en mí misma y en mi programa, seguía apelando a mis viejos trucos de practicar su programa para él. Ahora, hace casi tres meses que estamos juntos otra vez y apenas empiezo a relajarme. La depresión comienza a disminuir y tengo tres y hasta cuatro días buenos ininterrumpidos. No he tenido un solo ataque de pánico desde que leí tu libro y dejé que mi esposo se recuperara, ni tampoco angustia crónica. Sufrí ataques de pánico durante dieciséis años y angustia crónica durante doce. Trataba de disimular mis problemas de ansiedad y depresión de la misma manera precisa en la que cualquier buen coadicto disimularía el alcoholismo o las aventuras sexuales, pero la culpa que sentía por ser tan inestable era tremenda. Una vez que aprendía a decirlo en voz alta, a admitirlo, a aceptarlo y a tener la humildad suficiente para recibir ayuda en cada aspecto, comencé a mejorar. Yo siempre quería estar a la cabeza: ser siempre el médico, nunca el paciente. Mi obsesión era tan grande que llegué a pensar que tenía que hallar mis propias respuestas en los libros de psicología. Hace muchos años aprendí en mi iglesia que la autosuficiencia obstinada significaba que no confiaba en Dios. Tenía en mi mente una teología de rendirme a Él, pero no en mi corazón y no actuaba de acuerdo con ella. ¡Los programas de Doce Pasos realmente pueden enseñar mucho al clero sobre la práctica espiritual! Ahora estoy aprendiendo a recurrir realmente a mi Dios, a quien siempre conocí pero en quien nunca confié.

He aprendido también que parte de la dinámica de

mi depresión era el deseo de seguir castigando a mi esposo por lo que me había hecho. Finalmente comprendí que, con esa necesidad de venganza, solo seguía haciéndome daño y, cuando admití mi responsabilidad por lo que me había hecho a mí misma, la depresión comenzó a aliviarse.

Ahora, mientras te escribo esta carta, me siento llena de paz y esperanza. El hecho de recuperarme junto con mi esposo ha sido lo *mejor*. ¡Qué suerte he tenido al contar con un marido dispuesto a hacerlo! Si él no hubiese buscado ayuda y no hubiera perseverado durante un lapso sustancial, yo nunca habría regresado. Estoy expresando mis sentimientos, comunicando mis necesidades y ya no soy débil con él. Me ha agradecido muchas veces por haberlo abandonado y por decir: «Esta conducta ya no es aceptable para mí».

CATHERINE N.

Hay muy poco que agregar a las dos cartas de Catherine. Revelan claramente, tanto para los terapeutas como para otras mujeres que aman demasiado, las conductas, los sentimientos y la dinámica de la coadicción y el tremendo dolor y la lucha que son inherentes no solo al proceso de la enfermedad sino también al de recuperación. Después de toda una vida de relaciones insalubres, la coadicta que se halla en las etapas iniciales de la recuperación, a menudo se siente peor aún cuando empieza a mejorar. Esto se debe a que está apartándose de sus viejos modelos de pensamiento y conducta, *todos* los cuales deben cambiar para que ella se cure. A medida que aprende a apartar su atención obsesiva de la conducta y el bienestar de otra persona, a ella no le queda nada que la distraiga de sus propios problemas, los cuales pueden ser muy graves. Estos pueden incluir uno o más de los siguientes factores: ataques de pánico y angustia crónica (como en el caso de Catherine), fobias, una lucha de toda la vida con la depresión endógena (de base física), profundos sentimientos de odio a una misma, culpa y vergüenza (a menudo relacionados con un historial de abusos físicos y/o sexuales), graves compulsiones de conducta (gastar dinero, limpiar, etc.), una adicción propia al alcohol, a las drogas, a la comida o al sexo.

No es de extrañar que muchas de nosotras elijamos como pareja a hombres que tienen problemas tan flagrantes de adicción. Lo hacemos a sabiendas, aun cuando al principio podamos negar conscientemente que conozcamos su propensión hacia conductas que nos resultan inaceptables. Solo la gravedad cada vez más dramática de los problemas *de ellos* puede distraernos lo suficiente de los nuestros. Si ellos inician su recuperación, nos quitan aquello en lo cual nos concentramos «afuera». Nos resta abrazar nuestra propia enfermedad y nuestra recuperación o bien nos vemos obligadas a buscar a otra persona u otro problema de igual magnitud para distraernos. ¡Nuevamente, no es de extrañar que tantas coadictas saboteen, sutilmente o no tanto, la recuperación de sus parejas! Es triste pero cierto que para muchas de nosotras es más fácil estar con un hombre muy enfermo que enfrentar nuestra propia enfermedad y embarcarnos en nuestra recuperación.

Cada recuperación es nada menos que un milagro.

El caso de Catherine es muy típico en el sentido de que la carrera que eligió le ha proporcionado una distracción y, a la vez, una defensa contra su propia enfermedad. Ella aún no ha identificado el origen de su obsesión con el sexo y, hasta ahora, lo ha expresado como su preocupación por la conducta de su esposo. Esa identificación será una parte importante de su curación. Al igual que con las carreras que elegimos, la elección de un hombre que tiene una adicción en particular y por quien luego nos volvemos adictas a las relaciones o codependientes puede constituir una poderosa defensa para no examinar nuestros propios impulsos inaceptables y nuestra historia dolorosa. Por difícil que sea ese autoexamen, es absolutamente esencial para que podamos lograr la mayor recuperación posible de nuestra variedad particular de codependencia.

Todos, terapeutas y legos por igual, necesitamos recordar que la mayoría de las personas adictas a una conducta o a una sustancia no se recuperan, y que la mayoría de las personas codependientes o coadictas *tampoco se recuperan*. Con esto no es mi intención desalentarlas, sino simplemente recordarles que deben ser realistas. La mayoría de la gente a la larga muere de sus enfermedades. La carta de Catherine ilustra claramente por qué esto es así. La magnitud de la capitulación necesaria para recuperarse de la coadicción es totalmente equiparable a la que se necesita para recuperarse de cualquier adicción a una sustancia química o a una conducta. Su relato deja en claro que cada recuperación es nada menos que un milagro: un milagro que se produce por gracia pero no por casualidad. Debemos estar dispuestas a llegar a cualquier extremo para recuperarnos. Al igual que Catherine, necesitamos hallar el coraje de presentarnos en todos los lugares donde se ofrece la recuperación y de enfrentar lo que allí aprendamos sobre nosotras. Cuando lo hagamos, y mientras sigamos estando dispuestas a renunciar a nuestra obstinación, un Poder Superior a nosotras se encargará del resto.

La siguiente carta ilustra la premisa de que la compulsividad sexual es, en ambos casos, una conducta que se *aprende,* que su componente intensamente adictivo proviene del impulso de reencontrar y volver a experimentar las experiencias sexuales traumáticas abrumadoras pero a menudo suprimidas y olvidadas de la niñez. La carta de Sandra delinea también el enfoque apropiado para el tratamiento, el cual es, una vez más, un grupo de apoyo formado por pares que comparten historias similares de su niñez y procesos de enfermedad similares en su vida adulta. Cuando este trabajo grupal se ve acrecentado por la capacidad de un terapeuta que entiende completamente el tema de los vejámenes sexuales y de la adicción sexual (idealmente, por su propia recuperación además de su capacitación profesional), se crea el clima más propicio para la curación. En mi opinión, nada —ninguna capacitación, lectura o investigación— puede compararse jamás con la propia experiencia de un terapeuta y *su recuperación* de una adicción como preparación para realizar un trabajo realista, compasivo y apropiado con los pacientes que enfrentan la misma lucha.

Estimada señora Norwood:
Desde hace dos años soy miembro de Padres Unidos, que es un grupo de apoyo para personas cuyos hijos han sufrido incesto, ya sea a nuestras manos o a manos de otros parientes cercanos. Mi terapeuta individual me recomendó su libro pues trata todos los temas principales en los que estoy trabajando ahora. Sufrí abuso sexual a los cinco años de edad, pero no lo recordé hasta hace dos años y medio, cuando hice terapia regresiva fuera del programa de Padres Unidos. Ese terapeuta, que no estaba entrenado en la dinámica de los vejámenes sexuales, me recomendó que, ahora que lo sabía, debía olvidarlo y seguir con mi vida. Eso encajaba muy bien

con lo que yo quería hacer, que era ignorar lo que había ocurrido, lo que yo sentía al respecto y todas las formas en que esa experiencia afectaba mi vida actual. El caso es que, seis meses más tarde, finalmente abandoné a mi segundo marido y entonces me enteré de que él había abusado sexualmente de mi hija de quince años y medio. El ultraje era lo suficientemente importante para llevarme a Padres Unidos.

Si bien me reconocí, de un modo u otro, en cada capítulo de su libro, la parte que realmente me resultó a mi medida fue la que hablaba de los roles infantiles. Reconocí que yo había sido la «niña invisible» original. Poco antes de leer su libro, trabajaba en grupo (ahora estoy en «Nuevo Contacto», que se compone de adultos que fueron agredidos sexualmente en su niñez, perpetradores —hombres y mujeres— y madres de niños vejados) para poder, finalmente, expresar cierta ira golpeando una almohada con un bate de béisbol. Mientras trabajaba, recordé otro detalle del abuso que sufrí: mi perpetrador me sujetó con las rodillas sobre mi pecho (algo que mi primer marido, un alcohólico que me maltrataba verbal, física y sexualmente, me hacía y lo cual me inmovilizaba). Si bien estaba muerta de miedo, me obligué a seguir con el recuerdo y luego aceptar el consuelo de la terapeuta que conducía el grupo. La parte más temible de toda la sesión, aunque también fue la más hermosa, fue mirarla a los ojos mientras ella trataba de explicar algo, comprender que me veía y que yo le importaba y que estaba allí para mí, y verme reflejada como una verdadera persona, sentir al fin el dolor y enfrentarlo. Antes de eso, la única manera en que podía hacerme cargo de mi invisibilidad, mi no-personalidad, consistía en embriagarme y levantar a extraños en los bares (las únicas caricias que conocí fueron sexuales) y luego, al ver que eso no daba resultado, casarme con un hombre tan enfermo como yo.

Mi terapeuta ha estado trabajando conmigo en mi incapacidad de perdonarme y de sentir compasión por mí misma, y por elegir siempre hombres defectuosos, peligrosos, distantes, prohibidos (¡casados!) o insalubres de cualquier otra forma. Siempre tuve la impresión de que la parte de mí que los elegía estaba, en realidad, enferma y viciada. Después de leer su libro, finalmente comprendí que lo que yo buscaba cada vez era la «igualdad» de sentimiento que engendraba el hecho de estar con esos hombres, los mismos sentimientos que había experimentado al estar en una familia en la cual no había caricias (salvo el incesto), que no brindaba apoyo y no era comunicativa. Hiciera lo que hiciere, ya fuera que obtuviera buenas calificaciones, o que ayudara con el trabajo de la casa, etc., etc., nunca bastaba para mis padres. Entonces, por supuesto, elegí a hombres que seguían confirmando mi maldad al golpearme, violarme, abusar de mí verbal y emocionalmente. Simplemente, confirmaban los mensajes abiertos y los velados que mi familia siempre me había dado.

El caso es que al fin estoy empezando a perdonarme por esas malas elecciones. Aún no estoy lista para iniciar una relación; mi proceso de curación es demasiado nuevo y tengo miedo de que un hombre «bueno» no me entusiasme o no me parezca real. Pero, por primera vez, me siento bien sin un hombre, sin estar en pareja, y no tengo prisa.

Es gratificante leer su libro y verme en cada capítulo y saber que no soy la única que reaccionaba en esa forma autodestructiva. Lo que es realmente gratificante es leer acerca del proceso de recuperación y comprender que estoy haciendo todas esas cosas. Estoy en un grupo con otras mujeres (y hombres) que pasaron por lo mismo y, por esa causa, se volvieron sumamente disfuncionales. Además, por primera vez en mi vida, estoy aprendiendo a ver a los hombres como personas, iguales a mí; personas que sufren como yo, que se sienten solos como yo, que usan su sexualidad como único contacto humano, como yo solía hacerlo, y que están curándose como yo. Estoy bien encaminada en este proceso de recuperación y sé que es probable que pronto esté lista para una relación sana. Estoy comenzando con amistades sanas, aprendiendo a amar y a estar con la gente sin intervención del sexo. Nunca había tenido intimidad emocional con nadie y es como ser un bebé y empezar de nuevo. Espero estar lista algún día para la intimidad (¡ay!) de una verdadera relación.

Mi hija también se está curando, por medio de Hijos Unidos y gracias a que me estoy convirtiendo en una madre sana que no guarda secretos, no reprime su afecto y no impone condiciones para quererla. Me asusta, pero es real, ¡y vale la pena!

SANDRA S.

La historia de Sandra en su niñez y en su vida adulta es mucho más común de lo que se podría creer. A menudo vemos a personas que se comportan como ella lo hacía y nos preguntamos por qué. La carta de Sandra contiene algunas de las razones más comunes. Su compulsión de relacionarse con extraños en los bares y de tener relaciones sexuales anónimas con ellos, constituye una característica común de la adicción sexual en las mujeres, y su origen es, a menudo, exactamente el que ella describe. Dado que en su niñez fue utilizada sexualmente, en su vida adulta continuó ese patrón de despersonalización de sí misma y del sexo. Al igual que Sandra, muchísimas mujeres que abusan del alcohol u otras drogas tienen un trauma originado en su niñez, que incluye tanto sexo como violencia. Si bien la bebida les sirve para anestesiar el dolor, también les proporciona la oportunidad de volver a vivir el drama del sexo impersonal y peligroso entre personas que, en realidad, solo son objetos el uno para el otro. Pero, en lugar de causar alivio, esa actividad solo intensifica la sensación de alienación, vergüenza e inutilidad que provocó esa conducta. Al decirse que no habría actuado así de no haber estado bebiendo, la mujer evita asumir la responsabilidad por su elección y analizar el significado que esta tiene en su vida. Y así, el ciclo continúa.

Creo que, una vez más, la carta de Sandra ejemplifica la razón por la cual la recuperación no es tan frecuente. A fin de curarse, ella necesitó el coraje de enfrentar no solo los recuerdos dolorosos del mal trato sufrido en su niñez, sino también el alcance de sus propias elecciones y actitudes enfermas de su vida adulta. Sandra nunca habría podido modificar su conducta en forma tan significativa si no hubiese analizado su enfermedad con tanta sinceridad como lo hizo con la de sus padres y su esposo.

La siguiente carta ha sido incluida para demostrar la sutileza con la cual alguien que lucha con la violencia y la inadecuación sexual puede aludir a la presencia de esos problemas. «Incesto», «ultraje sexual» y «violencia» son términos que, muchas veces, a la gente le cuesta decir en voz alta y, mucho más, utilizar para describir las condiciones de su vida familiar. El mal trato sexual y/o físico se produce con tanta frecuencia en las familias alcohólicas que cualquier terapeuta que reciba una consulta de alguien cuyo sistema familiar es o ha sido alcohólico debe ser capaz de investigar ese comportamiento con eficacia, lo cual significa, con amabilidad, suavidad y sin prisa.

Estimada Robin Norwood:
Hace nueve años que estoy en una relación muy enferma. Su libro me ha ayudado a ver las cosas de otra manera. Ahora estoy asistiendo a sesiones de asesoramiento psicológico y tratando de decidir qué hacer respecto de mi relación. El hombre con quien estoy es alcohólico. Un alcohólico de mucho éxito. Se enfermó, nos enfermamos y todos nosotros estuvimos muy cerca de la ruina. No estamos casados pero tenemos dos hijas. Mis niñas y yo estamos recuperándonos, pero él sigue enfermo. Siempre deseo y espero que él cambie, pero empiezo a comprender que él cambiará solo si lo desea y cuando lo desee. Es un sueño, una fantasía mía el llegar a verlo sano. Él es económicamente muy independiente y su capital aumenta a cada momento, de modo que su poder es más importante que su salud mental. Lo que más me impide marcharme es el miedo. ¿Miedo de qué? No lo sé. Solo tengo miedo. En parte, por mis niñas. No quiero que estén con él si yo no estoy cerca, pero sé que, si pongo fin a la relación, él querrá verlas y yo no podré impedírselo.

Además, tengo mucho miedo de iniciar otra relación. He tratado de relacionarme con hombres sanos, pero me asusto y huyo. Sigo leyendo su libro una y otra vez y, lenta pero seguramente, me está ayudando. Muchas gracias por escucharme.

JANE S.

Querida Jane:
Quisiera referirme, principalmente, al miedo que sientes de lo que podría ocurrirles a tus hijas si no estuvieras allí

para protegerlas. Supongo que lo que temes es que su padre las maltrate verbal o física o sexualmente, o todo a la vez. Supongo también que hasta ahora has estado «interfiriendo» entre ese hombre y sus hijas, impidiendo que quedara a solas con ellas para que no les hiciera daño.

En primer lugar, Jane, necesitas enfrentar *lo que ya sabes,* dejar de ocultarte a ti misma las propensiones de ese hombre. Es común que las codependientes guarden una vaguedad deliberada con respecto a la conducta y las inclinaciones de sus parejas o ex parejas. Sin embargo, esa vaguedad es peligrosa.

Es verdad que, si te separas de él, posiblemente tendrá derechos de visita que te excluirían. Pero a muchos alcohólicos activos les interesa mucho más *luchar* por la custodia, los derechos de visita, etc., que estar con sus hijos. Necesitan el dramatismo y la excitación de la batalla con sus «ex» para tener un problema en el cual puedan concentrarse, pues ese problema les permite distraerse de su alcoholismo y sus consecuencias. Es irónico, pero cuanto más luches con el padre de las niñas por la cuestión de las visitas o por cualquier otra cosa, más lo distraerás de su alcoholismo.

La violencia y el incesto son más comunes entre los alcohólicos y sus codependientes. Tú necesitas hablar con tus hijas acerca de lo que te preocupa: eso significa que debes aprender a hablar *objetivamente* (sin culpar) sobre la enfermedad del alcoholismo y sobre las actitudes inapropiadas que algunos alcohólicos tienen hacia los demás, incluidos sus hijos. Necesitas hablar con tus niñas sobre tu preocupación por su seguridad con la misma claridad y objetividad con que lo harías si su padre tuviera, por ejemplo, ataques de epilepsia. Ellas necesitan saber qué clase de conducta pueden esperar y cómo cuidarse en circunstancias difíciles.

Cuando puedas hacerlo objetivamente, tal vez desees hablar con el padre de las niñas acerca de la charla que tuviste con ellas. Pero no lo hagas hasta que puedas decir lo que tengas que decir sin enfadarte, sin discutir ni ponerte a la defensiva. De más está decir que, para poder hablar así con él, se necesita estar muy recuperada. En mi opinión, el mejor lugar para desarrollar una distancia saludable con respecto a la conducta y los problemas de él es Alcohólicos Anónimos.

Los secretos que guardamos nos enferman más.

Cuando dejes de guardar los secretos de ese hombre, tú y las niñas estaréis más sanas, siempre que tus motivos para hablar con tus hijas sean los correctos. No debes hablar con ellas para desacreditar a tu pareja o para que ellas se unan más a ti. Y si, a la larga, hablas también con él sobre tu charla con las niñas, no debes hacerlo para tratar de que él cambie. Eso no será más que otro intento de controlarlo. En todo caso, cuando se revela el secreto de su enfermedad, la mayoría de los alcohólicos tienden a evitar a la gente que lo «sabe».

Sin embargo, si este hombre es sexualmente inapropiado además de alcohólico (a menudo ambas enfermedades coexisten), es probable que no renuncie fácilmente a tener acceso a sus hijas. Si este es el caso, te ruego que hagas todo lo posible por hablar con profesionales que conozcan muy bien el tema del abuso sexual infantil y que puedan ayudarte en tus esfuerzos por proteger a tus hijas. En la actualidad, muchas comunidades cuentan con equipos de información sobre abuso sexual.

En todo caso, a fin de disponer tu separación, querrás encontrar un abogado que entienda la enfermedad del alcoholismo. Si el padre de tus hijas es potencial o activamente violento o sexualmente inapropiado, tu abogado debe estar dispuesto a encarar también esas cuestiones. (No todos los abogados están dispuestos a hacerlo.) Es obvio que en tu situación no sería apropiada la custodia compartida, que es tan popular en la actualidad, por la sola presencia del alcoholismo activo. Necesitas un abogado que reconozca eso.

Espero que participes activamente en Alcohólicos Anónimos y, si el abuso sexual es un problema, también en S-Anón. Esos dos grupos de apoyo te brindarán la información y la guía que necesitas para encarar tu situación.

Trata de recordar que no fue por casualidad que te involucraste tanto con un hombre a quien no crees digno de confianza. Tengo la intensa sospecha de que la cuestión del abuso sexual fue parte de tu propia niñez. En la vida adulta, tendemos a elegir la clase de personas y situaciones con las que ya hemos luchado cuando niños. Las mujeres que fueron ultrajadas o sufrieron otro tipo de abuso en su niñez, en la vida adulta tienden a agredir a sus propios hijos o a elegir como pareja a hombres que las agredan. Te ruego que trates de curar esta área tan importante de tu vida. El hacerlo te ayudará a no repetir esa conducta y a no elegir a otro hombre inapropiado. A medida que vayas sanando, estarás contribuyendo a evitar esa conducta en la vida de tus hijas, tanto con respecto a sus futuras parejas como a los hijos que podrán criar.

Mucha gente se pregunta cómo es posible que, después del movimiento feminista de los años sesenta y setenta, las mujeres estén tan obsesionadas con los hombres y las relaciones. La siguiente carta describe con gran candidez y con mucho detalle la manera en que una mujer intensamente feminista y con un punto de vista político revolucionario pudo tener una vida caótica debido a la adicción a las relaciones y al sexo. La carta de Terri claramente sugiere que tal vez, en el caso de las mujeres que son feministas activas y, a la vez, «hombreadictas», el origen de su actitud política y de su adicción puede remontarse, irónicamente, a las mismas experiencias infantiles: el haberse visto expuestas, en su familia de origen, a la ira, la agresividad y la autoridad masculinas y, a la vez, al resentimiento, la docilidad y el martirio femeninos. Durante toda la niñez de Terri, la presencia del alcoholismo en ambos padres exageró esa dinámica estereotipada entre hombre y mujer. En la vida adulta, su propia dependencia química se combinó con la de sus parejas para intensificar nuevamente la dinámica de las relaciones insalubres.

Querida Robin:
Cuando leí tu libro me vi reflejada en cada página. Soy una profesional de cuarenta y tres años, actualmente en un puesto gerencial de nivel medio, a cargo de una oficina de treinta y cinco personas. Me casé dos veces y crie dos hijas. He participado activamente en las causas feministas y se me considera una mujer fuerte, segura y coherente. Mis dos matrimonios no fueron en absoluto como los tradicionales, tan chauvinistas. Pero ahora sé que, si convertimos a un hombre en el centro de nuestra vida, no importa si le llevamos café y sus pantuflas. El hecho de negarme a cumplir el papel tradicional de la mujer en el matrimonio no me protegió de ser una mujer que ama demasiado; simplemente contribuyó a ocultarme el problema.

Soy la mayor de once hijos. Mis padres son alcohólicos. Mi madre es una mujer que ama demasiado. Ella no ve a sus hijos tal como son. Está demasiado enredada en su relación tempestuosa con mi padre. Yo nunca quise ser como ella, y por eso siempre me mantuve sola y he evitado a los hombres que eran, como mi padre, materialmente exitosos. Nunca quise tener hijos porque estaba decidida a no atraparme como ella se había atrapado. No obstante, ella me enseñó a ser una mujer que ama demasiado y a usar el alcohol para soportarlo. Desarrollé un estilo de vida diferente del de ella, pero ambas terminamos con las mismas adicciones.

El alcoholismo de mi padre nunca afectó su carrera, sino solo a su familia. Ha logrado un fabuloso éxito económico y se ha hecho famoso. Él insiste en que su alcoholismo está bajo control y supongo que, en cierto modo, lo está. En estos últimos años, al fin ha aprendido a dominar en parte su temperamento, pero cuando yo era niña tuvimos una relación sumamente difícil. Juré que nunca me relacionaría con un hombre como mi padre, y creía haber cumplido esa promesa. Ahora comprendo que luchaba contra él y he luchado con todos los hombres desde entonces. Después de todo, el dinero que tuvieran, sus ideas políticas o su raza no hacía mucha diferencia.

En mi niñez, yo protestaba contra mis padres y defendía a mis hermanos de su ira y sus críticas. Leía libros sobre mártires y luchadores de la libertad y quería llegar a ser una de ellos. No era popular con los chicos, aunque deseaba con desesperación que me prestaran atención. Descubrí el sexo a los diecisiete años e ignoré mi crianza religiosa para poder aferrarme a esa maravillosa experiencia nueva que me hacía sentir unida a los demás.

En la universidad, descubrí a los Hombres Negros y la popularidad. Tuve un bebé siendo soltera y lo entregué en adopción. Ese trauma ni siquiera me hizo ir más despacio. Me fui de la casa a los diecinueve años y me mudé al este, donde empecé a mantenerme sola y me reuní con un Negro a quien había conocido y de quien me había enamorado mientras estaba embarazada. Mi padre se enfureció por eso y amenazó con enviarme a una institución mental para detenerme. Entonces, Dex y yo nos casamos.

Pronto volví a quedar embarazada y fui madre dos semanas antes de cumplir veintiún años.

Aún estaba muy necesitada emocionalmente y, cuando el entusiasmo por mi matrimonio comenzó a disminuir, inicié una aventura extraconyugal. Luego volví a la universidad y me convertí en una revolucionaria política. Tuve más romances, pero lo hacía con más discreción porque no quería lastimar a Dex. Él era incapaz de echármelo en cara debido a su naturaleza inhibida, y el matrimonio se deterioró.

Eugene era revolucionario como yo y había desertado de la milicia debido a sus ideas políticas. Tuvimos un romance de fin de semana y luego se marchó al Canadá. Cuando regresó, de inmediato puse fin a mi matrimonio y me fui a vivir con él.

Después de un año y medio de estar juntos, Eugene se fue a vivir a otro sitio, pues decía que necesitaba encontrarse. Habíamos sido amantes y camaradas en nuestras actividades revolucionarias. Yo lo había mantenido porque él se escondía en la clandestinidad por ser desertor.

El abandono de Eugene me hizo sufrir mucho. Descubrí en el whisky el anestésico que necesitaba y así comencé lo que serían quince años de beber a diario. Eugene también empezó a beber todos los días. Yo bebía a solas y él, con otros, pero esa era la única diferencia. Aún no me había enterado de las otras mujeres. Él me mentía y yo le creía porque necesitaba hacerlo.

Después de unos ocho meses de estar separados pero viéndonos dos o tres veces por semana, decidí que la solución era mudarme a otro sitio. Encontré un nuevo apartamento en otra ciudad. Eugene no podía dejarme ir, de modo que me siguió y fue a vivir a mi nuevo apartamento.

Mientras estuvimos separados, él conoció otra mujer y luego empezó a pasar mucho tiempo fuera de casa. Me decía que iba a reuniones de la organización revolucionaria que duraban toda la noche. No parecía verdad y yo siempre le pedía que me incluyera en esas reuniones, pero él se negaba aduciendo que eso sería un problema porque yo era blanca y el grupo era de gente negra. Finalmente, la tensión fue demasiada y volvió a mudarse. Esta vez, supuestamente, fue a vivir con un amigo. Diez días después, fui a su nuevo apartamento. Cuando llamé a la puerta, una mujer preguntó quién era. Entonces lo supe.

El infierno por el que pasé en los meses siguientes es indescriptible. Él se aferraba a mí, insistía en que me amaba, pero seguía viviendo con ella. Él siempre había querido que yo quedara embarazada, pero yo siempre me negaba. Finalmente, me convenció al prometerme que, si quedaba embarazada, volvería conmigo. Dejé de tomar la píldora. Cambié de idea y volví a tomarla pero, gracias a una fertilidad igual a la de mi madre, ya estaba embarazada. Sin embargo, Eugene no volvió de inmediato. Yo había reconocido esa posibilidad aun al aceptar embarazarme, pero había decidido que, aun cuando él no regresara, ya estaba criando una criatura como madre soltera, de modo que ¿qué diferencia había si tenía dos? Sentía que, con un hijo, siempre me quedaría algo de nuestra relación. Sabía también que podía herirlo si no regresaba, al tener a nuestro hijo y no entregárselo.

Pasé mi embarazo bebiendo, cuando no trabajaba, y durmiendo. Por qué no tengo una criatura con síndrome alcohólico-fetal (algo de lo cual, por entonces, nunca se oía hablar y nunca se hablaba) no lo sé. Dormía con una pistola bajo la almohada, deseando poder matarme.

Otro efecto casi fatal de mi dolor y mi furia: en la noche de Año Nuevo, mientras Eugene estaba en Canadá, estuve a punto de matar a la «otra». Había decidido ir a su casa y matarla a medianoche en Año Nuevo, cuando tal vez el «accidente» se interpretaría como un desborde en los festejos. No me importaba que me atraparan. No me importaba nada. Tenía que hacer algo para resolver la situación, fueran cuales fuesen las consecuencias. Nunca sabré si habría podido hacerlo. Ella no estaba en casa. Había ido a Canadá para ver a Eugene en Navidad. Pero mi adicción al amor me había llevado al punto de querer cometer un asesinato.

En el verano, cuando Eugene regresó de Canadá, me presenté en la casa donde vivía la otra mujer. Cuando ella se enteró de que yo estaba embarazada, obligó a Eugene a elegir. Me eligió a mí. Yo había ganado.

Después de que volvió a mudarse conmigo, me atormentaba el recuerdo de aquella mujer. Mi hija nació en junio. En octubre, Eugene y yo nos casamos. No sé por qué se casó conmigo. Yo me casé con él para demostrar a todos que él me amaba, para recuperar el orgullo después de haber pasado por tanto dolor. Pensaba que siempre podía pedir el divorcio y que esa sería mi manera de saber que todo había terminado. (Había pensado en el significado de los rituales como los funerales y el divorcio. Su intención era hacer saber a los vivos cuando todo terminaba.) Tal vez una parte de mí se casó por amor, pero solo una parte muy pequeña.

Finalmente, Eugene fue arrestado por su deserción cuatro años después de que sucediera. Naturalmente, yo me mantuve a su lado porque, a pesar de nuestros problemas, éramos camaradas políticos y yo jamás le habría dado la espalda en un momento así.

Cuando salió de la cárcel militar, seis semanas más tarde, era otro hombre: un hombre realmente enamorado.

Fue bueno mientras duró, pero no duró mucho. Volvimos a mudarnos, una y otra vez. Yo trabajaba. Él, no.

A los cinco años de matrimonio, me dijo que quería que ambos tuviéramos otras parejas sexuales. Accedí a ciertas cosas que no me agradaban pero quería complacerlo. Dejé que me controlara por completo sexualmente y, aun así, me creía muy liberada al poder hacer eso.

A la larga, él inició una aventura con una amiga suya. Eso violaba nuestro acuerdo de que el sexo sin trascendencia estaba bien, pero una relación significativa no lo estaba. (Es una locura, cómo pensamos y actuamos, ¿verdad?) Esa situación volvió a ponerlo en el aprieto de no saber lo que quería. Cuando se combinó con el resto de nuestros problemas, finalmente nos condujo al divorcio.

Después de la ruptura, me aterraba la idea de no volver a encontrar pareja. A pesar de mi fuerte conciencia feminista, los hombres siempre habían sido mi objetivo total. Sin un hombre, no sabía quién era. Pero me sentía tan agradecida por la paz que tenía entonces, después de tanto pelear con Eugene, que esperé algunos meses antes de buscar un reemplazante.

Cuando inicié mi siguiente relación, Eugene se volvió loco y amenazó varias veces con matarse y matarme. Más tarde admitió que estuvo a punto de matarnos a todos: a sí mismo, a mí y a mi nueva pareja. En cuanto a este último, era casado. Al principio me cautivó pero, cuando la verdad empezó a salir a la luz, me aparté de él. Me golpeaba mucho y, sin embargo, solo podía estar lejos de él si me relacionaba con algún otro hombre. El siguiente era un hombre totalmente cerrado emocionalmente, que se había divorciado dos veces y no estaba dispuesto a comprometerse conmigo de ninguna manera. Cuando me enamoré de él, me dejó. Volvimos a unirnos una y otra vez en una relación intermitente que me volvía loca. Luego me fue infiel y, por fin, rompí con él.

A toda velocidad, inicié mi siguiente relación, esta vez con un hombre diez años menor que yo, un hombre dulce que me recordaba, en cierto modo, a mi primer esposo. De inmediato empezamos a vivir juntos y descubrí que era adicto a la cocaína. Yo siempre había tenido cuidado con las drogas porque no quería volverme adicta. En los años sesenta lo había probado todo y había fumado bastante hierba, pero lo dejé a mediados de la década de los setenta porque prefería beber. Pero con tanta cocaína alrededor, no pude evitarlo.

El año pasado leí tu libro. Fue la gota que colmó el vaso. Me ayudó a poner mi vida en perspectiva. Vi que mi problema tenía nombre, que otras personas también lo tenían, y que era curable. Concerté una cita con un terapeuta que se especializaba en tratar a hijos adultos de alcohólicos, y me dijo que, para curarme, primero debía encargarme de mi alcoholismo. Bien, pude dejar de beber, pero descubrí que no podía dejar la cocaína. Mi pareja seguía usándola, lo cual hacía que fuese doblemente difícil dejarla. Finalmente lo logré pero, dado que aún era una mujer que amaba demasiado, tardé cuatro meses en echarlo de la casa. Además, volví a relacionarme con el hombre «cerrado» que había sido mi pareja antes que el adicto a la cocaína. Ahora comprendo que ese hombre también era alcohólico. En Alcohólicos Anónimos nos dicen: «Ninguna relación seria por un año». Entiendo por qué, pero no sé si podré hacerlo. Creo toda clase de racionalizaciones para seguir relacionada con este hombre. Ya no bebo ni me drogo, pero sigo siendo una mujer que ama demasiado: lo que siempre juré no llegar a ser jamás. Basta de conciencia feminista políticamente ilustrada.

Gracias por escucharme, Robin.

Terri D.

Querida Terri:
Después de leer tu carta, tengo la fuerte sospecha de que, además de ser alcohólica, adicta a la cocaína y a las relaciones, eres también adicta al sexo. Tu comportamiento sexual en tu adolescencia y como adulta, la compulsividad sexual de muchas de las parejas que has elegido y tus sentimientos de furia y deseo de venganza sugieren claramente la presencia de esta adicción. Otra pista es el carácter dominante de tu padre, su violencia y su alcoholismo, junto con el alcoholismo y la extrema pasividad de tu madre. Estos también son factores que están presentes cuando se produce un ultraje sexual en la niñez.

El hecho de haber sido explotada sexualmente en la niñez proporciona el impulso típico que se oculta tras la mayor parte de las relaciones sexuales compulsivas en la vida adulta. Sin embargo, la violencia sola, cuando está muy sexualizada, es causa suficiente para el desarrollo de la compulsividad sexual. Del mismo modo, en algunos casos, el verse expuesta a un progenitor que tiene aventuras extramaritales en forma compulsiva es causa suficiente. Si bien en tu carta no describes una niñez en la que hayas sido explotada sexualmente, toda tu forma de relacionarte como adulta indica que abusaron de ti sexualmente cuando niña o bien que la violencia en tu hogar tenía un núcleo intensamente sexual. En otras palabras, tu historia refleja un diagnóstico de adicción sexual en el presente y de trauma sexual en el pasado, tengas o no conciencia de ese trauma en la actualidad.

He aquí algunos hechos:

- Una de cada cuatro mujeres en esta cultura ha sido vejada sexualmente antes de los dieciocho años.
- En la mayoría de los casos, las víctimas conocen a sus atacantes. De hecho, la mayoría son miembros cercanos de la familia.
- El ochenta por ciento de los abusos sexuales y el ochenta por ciento de la violencia doméstica (dos categorías que a menudo se superponen) se producen en familias alcohólicas. La incidencia más alta después de esta, tanto en lo relativo al incesto como a la violencia, se da en hogares muy religiosos.
- La mayoría de las víctimas de abuso sexual «olvidan» su(s) experiencia(s) mediante el mecanismo de defensa inconsciente y automático de la negación.
- Las víctimas de abuso sexual tienden a abusar sexualmente de sus propios hijos o bien a elegir como pareja a alguien que lo haga.

El incesto constituye el trauma supremo, la devastación máxima, tan perjudicial para una criatura que los esfuerzos defensivos masivos por negar y «olvidar» funcionan durante toda la niñez y se prolongan en la vida adulta. Por lo general, el mecanismo de defensa de la negación es muy eficaz para sepultar por completo los recuerdos dolorosos a fin de proteger al yo de verse abrumado. Dado que esos recuerdos no se erradican sino que solo se ocultan, conservan todo su poder para influir, aunque en un nivel inconsciente, en la conducta, los sentimientos y las decisiones diarias. Producen elevados niveles de angustia, desconfianza, miedo y una especie de vergüenza «suelta», y todos ellos impiden que el sobreviviente adulto del incesto lleve una vida cómoda, razonablemente feliz y segura. Además, mientras están sepultados, permanecen impermeables a todos los esfuerzos por curar la angustia, la desconfianza, el miedo, la inseguridad y la vergüenza, para no mencionar la adicción sexual que comúnmente se origina en este trauma.

El problema del trauma sexual es muy difícil de encarar, no solo por la aversión natural de la víctima a admitir la experiencia y por su mecanismo de defensa automático (que sirve para bloquear el o los hechos a la memoria consciente), sino también porque es muy difícil definir con exactitud qué constituye la explotación sexual. Tal como sucede con muchas otras clases de experiencia perjudiciales de la niñez, cada uno de nosotros desea y necesita creer que lo que nos ocurrió, sea lo que fuere, no fue realmente tan malo. La dependencia para con nuestros padres que experimentamos en la niñez se convierte naturalmente en una lealtad que aumenta la dificultad para evaluar el trauma que hemos experimentado. Si los recuerdos comienzan a aflorar, tratamos de convencernos de que lo estamos imaginando todo, de que lo hemos soñado o de que estamos exagerándolo. Somos deliberadamente imprecisos y decidimos que nuestros sentimientos son infundados y que nuestras reacciones están fuera de toda proporción. Casi siempre, el caso es todo lo contrario. Subestimamos tanto lo que ocurrió y el efecto que nos produjo que quedamos llenos de ira, vergüenza y desesperación pero no tenemos nada a lo cual atribuir nuestra angustia. Nuestra negación total e inconsciente o nuestra ocultación deliberada y consciente de nuestro pasado nos mantiene atados a sus efectos en el presente.

Terri, permíteme ayudarte a identificar algunas de las formas de explotación sexual menos fáciles de reconocer, además de las más fácilmente reconocidas como perjudiciales. Pero recuerda que estos no son conceptos legales sino psicológicos, a ser evaluados desde el punto de vista de su efecto sobre la víctima más que de si lo ocurrido constituye o no un delito enjuiciable en una corte legal.

Cada uno de nosotros quiere creer que lo que le ocurrió no fue realmente tan malo.

La explotación sexual, por una parte, puede ser abiertamente física e implicar una observación inapropiada, un examen, contacto, caricias, estimulación y/o penetración del cuerpo de la criatura. Puede tratarse de un hecho aislado, ocasional o repetido una y otra vez durante muchos años. Por otra parte, la explotación sexual puede ser velada y principalmente psicológica. El uso de palabras sexuales inapropiadas, descripciones, insultos, apodos, sugerencias sexuales, preguntas y temas de conversación, cuentos o chistes lascivos o la presencia o exhibición de materiales claramente sexuales y/o pornográficos constituyen explotación sexual de los niños que se ven expuestos a todas esas actividades. Otro factor para recordar es que la violencia física puede ser una forma altamente sexualizada de agresión. Muchas madres sexualmente celosas o muchos padres sexualmente posesivos, además de golpear a sus hijas, les desgarran las ropas, les cortan el cabello y destruyen sus pertenencias.

El incesto velado incluye también la violación grave y repetida de las fronteras emocionales de la criatura. Cuando un padre o una madre convierte a uno de sus hijos en compañero y confidente y le relata con detalles los problemas de su matrimonio (inclusive los problemas sexuales) —con lo cual eleva a la criatura al nivel de un adulto desde el punto de vista de la responsabilidad, la agobia con la angustia emocional de su progenitor y depende de ella para obtener alivio y soluciones para esa angustia y se apoya en ella para lograr validación y consuelo— se produce una violación de la independencia y la individualidad esenciales de la criatura. Si el padre o la madre eleva más aún al niño a la posición de ser su pareja emocional principal, eso puede ser, por sí solo, sumamente conducente al desarrollo de compulsividad sexual en la vida adulta, dado que un tratamiento así equivale a seducir a la criatura. Como tal, genera, en gran medida, la misma sensación de haber sido abrumado, de vergüenza, de furia impotente, y un impulso de desagravio y venganza que también produce el incesto abierto. Además, el incesto abierto y el velado no son mutuamente excluyentes. Un padre, por ejemplo, puede explotar a su hija físicamente mientras, al mismo tiempo, su madre la explota emocionalmente.

Muchas mujeres niegan, en la vida adulta, haber sido víctimas de incesto porque en su niñez no tuvieron relaciones sexuales físicas. Pero el grado de trauma no es necesariamente mayor para una niña que se vio sometida a la explotación física que para una que sufrió un abuso psicológico. Una mujer a quien, en su niñez, se le requería que estuviera presente en la sala para servir bebidas a su padre y a sus amigos mientras contaban chistes y cuentos subidos de tono puede llegar a ver tan afectada su capacidad de confiar y de experimentar una intimidad sana como otra mujer a quien, de niña, su padre visitaba por las noches para tener relaciones sexuales con ella. La violación de la confianza, la imposición del secreto, la negación de la protección, la invasión de fronteras, ya sean físicas, psicológicas o ambas cosas: todo eso constituye el trauma del incesto. Y este trauma es lo que impulsa a la víctima, en su vida adulta, a recrear compulsivamente encuentros sexuales que contengan esos elementos de desconfianza, secreto, peligro y abuso físico y/ o psicológico.

Como sociedad, tendemos a explicar la conducta sexual compulsiva (siempre que ocurra entre un hombre y una mujer de edades adecuadas) como la expresión de un «fuerte impulso sexual». Esto es tan inexacto como explicar la incapacidad de un alcohólico de controlarse con la bebida como la expresión de una «fuerte sed». La compulsividad sexual, al igual que todas las adicciones, es la búsqueda de alivio para los efectos de lo que se ve, al mismo tiempo, como fuente de alivio. Es la bebida lo que crea en el alcohólico la necesidad de seguir bebiendo. En el caso de quienes gastan dinero por compulsión, son las deudas lo que crea la necesidad de volver a gastar. Y en los adictos sexuales, es su experiencia de seducción lo que alimenta la necesidad de tener un próximo encuentro sexual.

Si recordamos que la compulsividad sexual es un esfuerzo inconsciente de negar y, a la vez, de vencer la sensación de impotencia, vergüenza y furia que se origina en la explotación sufrida en la niñez, resulta más fácil reconocer que la mayoría de las mujeres que buscan el sexo con obsesión no lo hacen porque les agraden tanto los hombres sino porque sienten un inmenso miedo y una gran furia hacia ellos. Nuevamente, los sentimientos operan en forma inconsciente; producen una angustia insoportable y acicatean a la mujer traumatizada para que recree el encuentro sexual una y otra vez. Ella se ve impulsada a tratar de recuperar un equilibrio interno subyugando en lugar de ser subyugada y dominando en lugar de ser dominada. Pero además está jugando con fuego. Cada encuentro sexual que ella busca compulsivamente siembra las semillas de la necesidad de volver a repetir ese acto y, tal vez, de volver a «ganar». Las mujeres más deliberadamente seductoras tienden, además, a ser las más profundamente traumatizadas y las más llenas de furia y angustia. La seducción compulsiva es un acto desesperado y hostil, cuyo objeto es prevalecer sobre otro ser humano.

Terri, has tenido mucha suerte al encontrar un terapeuta que reconoció que tu primera necesidad era lograr la sobriedad química. Yo sugeriría que lo siguiente, además de mantener la sobriedad, es experimentar un período de abstinencia sexual durante el cual te concentres en el origen y la función actual de esa adicción en tu vida. No podrás recuperarte de la adicción a las relaciones hasta que hayas encarado esta adicción primordial.

Estimada señora Norwood:

Leer *Las mujeres que aman demasiado* fue parte de una intensa búsqueda de los problemas subyacentes que contribuyeron a provocar dos divorcios y varias relaciones fracasadas, mi incapacidad de renunciar a hombres imposibles y mis sentimientos de inutilidad, inadecuación, etc.

La historia de mis relaciones consta, básicamente, de atraer a hombres menores que yo (el más joven era nueve años menor que yo) o de mi edad, pero nunca mayores. Debido a que soy menuda, parezco más joven. Sin embargo, mi relación más reciente fue mi primera experiencia con un hombre mayor que yo. Tengo treinta y seis años y él tiene cuarenta y cuatro. Los dos admitimos estar muy enamorados después de nueve meses de estar juntos. Un año más tarde, él declaró que era «...demasiado rápido», y que quería más espacio. Ahora sé que mis expectativas porque era un hombre «mayor» me llevaron a amarlo aun antes de poder conocerlo mejor y entender las razones ocultas por las cuales se ha divorciado una vez, no quiere firmar los papeles de divorcio de su segundo matrimonio y es un mujeriego de los peores (hasta el punto de tener SOLAMENTE amistades femeninas).

Mientras leía su libro, buscaba con desesperación

historias relacionadas específicamente con el incesto, pero solo había dos y una de ellas mencionaba remotamente lo que me ha ocurrido. Verá, yo *no fui* víctima de incesto, pero soy la quinta de nueve hijos, de los cuales seis son mujeres. De niña era muy enfermiza, de modo que mi padre no podía molestarme, pero siempre lo oía en la otra habitación con mi hermana, que es dieciséis meses menor que yo. Él abusaba sexualmente de todas sus hijas, salvo de mí. De hecho, parecía aborrecer mi presencia y siempre peleábamos. A los dieciséis años, amenacé con matarlo si me golpeaba como dijo que lo haría. Dijo a mi madre que yo era una carga económica por mi enfermedad y que deseaba que no hubiese nacido. Pero, de alguna manera, el hecho de ser la *única* hija excluida de la conducta incestuosa de mi padre me ha dejado la sensación de «no ser capaz de ser amada o aceptada por un hombre».

Este dolor interior ha afectado muchas de mis relaciones; si un hombre decía que me amaba, yo nunca le creía y trataba de demostrar que no era cierto pero, al mismo tiempo, pedía más afecto y no estaba dispuesta a esperar hasta que él estuviese dispuesto a expresarlo. Entonces me volvía y lo abrumaba con amor y afecto, al punto de sofocarlo. Inevitablemente, me decía que estaba presionándolo y me abandonaba. La mayoría de nuestras peleas eran por mis acusaciones de que él no me demostraba su amor. Todo esto parece confuso y revuelto, lo sé. ¡Pues bien, en lo que respecta a esta parte de mi vida, así es como me siento!

En su investigación, ¿descubrió usted que la incidencia de amar demasiado estaba más relacionada con padres que tuvieran problemas de alcoholismo y drogadicción que con padres que no fueran afectuosos y con el incesto? He oído decir que el incesto y el alcoholismo se dan, en general, dentro de la misma familia. ¿Es verdad? En mi familia no había alcoholismo, aunque mi padre padecía de úlcera.

En un párrafo anterior hice alusión a una enfermedad en mi niñez. Tengo un trastorno de la piel llamado dermatitis atópica, que es una combinación de alergias múltiples a distintas comidas, polen y sustancias químicas del aire, etc., y un caso severo de eccema. Debido a medicamentos incorrectos prescriptos por los médicos, mi piel quedó marcada. Eso contribuyó a aumentar mi sensación de inadecuación.

Poco a poco me estoy sobreponiendo a esos sentimientos porque Dios me ha bendecido con dos hermosos niños, de seis y trece años de edad, y ellos no tienen ninguna alergia ni problemas dermatológicos. Son muy sanos, inteligentes y afectuosos. He sido muy severa con ellos y no he sido capaz de darles mucho cariño. Ansío poder relajarme y disfrutar de su compañía, pero me cuesta encararlo. Por eso empecé a analizarme y estoy tratando de amarlos de verdad, de criticarlos y controlarlos menos, de ser más atenta, de enseñarles a ser responsables y cualquier otra cosa que necesiten. Deseo ser amiga de mis dos hijos, especialmente del de trece años. Me tomará tiempo, pero estoy dispuesta a intentarlo.

LANA Z.

Querida Lana:
En tu carta dices que no fuiste víctima de un incesto, pero no es así. El hecho de que tu padre tuviera relaciones físicas con tus hermanas pero no contigo no te excluye del daño causado. Ninguna de vosotras conoció a su padre como adulto confiable que buscara el bienestar de sus hijas y utilizara sus recursos de adulto para protegerlas. En cambio,

constituía una amenaza y un peligro constantes, al violar a sus hijas y abusar de ellas debido a su propia enfermedad.

Tu atracción por los hombres más jóvenes que tú tiene sentido si reconoces la necesidad de dominar que a menudo opera en las mujeres que hacen pareja con hombres menores que ellas. Hay una sensación de ser más experta y sofisticada, más fuerte, más sensata, menos vulnerable. (Las cosas no siempre son así en realidad, especialmente en lo referido a la vulnerabilidad, pero al principio *parece* que diera resultado.)

El hecho de que el hombre mayor con quien te has involucrado tenga problemas muy obvios para relacionarse honestamente con las mujeres, especialmente en el aspecto sexual, tampoco es sorprendente, dada nuestra predilección natural por la elección de personas con quienes podamos repetir nuestros hábitos de relación. Tú ya conoces muy bien la impropiedad, la desconfianza y las amenazas en el área de la sexualidad.

Sí, el incesto se produce con más frecuencia en hogares alcohólicos, pero también tiene una alta incidencia en los hogares extremadamente religiosos y en hogares donde hay una disciplina muy severa. El incesto es una enfermedad generacional; eso significa que el perpetrador o agresor por lo general fue víctima de explotación sexual en su niñez y luego, en su vida adulta, abusa sexualmente de sus hijos o de otras personas. La mujer que fue víctima de incesto a menudo se casa con alguien que es un agresor o lo es en potencia y que, a la larga, asediará sexualmente a sus hijos. Además, apenas estamos empezando a reconocer la frecuencia con la cual las mujeres mismas cumplen el papel de agresoras. El daño, entonces, se ocasiona de generación en generación al guardarse el secreto y repetirse el ciclo.

> Podemos aprender a amar y a atesorar a la criatura que fuimos tanto como al adulto que hemos llegado a ser.

Todos los que hemos sido traumatizados en nuestra niñez tenemos un potente impulso de prevalecer sobre lo que una vez nos abrumó. Cuanto más abrumadora haya sido la experiencia, mayor es la necesidad de recrear las condiciones y de prevalecer sobre ellas. Esto es lo que lleva a quienes han sufrido asedio sexual a seguir permitiendo que abusen de ellos o bien a convertirse en atacantes o a formar pareja con agresores para tratar de controlarlos. Todos estos patrones de relación y de conductas compulsivas pierden su misterio cuando podemos verlos como una necesidad de controlar en el presente lo que fue incontrolable en nuestro pasado.

Tu relación con tus hijos también tiene ese aspecto de severidad y control. ¿Cómo podía ser de otra manera? Lo único que sabemos de la paternidad es lo que experimentamos en nuestra niñez con nuestros padres, de modo que, a pesar de nuestras promesas de no hacer lo mismo que ellos, somos incapaces de hacer otra cosa que lo que nos hicieron a nosotros. Es por eso que siempre insto a la gente a encarar su propia curación en cualquier aspecto en el cual haya sido dañada. Como adultos, podemos aprender a amar y a atesorar a la criatura que fuimos tanto como al adulto que hemos llegado a ser. Podemos, si estamos dispuestos a hacerlo, empezar a brindarnos amor incondicional. A menudo es necesario rezar mucho y trabajar de continuo, pero podemos hacerlo. Desde luego, nuestra propia recuperación es el mayor regalo que podemos hacer a nuestros hijos. Y *nunca* es demasiado tarde para ellos... ni para nosotros. *Podemos* cambiar nuestro legado a nuestros hijos y dejarles recuperación en lugar de enfermedad, a través de nuestra *propia* curación.

Todas las enfermedades físicas están relacionadas con el estrés, en el sentido de que el estrés las precipita o las exacerba. Esto parece darse especialmente en los trastornos de la piel. En mi opinión, necesitas ingresar a un grupo de autoayuda constituido por personas que hayan tenido experiencias similares a la tuya. Es allí donde se producirá tu curación principal. Tal vez necesites también terapia individual pero, cuando elijas un terapeuta, asegúrate de encontrar uno que realmente entienda el incesto y sus efectos además de lo que implica la recuperación. Busca un terapeuta que apoye tu participación en un grupo de autoayuda. Los más calificados para trabajar con víctimas de incesto son quienes están recuperándose del mismo problema.

Quisiera advertirte que tu recuperación tomará mucho tiempo. El daño fue causado durante muchos años y esos patrones de conducta han tenido vida propia durante muchos más. Trata de tener coraje y de no impacientarte, porque la recuperación mejorará, a la larga, todas las áreas de tu vida: tu salud, tu relación con tus hijos, tus otras relaciones y tu vida espiritual.

Estimada señora Norwood:
Tengo veintiún años y estoy especializándome en psicología. Durante este año he estado luchando con dolorosos recuerdos de una niñez en la cual mi padre abusó sexualmente de mí. Hasta el año pasado, había bloqueado ese período fuera de mi conciencia. Pero luego empecé a analizar seriamente mis relaciones con los hombres. Lamentablemente, necesité varias de esas malas relaciones y dolorosos errores para comprender que sí había un patrón. Eso fue lo que me llevó a leer su libro. Allí vi mis problemas, sentimientos y creencias expresados en palabras. Vi el modelo y su causa: mi experien-

cia infantil con mi padre. Supongo que nunca había querido relacionarlo con mis relaciones insalubres. No quería culparlo, entonces me culpaba a mí misma.

Al leer su libro, comprendí que este patrón de relaciones extenuantes se origina en un problema mucho más grave que yo necesitaba enfrentar. Finalmente, admití para mí misma lo que realmente me había ocurrido y que eso seguía causándome problemas. Por suerte, tengo un buen amigo que trabaja como asistente graduado en el centro de asesoramiento psicológico de la universidad. Él me recomendó a una terapeuta. Fui a verla y le revelé este secreto que había guardado durante casi trece años.

En el transcurso de un mes analizamos mis sentimientos, que pasaron de una actitud de total exoneración hacia mi padre al despertar de una ira sin igual contra él. Vi cuánto ha contribuido a convertirme en una mujer que ama demasiado. De pronto vi con claridad los motivos de mi necesidad de dominar, mi deseo de modificar y arreglar, mi amor por un sueño y mi rechazo por mis propios sentimientos. Por primera vez en mi vida me sentí real, porque experimenté el dolor y la ira que siempre había guardado en mi interior. Sabía que ya no podría fingir, especialmente en casa.

Aproximadamente un mes después de iniciar la terapia, llegaron las vacaciones de Navidad y tuve que volver a casa con esos tremendos sentimientos bullendo en mi interior. Me resultó imposible relacionarme con mi padre con normalidad. Siempre habíamos tenido una relación aparentemente buena, aunque recuerdo que a veces, cuando era niña, me sentía incómoda con él. Y él, sin duda, notó un cambio en mí.

Mi hermana mayor vino a la ciudad. A instancias de mi terapeuta, le hablé de nuestro padre y descubrí que ella había sufrido el mismo abuso. Yo había creído ser la única, y ella tenía sentimientos similares. Al enterarme de eso mi furia aumentó, y me sentí impulsada por ella. Entonces supe que me había de enfrentar a mi padre. Además, había que pensar en el resto de la familia: mi madre, mi hermano y otras dos hermanas además de la que compartía el secreto conmigo.

La relación de mis padres siempre ha sido difícil, pero estos últimos años han sido especialmente duros para ellos. Mi padre teme abrirse emocionalmente a mi madre, y ella es, sin duda, una mujer que ama demasiado. (Le pasé el libro.) Papá sigue siendo distante con ella, pero no deja de demostrar su atracción por otras mujeres; siempre habla de ellas y ocasionalmente tiene aventuras. A pesar de todo, mamá sigue a su lado. Es una mujer muy inteligente, compasiva y decidida, y se ha esforzado mucho por salvar su matrimonio, pero ha tenido que soportar demasiado.

Ahora mi madre ha retomado la universidad para graduarse en asistencia social y en estos momentos estamos muy unidas. A menudo tenemos largas charlas sobre mi padre, su idiosincrasia y su relación con ella. A través de esas charlas me enteré de lo infeliz que ha sido mi madre.

Mientras conversábamos, mamá notó la ira que yo sentía por mi padre y entendió que necesitaba expresarla. Sin embargo, pensó que se debía a que su inaccesibilidad emocional y sus actitudes obsesivo-compulsivas finalmente me habían afectado. Muchas veces, mis hermanos, mi madre y yo habíamos experimentado su ira irracional, sus cambios drásticos de humor, para no mencionar sus hábitos peculiares. Las visitas a casa no siempre eran tan placenteras como deberían haberlo sido. No es de extrañar que todos estemos furiosos por dentro; nunca debíamos responder ni enojarnos con nuestro padre porque nunca sabíamos cómo reaccionaría. Mi madre me ha contado que a veces golpeaba la pared con la cabeza o con los puños. Ella también le tiene miedo, desde los primeros días de su matrimonio. Las ocasiones en que estaba tranquilo solo pueden compararse a la calma que precede a la tormenta.

Lo peor de todo esto, como seguramente debe de serlo en casos similares, es que mucha gente cree que mi padre es perfecto; creen que nuestra familia es perfecta. Incluso nosotros, como familia, nos hemos aferrado a esa imagen mientras crecíamos. Papá es ministro religioso, ahora retirado. Su padre también era ministro, igual que dos de sus tres hermanos. A menudo mis amigos se han mostrado encantados con mi padre tan «simpático». Las amigas de mi madre le han envidiado la suerte que tiene al estar casada con un hombre tan maravilloso. Los miembros de su congregación lo han adorado prácticamente más que a sus dioses. Y muchas mujeres han tratado de seducirlo. Sin embargo, ninguna de esas personas ha tenido que vivir con él como nosotros.

Al recordar la vida de cada uno de nosotros, ahora reconozco que nada fue tan estupendo como me habría gustado que los demás creyeran. Tuve varios hermanos, con quienes me llevaba bastante bien, y tuvimos padres que se mantuvieron juntos en lugar de seguir la tendencia de la creciente cantidad de divorcios. Fui la hija modelo: buena estudiante, de buena conducta, atractiva, de carácter y madura para mi edad. Casi perfecta por fuera. Incluso mi madre admitió hace poco que, de sus cinco hijos, pensaba que yo era la única que no tenía grandes problemas. Pero cuando empezamos a comunicarnos más, llegó a conocerme mejor.

En los últimos años, aun antes de reconocer el incesto, todos menos mi padre han percibido poco a poco el desmoronamiento de nuestra imagen. Ahora, con nuestro nuevo conocimiento, mi hermana mayor y yo nos enfrentamos a un dilema. ¿Debíamos decir a nuestra madre lo que nos hizo nuestro padre hace tantos años? ¿Valía la pena sacarlo a la luz? ¿Qué le ocurriría a la familia que, en realidad, no ha sido una familia en el sentido sano de la palabra? ¿Acaso el sentimiento de culpa de nuestra madre sería demasiado para poder soportarlo? ¿Cómo reaccionarían los demás miembros de la familia? ¿Y qué sería de ese hombre superficialmente estupendo a quien nadie conoce en realidad y, menos que nadie, él mismo?

Decidimos que sí, que había que decir algo. Mi hermana mayor experimentaba el mismo temor de confrontarlo que había tenido yo al comenzar la terapia, pero mi furia era tan intensa que, de alguna manera, me ayudó a superar el miedo. A medida que se acercaba el momento de la confrontación, mi madre ató cabos. A partir de insinuaciones que habíamos hecho mi hermana y yo y de leer acerca de las conductas peculiares de mi padre (cambios repentinos de humor, depresión, actos obsesivo-compulsivos, fijación con el sexo, etc.), ella se dio cuenta. Me preguntó si mi padre alguna vez había abusado sexualmente de mí. Respondí que sí, y vi en su expresión todo lo que había temido y esperado. Pero vi también que su fortaleza y su decisión comenzaban a prevalecer. Estuvo de acuerdo en que yo debía hablar con papá antes de que se hiciera otra cosa. Ella también tenía algo que decir, y estaba ansiosa por hacerlo.

Al día siguiente llevé a mi padre aparte y tuvimos una larga conversación. Puedo decir con franqueza que hablar con él —tener que abrirme y ser honesta emocionalmente— fue lo más difícil que he tenido que hacer en mi vida. Él había notado que yo tenía algo en mente y le preocupaba mucho nuestra relación. Había adivinado también que mi ira y mi actitud distante tenían que ver con el abuso. Obviamente, él no había bloqueado ni negado lo ocurrido.

Hubo muchas lágrimas y mucha tristeza en nuestra charla. Si bien lo culpo por lo que sucedió y me horroriza, aún me entristece que haya tenido que suceder y que siga ocurriendo con tanta frecuencia en este mundo. Es realmente desgarrador ver destruirse la imagen que uno tenía de su vida y su familia. Es atormentador ver al padre de una convertirse en un alma perdida e impotente. Lo más extraño es que, al expresarle mi ira en ese momento, pude seguir amándolo. Sin embargo, esa fue la última vez que sentí ese amor. Ahora alterno entre sentimientos de ira, asco y pena. A veces no siento nada por él y no me importaría si se esfumara de este mundo. Me pregunto si alguna vez podremos volver a tener una relación significativa.

En la actualidad, mis padres están en terapia y separándose, a punto de divorciarse. Mi hermana mayor y yo continuamos con nuestra terapia, y algún día me gustaría trabajar con niños o mujeres adultas que hayan sufrido abuso sexual. Mis otras hermanas y mi hermano comprenden la situación, y a menudo hablamos de ello. De hecho, al hablar con mi hermano me enteré de que él también se vio sujeto a un episodio sexual con nuestro padre. En realidad, tengo la impresión de que por primera vez somos una familia; cada uno escucha y entiende a los demás. Al fin me siento *real* y puedo prestar más atención a mis necesidades y deseos. Eso me ayuda a no perder terreno con mi familia y en otras situaciones. Disfruto más que nunca de la compañía de mi madre y mis hermanas. Ahora hay un vínculo muy estrecho. Todos nos buscamos, con empatía y verdadero afecto. Estamos creciendo.

El divorcio nos conmovió a todos, pero no nos sorprendió. Es para bien, pero cuesta acostumbrarse, ya que llevan treinta y cinco años de casados. Lo que más me duele es que mi madre tiene la impresión de haber desperdiciado todos esos años tratando de convertir a ese hombre en lo que ella quería y necesitaba. Aun así, está lista para seguir y comprende que a los cincuenta y cuatro años aún es joven para hacer otro intento. Papá no es tan fuerte, y solo puedo sentir lástima por su debilidad. Tal vez por medio de su terapia obtenga fuerzas y recupere parte de nuestro respeto.

En cuanto a mí, a veces tiendo a evitar pensar en todo esto, y otras veces me agobia la intensidad de mis sentimientos. Lo principal que estoy haciendo es conocerme. Es divertido, muy difícil y me asusta un poco. Me he mantenido firme y he hecho muchas cosas que jamás habría hecho antes de reconocer esta parte de mi experiencia. En realidad, me he sorprendido a mí misma en varias ocasiones. Lentamente pero con seguridad, me estoy poniendo a tono con mis necesidades y deseos y aprendo a reconocer lo que es bueno y malo para mí. Estoy cansada de cometer los mismos errores. Pero lo más difícil es, en realidad, hacer lo bueno. No estoy acostumbrada a eso, y a veces me siento incómoda con solo pensar en estar en un ambiente estable y saludable.

Lo más difícil son las relaciones. ¡Tratar de buscar activamente a alguien en quien confiar es todo un trabajo! Ni siquiera confío en mis propias impresiones sobre en quién puedo confiar. Además, después de observar a mis padres y recordar a todos los hombres que me han decepcionado, tiendo a ver las relaciones con actitud negativa. Pero trato de no generalizar y de no perder la fe. Es un proceso lento, pero realmente creo que en algún momento estaré en condiciones de hallar a la persona adecuada. Me siento muy agradecida por no haberme casado con uno de esos perdedores con quienes he estado relacionada. La mejor sensación es saber que lo lograré, y que estaré bien.

Amy M.

Querida Amy:
Tu carta describe en forma muy conmovedora el dilema que enfrentan muchas familias cuando se ha producido un abuso sexual. Mientras no se reconozca ese abuso, la familia, a pesar de estar viviendo una mentira, puede permanecer intacta y disfrutar la aprobación y la aceptación que confiere la sociedad a quienes parecen normales, pero cuando se revela el abuso, por lo general la familia se destruye tanto que no puede sobrevivir como unidad. En otras palabras, al menos en algunos niveles, la familia se ve recompensada por guardar el secreto y castigada por admitirlo. En lugar de curar a la familia, esa admisión de incesto puede provocar más dolor a cada uno de sus miembros. Al señalar esto, no quiero implicar que la respuesta esté en mantener sepultado el secreto del incesto, sino afirmar que reconocer este problema no equivale, en sí, a curarlo. Es, no obstante, el primer paso necesario para que exista la posibilidad de curación. Es obvio que tú, como individuo, puedes curarte independientemente, por ejemplo, de que tu padre lo haga. Pero, según estás aprendiendo, para remediar el daño causado por el incesto se necesita más que una confrontación con el agresor.

En mi opinión, todos los miembros de tu familia no deberían hacer terapia individual con distintos profesionales, sino terapia familiar con profesionales que entiendan la adicción sexual. Este enfoque trata a cada uno de vosotros como individuo pero también reconoce que se debe tratar, además, al sistema familiar en el cual se produjo el incesto. Me parece apropiado diagnosticar una adicción sexual en el caso de tu padre. Eso significa que, igual que un alcohólico, tiene una enfermedad. Esa enfermedad no lo exonera de responsabilidad por sus actos, pero sí, *en mi opinión,* lo libera de culpa. Tu padre es como alguien que, por ejemplo, padece de tuberculosis. Si bien no se lo puede culpar por tener esa enfermedad, debe asumir toda la responsabilidad de admitir su condición, debe tomar todas las precauciones para no contagiar a otros y debe buscar un tratamiento apropiado, tanto por su propio bien como por el de aquellos con quienes está en contacto. La enfermedad es su responsabilidad pero no su culpa. Yo sospecho que la adicción de tu padre se originó en sus propios antecedentes de explotación sexual y que, en cierto modo, la curación de esa enfermedad implica enfrentarse a un trauma similar al que has soportado tú. Para alcanzar los mayores niveles de honestidad, responsabilidad personal, comprensión e indulgencia, se debe trabajar con toda la unidad familiar en la que se ha producido el incesto. Es el enfoque ideal para el tratamiento.

Además, cabe señalar que la polarización de tus padres en roles opuestos —tu padre como malo, engañoso y agresor y tu madre como buena, honesta y sufriente— puede ser conveniente e incluso reconfortante, pero nunca puede ser totalmente precisa. Para mantener en secreto el abuso sexual que se produjo en tu familia, era necesario que todos vosotros, incluso tu madre, fueran menos que honestos. Hubo preguntas que quedaron sin respuesta, percepciones que se distorsionaron, observaciones negadas y sentimientos reprimidos. En el tratamiento de familias en las cuales ha habido incesto, a menudo es evidente que el progenitor que no actúa (en tu caso, tu madre) por lo general necesita tanta ayuda —y, de hecho, está tan dañado— como el perpetrador. La enfermedad de tu padre no se curará automáticamente por el solo hecho de haber sido descubierta, del mismo modo que la codependencia de tu madre no se borrará al divorciarse de tu padre.

A propósito, en diversas regiones de Estados Unidos hay hospitales que ofrecen un tratamiento con internación de la adicción sexual como enfermedad familiar. La mayoría de estos programas incorpora el enfoque de Doce Pasos y han evolucionado por el descubrimiento de que, durante el tratamiento con internación de la dependencia química, prevalecía mucho la presencia de la adicción sexual en las familias alcohólicas. No tenía sentido tratar el alcoholismo e ignorar la adicción sexual. Por otra parte, la adicción sexual y su coadicción pueden tratarse con el mismo enfoque de sistemas familiares que resulta tan efectivo para tratar la dependencia química. Este enfoque hace que los miembros de la familia hablen el uno *con* el otro, en vez de uno *sobre* el otro, y desnuda los secretos familiares de modo que se los puede reconocer abiertamente y curar.

Amy, es probable que no todos los miembros de tu familia estén dispuestos a participar en un enfoque único y centrado en el núcleo familiar para tratar el incesto (ya sea en un hospital o no), pero yo pienso que un enfoque así ofrece la mayor posibilidad de curación y que, cuantos más de vosotros participéis, más profundo será el grado de curación.

Estimada Robin Norwood:
Soy una persona que está en recuperación y participa en Alcohólicos Anónimos, Narcóticos Anónimos, Gordos Anónimos y Al-Anon. Hace poco tiempo acepté también mi adicción sexual y también estoy recuperándome de ella en Sexoadictos Anónimos. Además, consulto a un terapeuta y a un asesor de adicciones a sustancias. Estoy en Hijos Adultos de Alcohólicos y estoy

empezando a trabajar con algunas de esas cuestiones. Mi problema principal es que tengo muchas cosas reprimidas (creo que incluso algunas cuestiones de incesto) y no estoy segura de cuál es la mejor manera de ponerme en contacto con todo eso. Estoy en una relación con alguien con quien llevo ocho años de casada. Tenemos cinco hijos. Hace dos años que no vivimos juntos y él sigue bebiendo. Yo sigo deseando y esperando que cambie. Libero mi dolor al elegir a perdedores y tener relaciones sexuales una y otra vez; todos esos hombres son alcohólicos o drogadictos. Con cada uno, creo que estoy enamorada y no puedo detener el BAILE. Llevo dos meses de abstinencia a partir del último de esos encuentros sexuales, excluyendo a mi esposo.

Estoy estudiando y quiero llegar a ser terapeuta algún día. Esos son mis planes a largo plazo, pero ahora quiero tener una idea de hacia dónde voy. Una vez escribí a Patrick Carnes; él me respondió y fue entonces cuando empecé a dedicarme a esta área. Me interesa mucho la posibilidad de recibir una respuesta de usted.

FELICE D.

Querida Felice:
Quisiera compartir contigo algo de lo que sé sobre la sexualidad compulsiva. En primer lugar, por lo general proviene de un abuso sexual sufrido en la niñez. Si bien una de las consecuencias de ese abuso es la aversión a la actividad sexual, otra es la compulsividad sexual, que, de acuerdo con mi experiencia, es más común aún. La compulsividad sexual es una conducta que se aprende, como la violencia. Las personas violentas o que tienen como pareja a alguien violento (o ambas cosas) provienen de un hogar violento. Las personas que son sexualmente compulsivas o que se ven atraídas

por personas sexualmente compulsivas (o ambas cosas) provienen de un hogar en el cual había compulsividad sexual y, con más frecuencia, donde, cuando niños, sufrieron abusos sexuales.

Si sospechas que fuiste víctima de incesto, es probable que lo hayas sido.

Si sospechas que fuiste víctima de incesto, es sumamente probable que lo hayas sido, por tres motivos. Uno es que lo sospechas. Muchas víctimas de incesto son incapaces de recordar detalles específicos pero tienen una sensación vaga y muy inquietante de que «algo andaba mal en ese aspecto». Los recuerdos están sepultados porque es demasiado abrumador saber, recordar, enfrentar las emociones conflictivas. La segunda razón es tu compulsividad sexual. Tu conducta no se ha generado en un vacío. Tú aprendiste a identificarte como objeto sexual y a relacionarte principalmente en forma sexual porque lo más probable es que así te hayan tratado y traumatizado en tu niñez. Cualquier clase de trauma puede llevar a revivir compulsivamente el hecho, en un esfuerzo por disipar los sentimientos resultantes de conmoción emocional y dolor. Cuando el hecho fue sexual, su representación conduce a mayores traumas. En las mujeres adultas, la compulsividad en las relaciones sexuales constituye virtualmente un diagnóstico de que sufrieron abusos sexuales en su niñez. Se trata tanto de una conducta aprendida como de una representación urgentemente repetitiva de los hechos abrumadores del pasado. El hecho de que provengas de un hogar alcohólico es un tercer motivo por el cual es probable que el incesto forme parte de tus antecedentes. Si bien el incesto no es, de ninguna manera, una presencia universal en los hogares alcohólicos, es muy frecuente la presencia del alcoholismo en los hogares donde hay incesto.

A fin de recuperarte, debes reconocer que no estás «actuando tu dolor al elegir a perdedores y tener relaciones sexuales con ellos». Más bien, debes comprender que, a esta altura, lo que estás actuando es tu enfermedad de adicción y que el dolor actual se origina en tu adicción sexual y sirve para racionalizar tu siguiente episodio de «actuación».

Es probable que te preguntes por qué tú terminaste con tantas adicciones distintas. Tal vez el siguiente concepto te ayude a entenderlo. Muchas enfermedades de adicción son lo que en el área del tratamiento se llama «sobredeterminadas». Esto significa, simplemente, que hay más de una razón perfectamente adecuada para que se produzca la enfermedad. En tu caso, tu alcoholismo y tu drogadicción podrían atribuirse al solo hecho de que tal vez heredaste de tus padres una predisposición fisiológica a la dependencia química, ya que hoy sabemos que el alcoholismo tiene un aspecto genético definido. O bien tu alcoholismo podría considerarse solo una conducta aprendida o un mecanismo para seguir adelante, el cual adoptaste al criarte en un núcleo familiar en el que las cosas se soportaban gracias a la bebida. Finalmente, tu dependencia química podría considerarse un intento de automedicar el trauma emocional del incesto que, mediante el uso excesivo de drogas que producen hechos repetitivos, se convirtió en adicción. Cualquiera de esas razones y todas ellas pueden ser ciertas en tu caso, y es probable que cada una de esas explicaciones se aplique también, en alguna medida, a tu hábito compulsivo de comer. La compulsión por la comida es común en las mujeres que sufrieron abusos sexuales.

Trata de recordar que, aun con los problemas que te han causado tus adicciones al alcohol, las drogas y la comida, es probable que hayas necesitado ingerir excesivamente esas sustancias para sobrevivir al trauma de tu pasado. Ahora, con las herramientas que proporcionan los programas de Anónimos y con otra clase adecuada de apoyo, puedes comenzar a encarar lo que quizá sea tu principal adicción, la más prolongada y más profundamente arraigada: tu compulsividad sexual.

Tú querías saber cuál es «la mejor manera de ponerse en contacto con todo eso». En lugar de recomendarte una técnica terapéutica en especial u otra, quisiera sugerir que en este momento el paso más importante que debes dar consiste en trabajar para estar *dispuesta* a enfrentar lo que haya en tu pasado. Mientras reces para obtener la voluntad de enfrentar esas cuestiones y el coraje de encararlas con honestidad, el resto se hará solo. Encontrarás el programa y la gente que necesitas para apoyarte, y tus recuerdos empezarán a desplegarse en tu conciencia con tanta rapidez como puedas soportar.

Te felicito por tu coraje, tanto en tu busca de la recuperación como en tu deseo de llegar a ser terapeuta. En mi opinión, nadie llega a ser mejor terapeuta que quien ha luchado personalmente con la adicción y ha logrado algunos años de recuperación buena y sólida. En cierto modo, cuantas más adicciones hayamos enfrentado, mejor entenderemos cómo se enferma la gente y cómo puede mejorar también. En las profesiones asistenciales hay muchísima gente que tiene antecedentes similares a los tuyos: antecedentes que también provocaron las mismas adicciones, obsesiones y compulsiones. La cuestión, entonces, es si nosotros, como miembros de profesiones asistenciales, estamos negando nuestra(s) enfermedad(es) o si estamos recuperándonos. En mi opinión, la negación nos hace peligrosos en cualquier área de nuestra vida. La recuperación, por otra parte, requiere un renunciamiento tan tremendo del orgullo (la necesidad de vernos bien) y obstinación («Puedo arreglármelas solo») que la mayoría de los profesionales de esta clase prefieren guardar celosamente sus propios secretos. Pero cuando la vida nos bendice al hacer que nos resulte imposible seguir como antes —cuando debemos recuperarnos nosotros mismos o morir—, la humildad que desarrollamos al enfrentar nuestros secretos nos sirve muy bien cuando tratamos de entender la situación de nuestros pacientes. Con todos los años de instrucción que te esperan, tu propia recuperación continua será tu mayor experiencia educativa.

Sin embargo, cuando al fin tengas tu diploma y tu licencia, te recomiendo que no olvides nunca que eres, en primer lugar, una persona en recuperación y, en segundo, una profesional. Si inviertes esas dos identidades, es probable que sientas la necesidad de simular recuperación en áreas que aún no se han curado del todo, solo para justificar tu condición de terapeuta. Además, está la tendencia de utilizar nuestra profesión para distraernos de nuestra enfermedad. Dado que la vida tiene la costumbre de seguir planteándonos desafíos, tengamos o no un diploma y una licencia, los problemas personales que encuentres cuando seas profesional te ayudarán a seguir trabajando humildemente en tus programas, o bien te pondrán a la defensiva, te harán actuar con reserva y alimentarán la tendencia humana natural hacia la negación. Si eso te sucede, inevitablemente serás menos efectiva como terapeuta y tu propia recuperación se verá amenazada. Por suerte, las mismas cualidades que son necesarias para lograr una buena recuperación mejorarán tu capacidad terapéutica para con los demás. Esa es solo una de las grandes ventajas de la recuperación.

5

... TIENEN OTRAS ADICCIONES

En la actualidad, la mayoría de los expertos en el campo de la adicción aceptan que el modelo de enfermedad es lo que mejor describe y explica la adicción y su tratamiento. Hay un consenso general en que la adicción es un estado que presenta síntomas físicos, emocionales y de conducta identificables que empeoran a medida que la enfermedad progresa. El modelo de enfermedad para la adicción incluye un enfoque de tratamiento que apoya la participación en grupos de apoyo para lograr la abstinencia. Cuando se adhiere a este enfoque, resulta el más efectivo en el sentido de que alienta la recuperación de lo que, de otro modo, es una enfermedad progresivamente terminal.

Una vez que los adictos comprendemos qué es la adición, cómo progresa y cuál es la manera adecuada de tratarla, tenemos (según nuestro marco particular de referencia) un diagnóstico, una estructura o una metáfora capaz de explicar nuestros sentimientos y nuestra conducta. En esa comprensión puede hallarse la clave para proporcionar alivio a más de un área problemática, porque los adictos a menudo sufrimos más de una adicción. Nuestras diversas adicciones pueden diferir en la medida en que hagan que nuestra vida sea difícil de manejar. Por ejemplo, podemos tener una adicción que sirve de pantalla para otra, como cuando una compulsión por hacer ejercicio físico ayuda a disimular los efectos de una compulsión por comer. O bien podemos tener una adicción que impida el tratamiento de otra más importante, como cuando la adicción activa al alcohol imposibilita el tratamiento de una adicción sexual más grave hasta que se encare el alcoholismo.

Hay personas que nunca podrán aceptar la adicción a las relaciones como un *proceso de enfermedad*, así como hay otras que, por motivos propios, son incapaces de ver cómo se aplica al alcoholismo el concepto de enfermedad. Sin embargo, muchos de los que estamos en el área del tratamiento consideramos, desde hace mucho tiempo, que los adictos de toda clase que están en vías de recuperación son los verdaderos «expertos» en su adicción. Los adictos en vías de recuperación son quienes más pueden enseñar a todos los profesionales que tratan esa adicción en particular. Cuando los adictos reconocen su estado como una enfermedad, la tratan como tal y se recuperan, eso solo, a mi entender, constituye un argumento suficiente para aplicar el concepto de enfermedad a la adicción.

La siguiente carta presenta un caso persuasivo para los paralelos existentes entre el alcoholismo y la adicción a las relaciones y en la manera en que debe encararse cada uno. La mujer que la escribió ha conocido personalmente cada una de esas variedades de la adicción. Ha conocido también la frustración que produce el hecho de tratar de comunicarse acerca de la adicción con alguien que, aunque muy interesado y bien intencionado, simplemente no la entendía.

Estimada señora Norwood:
Omitiré los detalles de mi historia, pues sé que no

es muy diferente de las que usted ha encontrado en su investigación. Pero sí quiero hablarle del profundo efecto que ha tenido *Las mujeres que aman demasiado* en la comprensión entre mi ex cuñada y yo. Hace treinta años que es mi amiga. Durante veinticinco años, estuvo casada con mi hermano y desempeñando un rol tradicional de ama de casa, mientras que yo pasé por dos matrimonios y estuve separada la mayor parte de ese tiempo. Desde su divorcio, hace varios años, ha elegido relaciones muy distintas de las que siempre elegí yo. Las suyas parecen más estables y gratificantes, mientras que yo he caído una y otra vez con los monstruos del romance. Durante todos estos años, ella ha pasado horas y horas escuchando mi dolor, tratando de ayudarme y de consolarme. Yo he pasado esas mismas horas tratando de hacerle entender cómo era posible que yo deseara seguir con esas relaciones tan llenas de tensiones. Por más que cada una lo intentara, yo nunca pude explicarme en forma adecuada y ella nunca pudo entender.

Soy alcohólica y estoy recuperándome. Dado que creo que el alcoholismo es una enfermedad, concurro a Alcohólicos Anónimos, busco asesoramiento cuando lo necesito y (por gracia de Dios) hace ya siete años y medio que estoy sobria. Estoy convencida de que mi enfermedad es progresiva, la practique activamente o no.

El hecho de entender que el alcoholismo es una enfermedad me ha ayudado a entender mis problemas con los hombres. Aparentemente, mis relaciones de pareja también son cada vez más insalubres. En junio de este año, puse fin a dos años de celibato y de no salir con nadie, pues al fin me sentía lo suficientemente estable para arriesgarme a tener una cita después del desastre amoroso de los años 83 y 84. ¡Pero hasta yo misma me di cuenta, cuando la angustia volvió de inmediato, de que el problema está en *mí*!

Con el nuevo hombre con quien empecé a salir en junio, seguí los mismos patrones negativos y pronto llegué a ser mil veces más infeliz que antes.

En agosto, estaba una vez más incapacitada por el estrés. En un lapso de cuatro días, tres personas de tres lugares distintos me dijeron que leyera su libro. Soy una rata de biblioteca y raras veces compro libros, pero supuse (como miembro de Alcohólicos Anónimos que soy) que Dios seguramente estaba tratando de decirme algo, de modo que compré su libro y lo leí.

Así como había tenido un despertar espiritual en relación con mi necesidad de sobriedad, leer su libro fue el despertar que necesitaba para evaluar realmente quién soy en mis relaciones. En todos estos años, me sentí una persona muy extraña, porque ninguna de las personas con quienes compartía mi dolor tenía naturaleza adictiva ni sufría de adicción a las relaciones. Por lo tanto, desde luego, recibía consejos que me resultaban imposibles de comprender y, mucho más, de seguir. No sabía qué era lo que estaba mal, pero aunque no tenía nombre lo invadía todo. Me creía una inadaptada.

Me sentía como si fuera daltónica, pero ni yo ni los demás lo sabíamos. Cuando la gente trataba de «explicarme los colores», ninguna de las dos partes podía entender la dificultad de comunicación. Ahora, además de saber por fin que pasé la mayor parte de mi vida hablando a mis amigos y consejeros en un idioma extraño, he descubierto también que no estoy sola. Tengo un serio problema, sí, ¡pero no estoy sola! Así como llegué a aceptarme más al enfrentar mi alcoholismo y descubrir que había millones de personas que padecían la misma enfermedad, cuando enfrenté mi adicción al amor empecé a verme más «normal». Créame que mi última relación de pareja, la lectura de *Las mujeres que aman demasiado* y mi consiguiente despertar me han hecho pasar unos meses de agosto y septiembre muy interesantes. Con respecto a las relaciones, me quedaban tres posibilidades:

1. No hacer ningún cambio personal y no tener nunca ninguna clase de relación positiva; en tal caso, no veía muchos motivos para seguir viviendo.
2. Renunciar a tener intimidad emocional natural y sana con un hombre especial; permanecer sola el resto de mi vida; en ese caso, no veía muchos motivos para seguir viviendo.
3. Enfrentar el hecho de que soy adicta a las relaciones y hacer todo lo necesario para cambiar, para poder vivir con cierta paz mental.

Me alegra decirle que puse fin al «romance» y elegí la tercera posibilidad. Una vez que pude entender que, para mí, el amor no es distinto de la bebida, y gracias a las herramientas aprendidas con los años en Alcohólicos Anónimos para ayudarme a vencer la adicción, sentí cierta confianza al iniciar el camino correcto. Pasé el mes de septiembre con un verdadero distanciamiento físico de la relación (¿o acaso estaba distanciándome de *todos* mis romances pasados?). Fue, sin duda, más duro que dejar el alcohol. Pero estaba decidida a hacerlo como una cuestión de supervivencia física y mental. Busqué asesoramiento psicológico, participé en un grupo de adictas a las relaciones dirigido especialmente a las coalcohólicas, me analicé, examiné mis relaciones frustradas y leí todo lo posible sobre este tema y otros relacionados con él.

Casi por arte de magia, para fines de septiembre estaba «curada» de la última relación dolorosa. Y durante todo ese tiempo, como siempre, tenía el firme apoyo de mi cuñada. Pero como yo insistí en que ella también leyera *Las mujeres que aman demasiado*, pudo apoyarme en forma más constructiva. ¡Ahora nos entiende a las adictas al amor!

Sé que esto no es el fin, que esta «cura» inmediata es solo temporal. Pero soy una alcohólica en vías de recuperación y, en general, sé lo que me espera y cómo debo proseguir. Aún no me siento muy cómoda con mi nuevo panorama, pero creo que los mismos principios que he empleado en Alcohólicos Anónimos me ayudarán a superar esta adicción y a lograr una mejor forma de vida. Espero conseguirlo y estoy dispuesta a trabajar para lograrlo.

Usted ha mencionado que piensa que la mejor ayuda para la adicción a las relaciones se encuentra en grupos similares a Alcohólicos Anónimos. Yo había pensado en iniciar un grupo así pero aún no lo he hecho. Sin embargo, creo que es necesario compartir así las experiencias, para ayudar a otros con este problema de «adicción al amor». Una vez que me sienta un poco más estable y resuelva algunos otros de mis problemas mundanos y prácticos, haré el esfuerzo de buscar a otras de «nosotras».

Rhonda D.

Querida Rhonda:
Estoy totalmente de acuerdo contigo en que la adicción a las relaciones, como el alcoholismo, es una enfermedad progresiva. Uno de los enigmas de la adicción es que, mientras un alcohólico o drogadicto no consuma drogas, la enfermedad se detiene, pero si se reanuda el consumo de sus-

tancias químicas que altera la mente, pronto esa persona está tan enferma como antes de la abstinencia. Física y emocionalmente, es como si nunca hubiese habido un período de abstinencia, como si la persona hubiese estado consumiendo la(s) droga(s) durante el período de sobriedad, aunque este haya sido de muchos años. No sabemos por qué esto es así; solo sabemos que sucede.

En mis conferencias, muchas veces me he preguntado si creo que la adicción a las relaciones es progresiva del mismo modo que la dependencia química, en el sentido de que, aun después de un período de abstinencia o «sobriedad», la persona puede enfermarse más que nunca al reanudar las relaciones adictivas. Mi respuesta, a partir de mi propia experiencia y de la observación, es afirmativa. Tu experiencia con tu «romance de agosto» es típica de lo que he visto. Es decir, el lapso que media entre el inicio de una relación adictiva y el descubrimiento de que nuestra vida se ha convertido en un caos se reduce drásticamente con el paso de los años. Por otra parte, las consecuencias negativas para la salud física y emocional no solo tienden a manifestarse con más rapidez sino que además se vuelven más graves con cada «desliz», tal como sucede en el alcoholismo.

Permíteme contarte una historia para ilustrar esto. Una joven a quien llamaré Gail, gracias a su asidua concurrencia a las reuniones de Alcohólicos Anónimos, finalmente había obtenido suficiente sentido del valor propio para librarse de la convivencia con un adicto desempleado (a no ser por su tráfico de droga) que la maltrataba físicamente. Gracias a su continua asistencia a las reuniones y a su estrecho contacto con sus amigos del programa, logró mantenerse lejos de él en los primeros meses de su separación a pesar de los muchos intentos de este hombre por recuperarla. Finalmente, dejó de llamarla.

Al cabo de cuatro años tenía su vida en orden. Un día,

por casualidad, se encontró en la calle con su ex pareja. Conversaron un rato y él le dijo que le gustaría llevarla a almorzar. Segura de que estaba lo suficientemente sana para soportarlo, especialmente en condiciones tan inocuas, Gail aceptó. Se citaron para dos días más tarde y, en el ínterin, ella comenzó a pensar en él cada vez más, ansiosa por demostrarle lo mucho que había cambiado, lo «bien» que estaba. Incluso pensó que, ya que estaba tan sana, tal vez pudiera ayudarlo.

Al ver que él no se presentaba a la cita, Gail soportó la creciente tensión durante dos horas y luego llamó por teléfono a la madre de él (el único número que conservaba para localizarlo) para averiguar dónde estaba. Gail y la madre de ese hombre habían tenido muchas otras conversaciones telefónicas como la que tuvieron esa tarde, en las que ambas discutían maneras de ubicar al esquivo adicto. Pronto, Gail estaba llamando a otro número que le había dado la mujer y, al no obtener resultados, fue a la casa donde él vivía. Pasó los siguientes cuatro días completamente obsesionada por localizarlo, para poder hacerle ver lo enfermo que estaba *él* y cuánto necesitaba ayuda. Hubo más llamadas telefónicas en las cuales rogó a la madre de ese hombre que dejara de darle dinero, para que él pudiera «tocar fondo», y trató de persuadirla de que asistiera a Alcohólicos Anónimos, algo que esa mujer no estaba lista para hacer. Si bien, durante esos cuatro días, Gail no llegó a localizar a su ex pareja, practicó su enfermedad en todas las formas que tenía a su alcance.

Cuando vi a Gail, al cuarto día de esta maratón, parecía diez años mayor, tenía ojeras de cansancio (no había dormido) y estaba muy conmocionada por lo que había sido capaz de hacer, aun después de años de una buena y sólida recuperación. El hecho de aceptar un contacto con ese hombre tuvo sobre ella el mismo efecto que habría tenido una copa en un alcohólico sobrio. Los años de recuperación se borraron de inmediato y la obsesión estaba más viva y fuerte que nunca.

La buena noticia es que Gail asistía con regularidad a las reuniones de Alcohólicos Anónimos y, al cuarto día de su recaída, estaba en una de esas reuniones, hablando de su «desliz» y recibiendo la fortaleza y el apoyo que necesitaba para no llamarlo, no ir a su casa, no obsesionarse por su ex pareja. Hoy tiene una apreciación mucho más profunda del poder de su enfermedad.

Si bien el alcohólico puede «tapar la botella», pocos querríamos vivir sin relaciones significativas.

En cierto modo, es más apropiado comparar la adicción a las relaciones con la compulsión por comer que con el alcoholismo. Si bien el alcohólico puede «tapar la botella» y nunca volver a beber, la adicta a las relaciones, igual que quien come por compulsión, debe, de alguna manera, conformarse con el origen de su adicción. No podemos vivir sin comida, y pocos querríamos vivir sin relaciones significativas. La clave, si somos compulsivos con la comida, reside en aprender a comer con cordura y a abstenernos de aquellas comidas que actúan como drogas en nuestro cuerpo. Del mismo modo, si somos adictas a las relaciones, necesitamos aprender a relacionarnos con cordura y a evitar a aquellas personas que son, para nosotros, la droga que nos impulsa de lleno hacia nuestra enfermedad. La siguiente carta demuestra bien este punto.

Querida Robin:

Debo contarte un incidente reciente en mi vida, que tuvo lugar a causa de tu libro. Después de leer *Las mujeres que aman demasiado,* decidí tratar de poner en orden mi vida después de mi segundo divorcio y de restablecer el contacto con un grupo de viejos amigos, todas parejas, a quienes había frecuentado durante mi primer matrimonio. A mi segundo marido no le agradaba esa gente y el sentimiento era recíproco. Yo, por supuesto, opté por quedarme con mi esposo, a costa de una estrecha relación de diez años con esas personas. Hace poco tiempo restablecí esa amistad y las mujeres del grupo me invitaron a jugar con ellas un torneo de golf. Los hombres del club también tenían un juego al mismo tiempo. En el juego había dos hombres nuevos, solos, y mis amigos estaban ansiosos de que yo los conociera. Todos apostaban por Hal, tres veces divorciado, acaudalado, apuesto y, como decían los hombres, «un hombre realmente salvaje». (¡Mis amigos me conocen bien!) El otro hombre, Greg, es un abogado de Phoenix y lo describían como «simpático», «un buen sujeto». Hace dos meses, yo habría volado como polilla a la llama hacia Hal, pero con mi nueva conciencia evité a Hal como a la peste y pasé la mayor parte de la cena y el baile del sábado conociendo a Greg. Sí, es simpático y agradable. Tal vez, dos meses atrás, me habría parecido aburrido, pero ahora lo encuentro interesante e interesado. Creo que en *Weight-Watchers* tienen ciertas comidas a las que llaman «inocuas». Después de leer tu libro, he decidido llamar a ciertos hombres «inocuos». Greg es, sin duda, inocuo. No hay campanas ni fuegos artificiales, sino solo una interacción tranquila y amistosa. Estamos conociéndonos poco a poco.

MILLIE D.

Querida Millie:
Una vez, mientras pronunciaba una conferencia sobre la compulsión por comer, una mujer que estaba entre el

público preguntó cómo podía saber qué comidas eran «peligrosas» y cuáles eran «inocuas». Otra mujer respondió: «Bueno, enfrentémoslo. ¡No nos levantamos en mitad de la noche para recorrer la ciudad buscando brócoli!».

Desde entonces, utilizo esas palabras para ilustrar este punto. No estoy aconsejando que la respuesta consista en limitarnos a hombres que sean tan aburridos como una dieta estricta. Simplemente sugiero que algunos hombres son como el brócoli: no demasiado excitantes, pero sanos y buenos para nosotras... y algunos hombres son como el pastel de chocolate: increíblemente atractivos pero, para quienes somos adictas, decididamente muy peligrosos.

Estimada señora Norwood:

Su libro me conmovió tanto que tuve la necesidad de escribirle. Me vi en cada historia y reconocí mi atracción habitual hacia la clase de hombres que aman y se van. Creía que mi actitud era única. Es un gran alivio saber que no soy la única que está cegada por la necesidad de estar con alguien, sea persona saludable o no.

Si bien había reconocido la tendencia de mis relaciones, me sentía impotente para dominar mi necesidad. Luchaba contra los sentimientos, que se hacían más y más fuertes a medida que yo luchaba. Entonces, simplemente, me daba por vencida.

Por lo general, todo comenzaba cuando encontraba un hombre que tenía un problema. Lo aconsejaba y él, al hallarse aliviado de su carga porque yo la había asumido como mía, se quedaba por un tiempo y me permitía tratar de mejorar su vida. Yo iniciaba esa clase de relaciones absolutamente consciente de que ese hombre no se quedaría conmigo en forma permanente. Pero era tan embriagador, tan excitante, tan halagador que dependiera de mí... Incluso me decía a mí misma que tenía que aprovechar esa oportunidad, pues quizá nunca volviera a tener otra posibilidad de experimentar esos sentimientos.

En cuanto empezaba a hacerle saber mis necesidades de tiempo y atención, invariablemente desaparecía sin una llamada ni una nota de despedida. Esos hombres se esforzaban por quebrar mis defensas, que entraban en juego si sus problemas me resultaban especialmente alarmantes u ofensivos. Entonces me llamaban, me enviaban flores, me llevaban a cenar, teníamos largas charlas sobre los sentimientos y pasábamos mucho tiempo juntos. Pero siempre parecía que, en cuanto creían tenerme, llegaba su hora de marcharse.

He tenido una o dos relaciones semisanas. Estando en la universidad, salí con Phil durante un año, que es lo máximo que han durado mis relaciones. Él era todo lo que aquellos hombres no eran: confiable, cariñoso, responsable, disponible. Poco a poco pero con seguridad, fui perdiendo mi «amor» por él. Traté de hablar con él sobre cómo habían cambiado mis sentimientos, cómo había llegado a aburrirme. Finalmente, tomé la única salida que conocía. Inicié una aventura con un hombre casado y totalmente inaccesible. Esa aventura tuvo poca vida, pero logró que Phil entendiera el mensaje y me dejó con la crisis y el dolor que ya conocía a cambio del intolerable aburrimiento.

Después de la universidad, pasé por una depresión casi suicida durante dos años. Una amiga mía estaba en Alcohólicos Anónimos, de modo que fui con ella a algunas reuniones. Dejé de beber, porque estaba desesperada por liberarme de ese dolor. Ahora llevo dieciséis meses de sobriedad. Alcohólicos Anónimos me ha proporcionado el apoyo y el programa que yo necesitaba para modificar mis viejos patrones de conducta, no solo con respecto a la bebida sino también al pensamiento.

Pero es muy difícil romper la dependencia de las relaciones. Al cabo de cinco meses de tener solo una relación platónica, comencé a salir con Al, que también está en Alcohólicos Anónimos. Sabía que él me quería, pero no me atraía. Al igual que Phil, era cariñoso y confiable. En un esfuerzo por modificar mi conducta anterior, recé a mi Poder Superior para poder amarlo tanto como él me amaba a mí. Dicen que hay que tener cuidado con lo que se pide en las oraciones porque se lo puede conseguir. Yo lo conseguí. Llegué a depender emocionalmente de él, cada vez más. Como amigos, pasábamos casi todos los días juntos, íbamos a reuniones o lo que fuera. Cuando nos convertimos en pareja, no comprendí que él necesitaba espacio. Di por sentado que el tiempo que pasáramos juntos tendría la misma duración y una intensidad incluso mayor que cuando éramos solo amigos. Yo me brindaba por completo, porque pensaba que no era peligroso hacerlo.

De más está decir que prácticamente lo aplasté con mi intensidad. Nos separamos y, una vez más, quedé destruida. Pero aquí es donde intervienen Alcohólicos Anónimos y su libro. Aún no lo he superado; sigo pensando en él. Pero me reconforta en parte saber que *puedo* querer a alguien que me quiere. Por eso estoy agradecida. Supongo que solo necesito moderar mis sentimientos.

Phil solía decir que yo no tengo «estratos» de defensas como la mayoría de las personas. Decía que tengo una sola pared gruesa de ladrillos. Si alguien logra atravesarla, quedo abierta y vulnerable como una almeja.

Lo gracioso es que soy asesora psicológica de drogadictos. Usted no bromeaba al decir que en las profesiones asistenciales hay una superabundancia de gente como nosotras. Al menos, he logrado una mejor comprensión de mí misma y sé la clase de ayuda que necesito.

Suzi C.

Querida Suzi:
Una frase clave en tu carta es, a mi entender, «Supongo que solo necesito moderar mis sentimientos». ¡Ojalá fuera así de fácil! Dado que estamos hablando de la *adicción* a las relaciones, esa frase tiene una ingenuidad tan optimista como un alcohólico que dijera: «Creo que solo necesito moderarme en la bebida». Para no practicar una adicción se necesita algo más que conminarse a cambiar. De hecho, si eso diera resultado, no existiría la adicción. Las personas simplemente «moderarían» su conducta en el instante en que pareciera empezar a escapar a su control y allí terminaría todo. Sin embargo, dado que tales esfuerzos por controlar la adicción no dan resultado, echemos un vistazo a lo que sí funciona.

Para no practicar una adicción, debes llegar a estar dispuesta a tomar los sentimientos que te impulsan hacia tu enfermedad y trasladarlos a otra fuente para hallar alivio. No eliminarás una conducta, como el modo adictivo de relacionarte, sin reemplazarla por otra. Tampoco podrás eliminar una «solución» para tu soledad y tu angustia, como el hecho de relacionarte con un hombre, sin reemplazarla por otra. A menudo, las personas que han experimentado la misma obsesión y que cuentan con cierta recuperación pueden convertirse en esa fuente alternativa de alivio, pero debemos tratar de llegar a ellas y hablarles de los sentimientos con los cuales luchamos. El hecho de asistir a reuniones y leer libros sobre recuperación constituye una inmensa ayuda y una parte muy necesaria para llenar el vacío que se crea cuando empezamos a eliminar un viejo modelo de conducta. Y nada da mejores resultados que rezar, siempre que lo que pidamos sea la voluntad de Dios, no la nuestra. Si no hacemos estas cosas, la sensación de angustia y la compulsión de practicar la enfermedad se vuelven más y más fuertes cuanto más luchamos contra ellas, tal como tú has descubierto. En una adicta a las relaciones, la desesperación por conectarse con su pareja (o incluso con una potencial pareja) puede ser tan intensa como la desesperación de un adicto a la heroína por conectarse con una provisión de esa droga. La urgencia que hay tras nuestras llamadas telefónicas, nuestras pasadas por la casa de él (a menudo en mitad de la noche) imitan con demasiada fidelidad la búsqueda de alivio por parte del drogadicto que sufre molestias intolerables. Nuestra necesidad de «controlar nuestra provisión» —de saber dónde está y qué está haciendo cuando no está con nosotras— es otro paralelo. Sin embargo, dado que, en general, una droga se puede comprar, pero una persona no, nos vemos acosadas por el persistente temor de no poder conservar a ese hombre (que es nuestra fuente de alivio) cerca de nosotras y disponible para nosotras. Nuestros intentos de importarle, de ser atractivas, incluso irresistibles, de llegar a ser tan necesarias para su bienestar como él lo es para el nuestro, pueden convertirnos en mujeres «pegajosas», seductoras, manipuladoras, agobiantes, dominantes y, a veces, autohumilladas que, a la larga, recibimos desprecio a cambio de nuestros esfuerzos, desprecio por parte de nuestra pareja y de nosotras mismas.

En tu estilo particular de practicar la adicción a las relaciones, ofreces un trato tácito al hombre que te parece necesitado. Es, simplemente, lo siguiente: Yo te cuidaré primero y después tú me cuidarás a mí.

Entonces, comienzas por asumir el papel de progenitor

generoso que todo lo acepta y brinda a su hijo travieso y necesitado. Mientras seas capaz de seguir brindándote a él sin límites, la relación parece funcionar bien. Pero, dado que tu postura con él va agotando tus ya limitados recursos emocionales, a la larga debes recurrir a él para reaprovisionarte de todo el amor y la atención que has estado brindando. Cuando lo haces, él se resiente por las exigencias que, a pesar de todos tus intentos, es incapaz de satisfacer y no está dispuesto a hacerlo. Él accedió a la primera parte del contrato (que tú lo cuidaras), pero no a la segunda parte (que él, a su vez, te cuidara a ti). Por eso, cuando haces tu exigencia, por sutilmente que lo hagas, el trato se cancela y la relación termina.

Cuando recurrimos a una droga, una conducta u otra persona para remediar nuestros sentimientos incómodos, especialmente nuestro miedo, corremos el riesgo de desarrollar una dependencia insalubre que puede convertirse en una adicción importante. Hay un viejo proverbio chino que describe la progresión del alcoholismo pero que, en esencia, describe también la progresión de todas las otras clases de adicción:

> El hombre toma la bebida.
> La bebida toma la bebida.
> La bebida toma al hombre.

El potencial para la adicción comienza cuando optamos por hacer algo que esperamos que nos proporcione cierto alivio de un estado emocional ligera a gravemente incómodo. («El hombre toma la bebida.») Nos sentimos mal. Queremos sentirnos mejor. Tomamos una copa, consumimos una droga, tomamos un helado, gastamos un poco de dinero, conocemos a un nuevo hombre, y nos sentimos mejor... por un tiempo. Pero, debido a que hemos utilizado un atajo para evitar nuestra molestia, no hemos encarado ni aliviado su origen. La molestia solo ha sido postergada en forma temporal. Nuestro proceso de salir adelante no ha sido practicado ni fortalecido y, por consiguiente, cuando nuestra molestia regresa, somos menos capaces de enfrentarla o estamos menos dispuestos a hacerlo. Nos hemos vuelto un poco perezosos. Hemos encontrado una manera aparentemente fácil de evitar los sentimientos incómodos y ahora comenzamos a apoyarnos en ese «hábito» de evitar lo que nos incomoda.

Sin embargo, nuestra «solución» siempre nos cuesta algo a cambio del alivio que nos brinda. Además de ocasionar nuestra incapacidad de desarrollar un proceso saludable para encarar el problema, esos diversos hábitos dejan un residuo propio: una «resaca», ya sea física o emocional, o ambas cosas a la vez. Pronto comenzamos a recurrir a nuestra solución para aliviar las molestias producidas por ella misma. Por ejemplo, la mayoría de las adictas a las relaciones experimentan una dolorosa angustia cuando el hombre sale de la cama, la habitación o la casa. Hay un temor inmediato al abandono que solo puede apaciguarse con la promesa de que él volverá. En última instancia, entonces, el hecho de estar con él no ha reducido nuestra angustia sino que la ha aumentado. Tras haber estado con él, necesitamos volver a estar con él. («La bebida toma la bebida.»)

Finalmente, debido al uso repetido de nuestra solución y a nuestra creciente dependencia para con ella, la resaca resultante se vuelve tan insoportablemente dolorosa que la mayoría de nuestros esfuerzos están dirigidos tan solo a mantener a raya esa resaca. («La bebida toma al hombre.») Nuestro atajo remediador —la bebida, la droga, la comida, el gastar dinero, la persona— se ha convertido en una adicción, y nuestra adicción nos domina. No solo no nos proporciona alivio, sino que, en realidad, nos sentimos peor que nunca.

Cuando un hombre o una relación ha pasado a ser nuestra solución, quedamos especialmente vulnerables porque, cuando más lo necesitamos, él puede estar haciendo otra cosa, ocupado, no interesado o, quizás, puede tratarnos mal o incluso ser cruel. Debería mitigar nuestro dolor pero no lo hace; en cambio, lo incrementa. Nos sentimos más solas, más infelices y menos satisfechas que nunca. Dado que él ha llegado a representar un alivio potencial de esos sentimientos, recurrimos a él con más necesidad, exigencias y desesperación. No da resultado, pero no podemos detenernos. Lo que una vez pareciera una solución fácil se ha convertido en nuestro mayor problema. Esta es la naturaleza de la adicción.

En nuestro carácter de adictas a las relaciones en vías de recuperación, nuestra sobriedad no puede medirse sino por el grado de serenidad que logramos.

Suzi, es probable que tu dependencia de las relaciones sea una enfermedad más primordial que tu alcoholismo. Claro que, para encararla, primero debes estar sobria y, para curarte, debes seguir sobria. Pero la recuperación puede presentarte más dificultades.

Respétala. Utiliza todas las herramientas de Alcohólicos Anónimos para encararla, tal vez en un programa de Doce Pasos específicamente estructurado para encarar la adicción a las relaciones. Debes saber que, con esta enfermedad, es inevitable que haya «deslices» y, de hecho, al principio la frecuencia de estos resulta desalentadora. En nuestro carácter de adictas a las relaciones en vías de recuperación, no podemos contar los «días sobrios» porque en las relaciones la sobriedad, si bien es muy real, es también muy sutil y no puede medirse sino por el grado eventual de serenidad que logremos en nuestra vida.

Estimada señora Norwood:
Mi historia con los hombres ha consistido en salir con sujetos con quienes sabía que no podría tener intimidad emocional porque, en realidad, no me agradaban. Supongo que los elegía por temor a esa intimidad. Luego, mientras estaba en la universidad, salí con un hombre muy bueno, muy dulce y muy cariñoso. Pero yo tenía mucho miedo. No podía estar al mismo nivel que él en la pareja, porque él parecía mucho más maduro y naturalmente más afectuoso que yo. Me sentía inferior y, aunque lo quería, sentía que yo no merecía ese amor. Él quería que nos casáramos cuando yo tenía apenas veintitrés años, pero yo sabía que era demasiado joven. Entonces nos separamos. Luego pasé por una etapa de estar en paz conmigo misma. Pasé varios meses sin salir con nadie en absoluto; solo pasaba el tiempo reflexionando, construyendo mi autoestima y tratando de aprender a sentirme bien.

Pero ahora, a pesar de todo ese trabajo conmigo misma y de que mi carrera es estupenda, mi relación con mi actual novio no ha sido demasiado buena. Él está muy enfrascado en encontrarse y averiguar qué quiere hacer con su vida. Hace poco estuvimos a punto de separarnos por algunas cosas que hizo para solucionar ciertas cuestiones. Yo estaba muy mal impresionada y dolida por lo que él había hecho, y pensé en poner fin a nuestra relación. Mi hermana señaló que, si rompía con él, lo perdería y sufriría igualmente. No sería solo él quien me perdería y sufriría. Entonces él y yo hablamos con mucha franqueza y establecí ciertos límites según lo que yo toleraría, y lloré muchísimo. Ahora tengo la impresión de que, a través de la ira, la comprensión, la franqueza y el perdón, crecí un poco más y aprendí algo acerca de las relaciones. Comprendo que aún conservo patrones de conducta de mi niñez que me afectan con mi novio, especialmente la relación que tuve con mi hermano mayor, con quien siempre necesitaba estar a la defensiva y no perder terreno.

Por otra parte, mi novio y yo tenemos una adicción a la comida. Ambos tratamos de seguir adelante lo mejor posible. No tengo problemas de peso porque hago ejercicios físicos todos los días. Mi novio está excedido de peso. El hecho de tener ese problema en común es más una bendición que una maldición. Al menos, podemos hablar de eso... ¡¡y no se permiten patatas fritas!! Reconozco que la urgencia por comer siempre está allí, ya sea que corra hacia la comida o no. No fumo, nunca consumí drogas y, por lo general, bebo alcohol solo en ocasiones especiales. No me atrae el alcohol, ni siquiera cuando estoy triste o alterada. Recuerdo una sola vez en que pensé: «Voy a tomar una copa», pero no lo hice porque me asustó la idea de desearlo.

Bueno, no puedo analizarlo todo. La vida es para vivirla con sus penas y sus momentos tristes... para encontrar mi arco iris diario.

Mikki K.

Querida Mikki:

Está bien, no lo analizaremos *todo,* pero algunas cosas de lo que has escrito merece nuestra atención.

En primer lugar, veamos lo que está ocurriendo entre tú y tu novio. Tu carta propone una manera de tratar la conducta inaceptable de tu pareja que es muy común pero, a mi entender, no muy productiva. Tú declaras que tu novio, al tratar de «solucionar ciertas cuestiones», se comportó de una manera que te impresionó muy mal y te dolió. Dijiste que finalmente te encargaste de eso estableciendo ciertos límites en relación con lo que tú crees que sería una conducta aceptable para él. En otras palabras, le dijiste qué tolerarías y qué no y ahora esperas que adecue su conducta a esos límites.

Si la actitud de tu novio te impresionó mal es porque violó tu sistema de valores. Tienes veintiséis años. Supongo que él tiene aproximadamente la misma edad que tú. Eso significa que ambos sois adultos, que cada uno tiene su propio sistema de valores bien desarrollado y operando en vuestras vidas. Lo que hizo tu novio violó *tu* sistema de valores, pero no el de *él*. De otro modo, no estarías poniendo límites a lo que *a él* se le permite hacer. Él estaría poniendo sus propios límites de acuerdo con sus propios valores.

No creas que me estoy deteniendo en pequeñeces, Mikki. Tú necesitas reconocer que este hombre está diciéndote algo importante acerca de quién es él y cómo encara la vida. Resulta ingenuo y presuntuoso que creas que debes ser como una maestra y enseñarle que, si quiere tener una relación contigo, debe hacer A y no B. Él se está mostrando tal como es y es inevitable que siga haciéndolo. Tu trabajo no es enseñarle a ser diferente por el bien de la relación. Tu trabajo es decidir si puedes aceptar, sin sentirte incómoda, cómo es él y su forma de encarar el problema de vivir. Somos más felices al estar con las personas a quienes podemos aceptar exactamente como son. Cuando esperamos que cambien por nuestro bien, no estamos respetándolas ni cuidándonos. Lo más probable es que él vuelva a herirte y a escandalizarte con su conducta, salvo que tú tendrás menos derecho a escandalizarte o incluso a sorprenderte porque ya sabes que en él existe esa capacidad de comportarse así.

He trabajado con mujeres que esperaban que sus parejas

dejaran de ver a otras mujeres, o de sentirse sexualmente atraídas por los hombres, o de consumir drogas, o de beber, o de jugar, o de consumir pornografía, o de golpearlas, o de criticarlas o de eludirlas mediante el trabajo... una y otra vez. Esos hombres no podían dejar de hacer eso para complacer a esas mujeres. Podrían cambiar su conducta por un tiempo a fin de mantener la paz, pero no eran capaces de hacerlo en forma permanente. La gente no es realmente capaz de cambiar de modo permanente por el bien de otra persona. Puede aplicar los frenos por un tiempo o permitir que la otra persona los aplique por ellos por un tiempo, pero todo esto es temporal. A la larga, la conducta volverá a reanudarse porque la persona que cambia para complacer o aplacar a otro permanece inalterada por dentro.

Espero que puedas decirte: «Este hombre es capaz de hacer esto que me escandaliza. ¿Puedo enfrentar eso y vivir cómodamente con ese hecho? Porque, si bien tengo derecho a decirle cómo me hace sentir su conducta, no tengo ningún derecho a esperar ni a exigir que cambie por mí. En realidad, el simple hecho de decirle más de una vez lo que pienso de su conducta se convierte en una exigencia implícita de que cambie. Mi tarea, después de comunicar mis sentimientos una vez, es decidir cómo manejaré *yo* mis sentimientos en relación con lo que él hace. Puedo hablarle de mi decisión pero, nuevamente, solo para informarlo, no para presionarlo para que cambie. De otro modo, quizá termine haciendo amenazas que no estoy dispuesta a cumplir». Todo esto no es fácil de hacer, Mikki, pero es una manera de manejar tu situación que tal vez te ahorre muchos años de ira, dolor y recriminaciones.

El factor que te impediría ver tu situación con él de esta manera es la obstinación. En tu carta hay fuertes indicios de obstinación, especialmente en el área de la comida. Este es el segundo aspecto que quisiera analizar contigo.

Si cada uno de vosotros tiene una adicción a la comida, en realidad no tenéis por qué hablar de eso juntos. Es muy común que la gente que tiene adicciones se case o se junte con otras personas adictas. Entonces, cada uno tiende a tratar de controlar el problema del otro. Cuando los dos comparten la misma adicción, como es el caso contigo y tu novio, a menudo uno de los dos se hace cargo de tratar de manejar la enfermedad por ambos. Ese intento de controlar la comida, tanto como el abuso mismo de ella, es un aspecto del proceso de la enfermedad de adicción a la comida. Les impide tener la voluntad de admitir la propia *falta* de control, lo cual es necesario como paso inicial para la recuperación. Por otra parte, el hecho de que trates de manejar la cuestión de la comida por tu pareja no generará, a la larga, sentimientos de gratitud en él. En cambio, tu conducta engendrará, tarde o temprano, resentimiento y una sensación de ser controlado en exceso. En consecuencia, él tendrá el deseo de rebelarse, de salirse con algo. Hará el papel de «hijo travieso» para tu papel de «madre dominante».

Si vas a encarar tu problema con la comida, comienza por no hacer caso a lo que coma tu novio y concéntrate en ti misma. Tu atención debe estar dirigida solo a ti misma. Los hábitos alimenticios y el peso de tu novio son problemas de él, no tuyos. Nuevamente, es una falta de respeto por el derecho de los demás de ser como son, y esa falta de respeto nos permite tratar de «ayudarlos» a manejar su vida, *aun cuando ellos parezcan invitarnos a hacerlo o permitírnoslo.* Esto constituye una trampa para ambos, una evasión de la responsabilidad por uno mismo.

Finalmente, Mikki, quisiera analizar algo que puede constituir una pista para algunos de tus problemas con los hombres. Es posible que las interacciones que tuviste en tu niñez con tu hermano mayor te hayan dejado un deseo de «ganar», de prevalecer sobre él o sobre cualquier hombre con quien te relaciones, porque cada uno de ellos, a la larga, llega a representar a tu hermano. Si esa necesidad de ganar aún sigue viva, te encontrarás atraída hacia hombres y situaciones que en realidad no te convienen, y entonces tratarás de manejarlos y controlarlos de la misma manera que ansiabas poder manejar y controlar a tu hermano. (De hecho, tengo la sospecha de que la conducta «chocante» de tu actual novio es, en cierto modo, similar a la de tu hermano.) Esta necesidad te mantendrá atrapada en una lucha con los hombres que siempre representará, en algún nivel, los aspectos problemáticos de tu hermano y tu lucha con él. Hasta que estés tranquila, admitas tu impotencia sobre él y en relación a todos los demás y estés dispuesta a dejar curar esa parte de ti que él lastimó y frustró, no podrás renunciar a tu necesidad de controlar a los hombres, no lo suficiente para amar y ser amada.

Estimada señora Norwood:
Yo también soy hija de un alcohólico. Toda mi vida he tenido problemas por comer en exceso y he sido hospitalizada por depresión severa. Mi familia era disfuncional a la inversa, en el sentido de que mi padre me abrumó con amor y sobreprotección. Cuando llegué a la adolescencia y descubrí a los muchachos, naturalmente necesité la aprobación de todo un mundo aparte de mi familia. Sin embargo, no fui recibida con la misma calidez incondicional que me brindaba mi padre. Yo interpreté eso como una prueba de mi inadecuación y me esforcé más por ser digna de amor. Así comenzó el círculo vicioso.

Creo que encajo en una categoría de adictas al amor que fue, en cierto modo, pasada por alto en su libro. Me refiero a quienes siempre hemos sido solteras y no hemos mantenido siquiera una relación *insalubre* por mucho tiempo. Sé que a muchas de nosotras nos aterra nuestra incapacidad de ser amadas por los hombres pero, aun así, somos adictas y nos tortura el anhelo de tener una relación satisfactoria.

En los pocos días que han pasado desde que leí su libro, siento un incipiente amor propio. He sentido también ese «nudo llamado amor» en el estómago y «el viento soplando a través de mi alma vacía». Sé que seguiré creciendo.

MARCIE G.

Querida Marcie:
Cuando hemos sido objeto de la posesividad y la sobreprotección de un progenitor, resulta muy amenazador comenzar a redefinir esa atención halagadora y, en lugar de llamarla «amor», reconocerla como la interacción inapropiada, veladamente sexualizada que fue en realidad. Muchos hombres alcohólicos prestan mucha más atención a sus hijas que a sus esposas o a cualquier otra pareja femenina adulta apropiada. Esto sucede porque, habiendo alcoholismo presente, es virtualmente imposible tener una relación genuinamente honesta y afectuosa con un semejante. Por un lado, la disfunción sexual es muy común en los hombres alcohólicos debido a la cualidad anestésica del alcohol y a su efecto inhibitorio de la producción de hormonas masculinas. Además, en el alcohólico hay un desgaste inevitable de la autoestima, con su correspondiente aumento del desprecio por uno mismo. En esas condiciones, obviamente, es más fácil elegir como objeto de amor a la hija que lo adora y no lo critica que a una mujer adulta que seguramente se disgustará, lo desaprobará y será plenamente consciente de sus defectos.

Cuando una hija se ve elevada de esta manera a una condición de semejante a su padre, se produzca o no algo abiertamente sexual entre ellos, toda su relación tiene un matiz sexual *porque él se ha apropiado de su hija.*

A esta dinámica se agrega otra, interrelacionada con ella, que aumenta su presión en forma exponencial. Es la siguiente: aun cuando, según las apariencias, el progenitor se esté excediendo en el cuidado del hijo, en realidad el hijo está cargando con la responsabilidad por el bienestar del progenitor. Normalmente, los adultos satisfacen sus necesidades de amor, apoyo, comprensión y compañerismo principalmente con otros adultos. Resulta inapropiado tratar de satisfacer esas necesidades por medio de una criatura, porque esta no cuenta con un sentido del yo y de su individualidad lo suficientemente fuerte como para sobrevivir a una exigencia así por parte de un adulto. El niño pasa a estar al servicio de las necesidades del adulto.

Para una hija en tu situación, Marcie, estas dos dinámicas interrelacionadas pueden seguir arrojando su sombra sobre todas tus interacciones posteriores con los hombres. No es de extrañar que te aterre tanto una relación profunda con un adulto como el hecho de estar sola. De cualquier manera, los efectos de la apropiación de ti como pareja por parte de tu padre están en funcionamiento. Si estás en pareja, traicionas a tu padre al abandonarlo por otro hombre. Si estás sola, sigues atrapada en la agobiante responsabilidad que sientes por él y hacia él, como su hija y como su (inapropiada) pareja principal.

La clave de la recuperación reside en dejar de practicar la adicción en primer lugar y, luego, en empezar a hablar de ella, y no a la inversa.

Desde luego, tus excesos en las comidas y tu depresión seguramente están relacionados tanto con las circunstancias de tu niñez como con factores hereditarios. Innumerables personas que tienen el problema de comer en exceso provienen de familias alcohólicas en las cuales no solo heredaron una predisposición bioquímica a una deficiencia en el metabolismo de los hidratos de carbono sino que, además, las fronteras entre padres e hijos fueron violadas de un modo u otro. Es necesario que encares tu compulsión por comer como la enfermedad adictiva *primaria* que es y concurras a Gordos Anónimos. Es una enfermedad primaria porque debe ser tratada directamente, no como síntoma de otra cosa. La compulsión por la comida, al igual que el alcoholismo, no disminuye al hablar de los problemas que «causan» la adicción. Cuando llega a ser una adicción, es ya un proceso de enfermedad en y por sí mismo y es necesario detenerla. Ese es el paso primordial para la recuperación. Para el alcohólico que desea seguir sobrio o para quien come por compulsión y desea prolongar su abstinencia, puede resultar muy útil (aunque no absolutamente necesario) comprender los factores emocionales y físicos que han contribuido a la adicción. En efecto, los factores emocionales a menudo comienzan a aflorar poco después del inicio de la abstinencia. Sin embargo, si no hay abstinencia, el componente emocional de la enfermedad no es proclive a curarse aun cuando se lo discuta a fondo, porque el estado alterado producido por la adicción a la comida, al igual que el estado alterado producido por el alcohol o por otras drogas, impide esa curación. La clave de la recuperación reside en dejar de practicar la adicción en primer lugar y, luego, en empezar a hablar de ella, y no a la inversa.

A fin de que puedas encarar tus sentimientos y tu estado en relación con tu padre (y con tu madre), es necesario que dejes de practicar la adicción que impide la afloración de esos sentimientos. Sin el consumo de comida a modo de droga para anularlos, sofocarlos o disimularlos y distorsionarlos de otro modo, esos sentimientos tan incómodos comenzarán a emerger y lograrán aumentar tu comprensión y fomentar tu curación.

Analizar todo esto, hablar de ello con otras personas que tengan antecedentes similares, aprender que no estás sola con tus experiencias y tus reacciones a ellas: todo esto contribuirá a aliviar la presión de tu lucha secreta. Sin embargo, yo diría que el mayor obstáculo para tu curación será tu lealtad hacia tu padre. Espero que, a pesar de ella, decidas asistir a las reuniones en las cuales puede producirse esa curación para ti.

Estimada señora Norwood:

Su libro ha sido una gran ayuda para mí. La primera vez que lo vi anunciado, me dije: «Así era yo». Estaba segura de haberme recuperado. ¡Qué equivocada estaba! Es por eso que le escribo ahora. Quisiera hallar una terapia adecuada en mi área y no estoy segura de cuál debe ser. Espero que usted pueda darme alguna sugerencia. Ojalá fuera posible hacerla con usted.

Tengo treinta y nueve años y soy artista. Nunca me casé. Tengo bastante éxito en todos los aspectos de mi vida, salvo en el sentimental. Tengo muchos amigos y, en general, me gusta mucho la vida. Sin embargo, cuando estoy en una relación de pareja, toda mi estabilidad se esfuma. Lo único capaz de alterarme es mi vida amorosa. Una y otra vez me he deprimido por una relación, al punto de no reconocerme. Eso me asusta. No quiero que vuelva a suceder.

Hace diez años estuve en terapia freudiana durante unos años. (En ese tiempo, mi madre agonizaba y yo estaba en una relación de pareja desastrosa.) El mes pasado, cuando comprendí que tenía serios problemas emocionales, volví a ver al mismo terapeuta. Ya se ha retirado, pero atiende a algunos pacientes en su casa. Desde entonces, me atiendo con él. Sin embargo, no estoy convencida de que la terapia freudiana sea la respuesta para mí, una mujer que ama demasiado. Apreciaría mucho sus consejos en esta cuestión.

Karla J.

P.D.: Mi padre es alcohólico y es probable que yo tenga una compulsión por comer. No soy anoréxica ni sufro de bulimia.

Querida Karla:
Te agradezco mucho tu carta, pues me da la oportunidad de encarar varias cuestiones muy importantes. Quisiera empezar por tu asombrosa posdata... asombrosa porque debería ser el corazón de tu carta, ya que contiene, sin ninguna duda, el núcleo de tu problema y la clave de su solución. Si estás dispuesta a encarar específicamente las cuestiones que mencionas en la posdata, te curarás de los factores físicos y emocionales que han contribuido a los problemas que has tenido con tus relaciones de pareja.

Eres compulsiva con la comida y también coalcohólica. Estos son tus procesos primarios de enfermedad o, si lo prefieres, tus diagnósticos. Están interrelacionados tanto en el aspecto de la conducta como en el genético. Es muy frecuente que las hijas de alcohólicos hereden una predisposición genética a desarrollar adicciones o alergias a las comidas, lo cual comprende el componente físico de la compulsión por comer. Esta compulsión es también una alteración relacionada con el estrés, lo cual significa que puede ser provocada y/o agravada por la exposición a un estrés severo. El hecho de haberse criado en un hogar alcohólico proporciona una gran cantidad de estrés durante la niñez, lo suficiente para producir o exacerbar un trastorno alimenticio. Pero los antecedentes de alcoholismo en la familia afectan también el presente, puesto que los modelos de relación insalubres que aprende la coalcohólica continúan practicándose y creando problemas en la vida adulta. El estrés que siempre provocan esos modelos de relación puede agravar el trastorno alimenticio y, desde luego, ese trastorno puede debilitar gravemente la estabilidad emocional y el bienestar físico que contribuyen a las relaciones sanas.

La depresión es un componente casi universal de la compulsión por la comida, debido no solo a problemas relacionados con el aspecto físico y la autoimagen sino también a procesos metabólicos menos que óptimos, que afectan adversamente el sistema nervioso. Recuerda que nuestras emociones se generan a partir de un sistema físico de células nerviosas que requieren una compleja dieta de sustancias químicas que el cuerpo puede proporcionar o no en la medida adecuada. La capacidad del cuerpo para alimentar y mantener esas células consiste en un proceso metabólico que, en la mayoría de los casos de compulsión por la comida, se ve deteriorado.

Las comidas que ingieres por compulsión actúan como drogas en tu sistema, lo cual probablemente se debe, al menos en parte, a cierto deterioro de tu capacidad de metabolizarlos en forma efectiva. Tú dependes tanto física como emocionalmente de la experiencia comida-droga para producir en ti misma un estado alterado. En este, tus pensamientos, sensaciones y conductas semejan claramente los de cualquier otro adicto. Tu proceso de recuperación también semeja la recuperación de cualquier otra adicción. Es por eso que Gordos Anónimos, basado en los mismos principios de recuperación que Alcohólicos Anónimos, resulta tan efectivo en su enfoque de la compulsión por comer.

Ante la presencia de una enfermedad de adicción o coadicción, esta *debe* ser el núcleo de cualquier enfoque terapéutico. Si hay adicción y coadicción a la vez, se las debe encarar como procesos de enfermedad interrelacionados. El tratamiento comienza con la abstinencia de las sustancias químicas o comidas adictivas porque, sin abstinencia, la persona se halla en un estado alterado y es impermeable al proceso de recuperación.

La gente que padece enfermedades de adicción química o relacionada con la conducta necesita ver a personas que entiendan plenamente tanto la adicción como la recuperación de ese problema en particular. Resulta sumamente útil que el profesional esté, a su vez, recuperándose de esa misma adicción. Cuando se trata de la coadicción (en tu caso, del coalcoholismo), sucede lo mismo. El terapeuta debe comprender la coadicción y la recuperación, y es de esperar que él también sea una persona coadictiva en recuperación.

Karla, tú necesitas consultar a alguien que sea, preferiblemente, todo eso que he señalado. Es probable que te parezca imposible encontrar un terapeuta que cuente con esa combinación de experiencia y conocimiento. Pero recuerda que la mayoría de las personas que comen por compulsión son también coalcohólicas por su familia de origen, y los terapeutas que realmente entienden la compulsión por comer como una adicción muy similar al alcoholismo tienen, en general, también una comprensión del coalcoholismo. Por suerte, es cada vez mayor la cantidad de terapeutas que tratan enfermedades de adicción y coadicción y que cumplen, a la vez, la condición tan importante de estar recuperándose de esas enfermedades.

Consultar a un terapeuta que carece de experiencia específica con respecto a la adicción y su recuperación es, en mi opinión, tanta pérdida de tiempo como si concertaras una cita con un cardiólogo en el caso de que tuvieras problemas con la vista y necesitaras gafas recetadas. El cardiólogo prestaría todo tipo de atención a tu sistema cardiovascular, que podría ser muy interesante, pero tu vista no mejoraría en absoluto. Quienes padecen enfermedades de adicción y coadicción necesitan consultar a alguien que reconozca, entienda y sea capaz de tratar esos problemas como enfermedades *primarias, no como síntomas de otra cosa.* Las enfermedades de adicción y coadicción producen muchos síntomas psicológicos que llevan a la gente a terapia. Sin embargo, es lamentable que los terapeutas que atienden a pacientes adictivos raras veces identifiquen la(s) adicción(es) y, por consiguiente, no deriven al paciente al programa (o los programas) que pueden apoyar el imprescindible primer paso de la recuperación: el cese en la práctica de la adicción. Solo cuando se cumple esa condición puede el paciente verse beneficiado por la terapia, aunque no sea la más apropiada.

De acuerdo con mi experiencia, no se puede lograr un verdadero progreso con la terapia mientras el paciente esté practicando activamente una enfermedad de adicción, ya sea química o de conducta. El primer paso que debes dar, por lo tanto, es encarar tu compulsión por la comida (que es una adicción tanto química como de conducta). Si fueras mi paciente, insistiría en que participaras muy activamente en Gordos Anónimos como condición para continuar la terapia. Te recomendaría una reunión por día durante al menos los primeros treinta días, y tres reuniones por semana de allí en adelante.

Una vez iniciada tu recuperación en Gordos Anónimos, necesitarías también asistir a Alcohólicos Anónimos con regularidad, dos o tres veces por semana. Si te desagrada un compromiso tan intenso con tu recuperación, trata de recordar que estas dos enfermedades son progresivas; es decir, empeoran con el tiempo y ambas son potencialmente fatales. Si tuvieras cáncer, seguramente estarías más que dispuesta a hacer todo lo necesario para curarte. Encontrarías el tiempo y los medios necesarios para aceptar cualquier proceso que pudiera curarte. Trata de aceptar el mismo grado de compromiso para recuperarte de estas enfermedades que también amenazan tu vida.

Si te desagrada el compromiso con tu recuperación, recuerda que si tuvieras cáncer estarías dispuesta a hacer todo lo necesario para curarte.

En tu carta expresas también tu deseo de que fuera posible que yo te atendiera. Karla, yo no soy una fuente de recuperación para tus enfermedades de adicción y coadicción. Esa fuente está en los programas de Doce Pasos adecuados. Debes ir a Gordos Anónimos y a Alcohólicos Anónimos. *Puedes* recuperarte solo con el apoyo de un programa de Doce Pasos pero, en mi opinión, no te recuperarás con la sola ayuda de la terapia, por maravilloso o capacitado que sea el terapeuta. Es más, yo pienso que, si el terapeuta fuera realmente maravilloso y estuviera verdaderamente capacitado, *insistiría* en que hicieras tus programas de Doce Pasos. La mayor parte de tu recuperación se producirá en compañía de otras personas que estén luchando con los mismos problemas que tú.

Estimada señora Norwood:
Su libro ha llegado en un momento crucial de mi vida. Mi esposo, con quien llevo apenas tres años de casada, se marchó hace cuatro meses y no quiere tener

nada que ver conmigo. Aún no ha iniciado el trámite de divorcio, pero se niega a aceptar ayuda para reconstruir nuestra relación. Ahora me doy cuenta de que lo que yo consideraba mi amor por él *puede* ser una obsesión que me ha paralizado e incapacitado para seguir adelante.

Soy alcohólica y estoy recuperándome, al igual que mi esposo. Nos conocimos bebiendo, iniciamos la recuperación al mismo tiempo pero en distintos hospitales. Ambos pertenecemos al programa de Alcohólicos Anónimos y lo seguimos, y yo también estoy en terapia. Siento que no comprendo lo que necesito comprender, o bien no me han dicho lo necesario para hacerme comprender. Es por eso que le escribo. Creo que usted tiene cierto conocimiento que yo necesito. Sinceramente espero recibir su respuesta.

GLORIA J.

P.D.: A propósito, tengo cuarenta y un años, un hijo de veinticinco y una hija de veintidós, estuve casada seis veces por poco tiempo y crie a mis dos hijos, que ya se han graduado en la universidad. Los demás me consideran una mujer de éxito, pero me siento totalmente fracasada como ser humano...

Querida Gloria:
Quizás hayas oído un dicho en tu programa de Alcohólicos Anónimos: «Si no lo has hecho limpio y sobrio, no lo has hecho». La mayoría de las personas que se vuelven adictas al alcohol y a otras drogas comenzaron a consumir esas drogas para no enfrentar la realidad, por lo general alrededor de los catorce años de edad. No sé cuándo empezaste tú a ingerir alcohol en exceso pero, en respuesta a tu carta, voy a suponer que, al igual que tanta gente que desarrolla la

enfermedad, comenzaste a edad bastante temprana a apoyarte en la droga para sobrellevar situaciones difíciles. Si este es tu caso, la muy difícil tarea de forjar una identidad separada, lo cual normalmente se cumple aproximadamente entre los trece y los veinticinco años y a menudo se llama «crisis de identidad», ha sido postergada hasta la sobriedad. Muchas personas que han sido químicamente dependientes *jamás* han bailado en público, tenido una cita o una experiencia sexual estando sobrias. Siempre que la vida ha sido incómoda o difícil han recurrido a la droga para aliviar la incomodidad o mitigar el temor. Dado que, al enfrentar y vivir esos momentos difíciles y dolorosos, nos volvemos más fuertes y maduros, cuando los evitamos sofocamos nuestra maduración emocional.

Es obvio que estar sobrio implica mucho más que el hecho de no beber o no consumir drogas. En la sobriedad resulta necesario, en esencia, regresar a la edad que tenías cuando empezaste a depender de las sustancias químicas y luego cumplir con las lecciones y el crecimiento que te perdiste al estar químicamente alterada. Esto no es fácil cuando se tienen cuarenta y un años y se es madre de hijos adultos. Se necesita una humildad y un coraje tremendos para reanudar tu maduración donde la interrumpiste, hace tantos años. Sin embargo, también resulta reconfortante saber que el problema no es que, de alguna manera, tengas defectos fatales, sino que solo te falta crecer un poco. ¿Qué persona de catorce años está lista para una relación sana, madura y comprometida con un miembro del sexo opuesto? Aún no ha desarrollado suficiente autoconocimiento y autoaceptación para que sea posible tener una relación de pareja fuerte y sana.

Si consideras que todo esto que he dicho se aplica tanto a ti como a tu actual esposo, tal vez puedas apreciar por qué la sobriedad no bastó para que el matrimonio funcionara. La sobriedad no resuelve problemas en las relaciones; lo único que hace es eliminar un enorme impedimento para enfrentar esos problemas. Es como si trataras de construir un camino en terreno montañoso. Si hay una enorme roca en el medio, debe ser retirada para poder iniciar la tarea de construir el camino. La construcción de una relación es algo muy similar. Hasta que se la enfrenta, la adicción al alcohol constituye una barrera infranqueable para el progreso.

Tú y tu esposo os elegisteis mientras bebíais. Las dinámicas que operaban en vuestra relación tienen que ser muy distintas de las que están en funcionamiento ahora. Yo diría que ninguno de vosotros sabe en absoluto cómo es relacionarse con un cónyuge en estado de sobriedad, y esa es una verdad muy dolorosa de enfrentar. A menudo es más fácil decir: «Mi problema es esta otra persona» que admitir la incomodidad y el temor inevitable engendrados por el simple hecho de estar constantemente presentes con otra persona cuando nunca antes lo estuvimos.

Muy pocas relaciones, ya sean entre dos personas químicamente dependientes o entre un alcohólico o adicto y un coalcohólico, sobreviven a la sobriedad, por las razones ya mencionadas. Siempre que estas personas crean que la sobriedad es la «respuesta» para sus problemas, saldrán decepcionadas. La sobriedad solo crea las condiciones en las cuales es posible buscar y encontrar las respuestas, mediante la paciencia, el coraje, la humildad y la persistencia.

Una última palabra: En los muchos años que he trabajado en el campo de la adicción, he visto a mucha gente lograr la sobriedad y he observado que, si se mantienen sobrios y enfrentan con coraje cada «siguiente descubrimiento» que esa sobriedad posibilita, sus vidas mejoran cada vez más. Sin embargo, a veces, durante la recuperación, hay personas que se marchan, condiciones que cambian o cosas que desaparecen y a los cuales nosotros, en nuestra miope evaluación de lo que creemos nuestro mayor bien, jamás renunciaríamos voluntariamente. Cuando esto sucede, es importante recordar que nunca podemos perder lo que es verdaderamente nuestro. Entonces debemos asumir la tarea de soltar aquello que se nos quita para abrir el camino al mayor bien que trata de manifestarse en nuestra vida.

Querida Robin:
Me resultó repugnantemente fácil relacionarme con tu libro.

Mi madre murió de alcoholismo a los cincuenta y cinco años de edad, veinte años después de que yo empezara a tratar de que mejorara. Mi padre está en silla de ruedas, paralizado de un lado, incapaz de comunicarse, y sigue bebiendo. Yo estoy divorciada después de veintidós años de matrimonio con un hombre que bebe, igual que su padre y su abuelo.

He participado varias veces en Alcohólicos Anónimos, a veces con éxito durante varios años. ¡Creo en eso! Ahora estoy bebiendo y saliendo de una relación insalubre para entrar en otra.

Mi pregunta es: ¿Conoces a algún terapeuta de mi área que haya leído tu libro, lo haya tomado en serio y pueda ayudarme?

Espero recibir tu respuesta.

CONNIE V.

Querida Connie:
Muchas alcohólicas sufren recaídas por cuestiones de codependencia. Dicho de otra manera: el motivo más frecuente por el cual las alcohólicas que están sobrias se embriagan es la presencia de problemas con los hombres. Una de las razones bastante obvias de que esto sea así es que la mayoría de las mujeres (y los hombres) que son alcohólicos

provienen, como tú, de hogares alcohólicos. Por lo tanto, fueron *coalcohólicos* mucho antes de desarrollar la enfermedad del alcoholismo. Por más que estén sobrias, siguen siendo alcohólicas sin tratamiento, con todos sus modelos insalubres de relación en funcionamiento.

Para la mayoría de las alcohólicas sobrias, su coalcoholismo es la mayor causa de problemas en la sobriedad. Estas mujeres expresan su coalcoholismo mediante una conducta inmensamente dominante o bien inmensamente dependiente o, lo que es más común, mediante ambas conductas a la vez. Este esquema alternado de relación expresa la existencia simultánea de su miedo interno a la intimidad emocional y de su miedo mayor aún al abandono. Las mujeres (y los hombres) que se han criado en hogares alcohólicos a menudo se han visto sujetas a diversos grados de abuso emocional, físico y sexual, y esta clase de historias complica en forma exponencial los problemas de relación que esas personas enfrentarán en su vida adulta. Su tendencia es elegir como pareja a personas que les brindan la oportunidad de volver a enfrentar las condiciones y las luchas que conocieron en el pasado, esta vez con la esperanza de triunfar sobre ellas.

Todo esto viene a modo de explicación de lo que quiero decir a continuación: tu adicción al alcohol hace que te resulte más fácil practicar tu adicción a las relaciones. Tu adicción a las relaciones te proporciona todas las excusas para beber. Puedes utilizar cualquiera de las dos adicciones al servicio de la otra. Si quieres romper este ciclo, debes recuperar la sobriedad, y espero que esta vez lo hagas con mucho énfasis en las reuniones exclusivamente de mujeres. En esas reuniones femeninas estarás a salvo, al menos durante esa hora, de practicar tu adicción a las relaciones (¡las reuniones mixtas de Alcohólicos Anónimos pueden ser muy peligrosas para las adictas a las relaciones!) y estarás en libertad de hablar de tus problemas con los hombres y de cómo estos se relacionan con tu alcoholismo.

No hay ningún camino «más fácil, más suave» en la terapia; la sobriedad sigue siendo el primer paso necesario.

En cuanto a tu pedido de información sobre algún profesional, debo decirte que desde hace años tengo la costumbre de enviar pacientes solamente a los programas de Anónimos, nunca a terapeutas individuales. Creo más en el poder de los grupos de apoyo para facilitar los cambios positivos que en el poder de la terapia individual para producir ese cambio. Cualquier terapeuta que haya «tomado muy en serio mis teorías» debería saber que su primera responsabilidad contigo sería apoyar tu asistencia a Alcohólicos Anónimos y ayudarte a entender y a seguir su programa. Un buen patrocinador de A. A. haría lo mismo por ti sin cobrar honorarios.

Si decides volver a Alcohólicos Anónimos y aun así deseas un terapeuta, probablemente otros participantes de tu programa te hablarán de profesionales en tu área que realmente entiendan la adicción y la recuperación. Pero recuerda que no hay ningún camino «más fácil, más suave» en la terapia, y la sobriedad sigue siendo el primer paso necesario para tu recuperación. Buena suerte.

Querida Robin:

Tu libro llegó a mis manos por medio de una mujer a quien patrocino en Gordos Anónimos; ella misma se dirigió a Gordos Anónimos después de leerlo.

Aún no entiendo cómo es que me relaciono tan completamente con la gente de Gordos Anónimos y de Alcohólicos Anónimos, ni cómo me casé con un ex adicto alcohólico que era esquizofrénico y se suicidó hace veintidós días, ocho semanas después de que lo dejé.

Mis padres no bebían. En este momento, los motivos de mis enfermedades no me importan tanto como el hecho de que estoy tomando conciencia de la naturaleza destructiva de mis modelos insalubres con la comida, la familia y los hombres, en ese orden.

En febrero, empecé a recuperarme de un trastorno alimenticio que duró trece años y que comprendía tres períodos de anorexia, dos períodos de obesidad y, al final, cuatro años y medio de bulimia casi fatal. (Al menos, espero que sea el final.)

Hasta ahora, nadie me ha explicado la extraña serie de sensibilidades y ajustes físicos característicos de mi recuperación. Paso a describírtelos, con la esperanza de que, tal vez, tengas acceso a alguna fuente de información médica que pueda ayudarme.

Tengo veintiséis años, peso cincuenta kilos y mido un metro setenta. Mi peso es estable y mi dieta consiste en mil trescientas calorías de los mejores consejos de un nutricionista.

Aun así, en los primeros cuatro meses se produjo la inexplicable aparición de la epilepsia, que desapareció al cabo de ese período, tan inexplicablemente como empezara, según el jefe de neurólogos del hospital donde me tratan. *Dejé* de menstruar cuando interrumpí mi conducta bulímica, mientras que cuando pesaba cuarenta kilos y era bulímica menstruaba como un reloj. Conozco tres casos de bulimia que incluyeron graves problemas cardíacos. Una de esas mujeres murió a los dos meses de iniciar la recuperación; otra murió siendo bulímica activa. La tercera, otra mujer a quien patrocino en Gordos Anónimos, tuvo insuficiencia cardíaca y pulmonar hace ocho días y ahora tiene suerte de estar viva. Ella también está en los primeros meses de recuperación.

Así como tu libro presagia (para mí) la apertura de nuevos terrenos en el área de las relaciones, creo que es necesario que alguien haga lo mismo con respecto a la *recuperación* de la bulimia (por oposición a la enfermedad). Yo no soy médica. No sé qué es lo que ocurre, pero es obvio que hay una especie de conmoción increíble y prolongada al *interrumpir* la conducta bulímica, una conmoción quizá más traumática y duradera de lo que nadie sabe.

Lo único que he encontrado hasta ahora es que esa purga es una especie de convulsión. Hablando por mí misma, yo induje esas convulsiones entre treinta y cuarenta veces por noche durante cuatro años y medio. ¿Acaso mi «umbral de ataques» se vio seriamente afectado? ¿Mi sistema nervioso resultó dañado en forma temporal o permanente? Este efecto es algo aparte, distinto de las consecuencias de la desnutrición prolongada y de la falta de sueño. Hay otros bulímicos en Gordos Anónimos que han sufrido la enfermedad por mucho más tiempo que yo. ¿Cuál es la mejor manera de ayudarnos mutuamente a seguir vivos, físicamente, para poder analizar las cuestiones emocionales que se tratan en nuestros grupos y en tu libro?

Si sabes de alguien o algo que pueda ayudarnos con nuestra recuperación física, te ruego que me lo hagas saber. Hoy *quiero* vivir. Quisiera saber mejor qué es exactamente lo que está ocurriendo y cómo colaborar en el proceso de curación, comenzando por mi propio cuerpo.

Pat M.

Querida Pat:

Te escribo tanto después de recibir tu carta de diciembre porque esta estaba debajo de una pila de trabajo, sobre mi escritorio, y apenas ahora he podido rescatarla. Irónicamente, estaba junto con otras cartas que quería responder en mayor detalle de lo que puedo hacerlo en general.

Me formulas muchas preguntas acerca de los trastornos alimenticios, pero es más probable que tú tengas las respuestas, no yo; tú eres la *experta* porque tienes la enfermedad. Tú y otros participantes de Gordos Anónimos que están en recuperación y hablan de su enfermedad tienen mucho que aprender el uno del otro y mucho que enseñar a los profesionales médicos y asistenciales.

Quisiera pedirte un gran favor. ¿Podrías escribirme otra vez y contarme qué respuestas has descubierto en tu recuperación? Porque, nuevamente, tú eres la experta, Pat; yo, no. Casi todo lo que he aprendido sobre las diversas adicciones no ha sido en la universidad ni en los libros, sino en la gente que padece esas enfermedades y está recuperándose de ellas.

Estoy escribiendo un segundo libro, basado en las cartas que he recibido en respuesta a *Las mujeres que aman demasiado*. Quisiera usar tanto tu primera carta como la segunda que te estoy pidiendo. Por supuesto, no tienes ninguna obligación de aceptar, pero es una buena manera de llegar a otras personas como tú, que tienen preguntas y quizá también respuestas, si son capaces de aprender a confiar en sí mismas.

Sea cual fuere tu decisión, gracias por escribirme y te envío mis mejores deseos en tu recuperación.

Querida Robin:

No puedo explicar el fenómeno de recuperación en mi alteración alimenticia. No tomé una decisión consciente de recuperarme, como tampoco decidí volverme anoréxica, obesa y bulímica. Un día, unas dos semanas después de que Patti, mi amiga bulímica, muriera de insuficiencia cardíaca mientras dormía, perdí mi «magia», mi poder de comer y purgarme a voluntad.

La interrupción de esa conducta, la abstinencia y la viudez me han devastado increíblemente. Tu carta me ha llegado en un momento terrible. Mi esposo se ahorcó a esta altura del año pasado, durante las vacaciones. Este año mi madre me ha pedido que me marche de su casa mientras mi hermana viene de visita por las vacaciones. De alguna manera, me siento doblemente devastada...

Ahora tengo veintisiete años y, físicamente, me mantengo en un peso estable desde hace casi dos años, estable por primera vez desde la pubertad. Además, soy propensa a la angustia, menopáusica y periódicamente pseudoepiléptica, es decir, mi electroencefalograma da una lectura positiva y negativa por una anormalidad en las espigas del lóbulo temporal.

Emocionalmente, nunca sé lo que vendrá. Desesperación suicida, tensión controlada, diversión tranquila o la calma de la aceptación.

Mentalmente, mi mente me proporciona fantasías en tecnicolor y con sonido sinfónico. A veces me muestra escenas de mi difunto esposo o de mi niñez. Por lo general, ambas clases de visiones están llenas de dolor y sentimientos de impotencia.

Tengo un empleo de tiempo completo como secretaria ejecutiva del presidente de un departamento importante en una de las principales escuelas de medicina de Estados Unidos. Seis días por semana, hablo con mis dos compañeras de recuperación, ambas ex anoréxicas/bulímicas practicantes. Asisto a por lo menos una reunión por día, a veces dos. Además, doy y recibo un mínimo de tres abrazos por reunión y comparto tres o más llamadas telefónicas por día. Leo a diario publicaciones de Alcohólicos Anónimos, Gordos Anónimos y todas las mañanas y las noches escribo sobre cómo me siento y sobre lo que me sucede. De alguna manera logro ingerir un buen desayuno, almuerzo y cena todos los días. Nunca me peso. Peso la comida.

Cuando escribo sobre mi programa y mi recuperación, lo hago con la mano izquierda, como ahora. No sé por qué: soy diestra.

Aún me cuesta creer que estoy enferma y sufro dolor en el área de las relaciones además del de la comida. Pero puedo decir lo que ahora me amenaza más: la supresión emocional. Me duele estar con gente que juega a divertirse. Y eso es precisamente a lo que quiere jugar la mayoría de los norteamericanos de mi edad. Ahora que estoy en recuperación, me asusta pensar en dar amor de un modo sexualmente íntimo. Me tomo cierto tiempo para probar a la gente lentamente, para ver cómo encajamos emocionalmente, y me aparto cuando me siento molesta, aunque no entienda por qué. Me he vuelto agresivamente autoprotectora en lo que se refiere a la personalidad de los demás. Si la personalidad de otra persona y la mía no combinan bien, no, gracias.

Ahora estoy haciendo planes para reanudar mis estudios en enero, para obtener un certificado de escritura técnica en el área de medicina.

Esas son las noticias por mi parte, Robin. Publica lo que desees, con mis mejores deseos.

Pat M.

Querida Pat:

Si bien conozco las respuestas a tu pregunta acerca de la reacción, a veces catastrófica, del cuerpo ante la interrupción del síndrome de ingestión y purga de comida, estoy segura de que, cuando encuentres esas respuestas, aprenderás de ellas, dados tu intenso deseo de saber, tu relación con otros que padecen la misma enfermedad, tu evidente inteligencia y tu acceso a investigaciones médicas por medio de tu trabajo. Un recurso posible para ti con respecto a los aspectos médicos de tu enfermedad es ANRED (Anorexia Nerviosa y trastornos alimenticios relacionados), que mantiene un servicio de información y derivación e intenta responder preguntas como las tuyas.

Tal vez porque soy terapeuta y no médica, tus cartas me hacen reflexionar sobre cuestiones que tienen menos que ver con las consecuencias y los aspectos físicos de la adicción y más con asuntos del corazón y del alma. Tal como tus cartas dejan en claro, Pat, las enfermedades de adicción matan. El estado natural del adicto es la práctica de la enfermedad, y la naturaleza de toda adicción consiste en ser progresiva y, en última instancia, fatal. Es innegable la importancia de los detalles médicos de por qué y cómo una persona muere de adicción pero, en mi opinión, no contribuyen tanto a nuestra comprensión de toda esta cuestión como a veces nos gustaría creer.

En primer lugar, no *existen* detalles médicos capaces de revelar por qué una persona dada, como tú, habiendo contraído una vez una enfermedad adictiva, no *muere* por su causa sino por su recuperación. Las enfermedades de adicción, a diferencia de otras enfermedades, afectan a todas las dimensiones de la persona; las dimensiones emocionales y espirituales del adicto se deterioran tanto como el cuerpo. Por lo general, los aspectos emocionales se enferman primero, seguidos de los espirituales, mientras que el cuerpo no acusa los efectos hasta las últimas etapas de la adicción.

Cuando una adicción de cualquier clase ha provocado una crisis médica aguda y la vida corre peligro, se debe apelar a todas las intervenciones médicas apropiadas para tratar de estabilizar el estado físico del paciente. Pero, una vez hecho esto, se pone de manifiesto una de las grandes ironías de la adicción. Por enfermo que haya estado el adicto y por grave que fuese el peligro que corría su vida, si el único curso de tratamiento fuera el enfoque médico será casi inevitable que, con el tiempo, ese paciente vuelva a practicar la adicción. Para lograr la recuperación, no basta con aprender los hechos acerca del daño causado a nuestro estado físico por la adicción.

La información sola, por alarmante que resulte, simplemente no basta para detener la adicción.

El siguiente es un caso apropiado. Hace años conocí a un hombre de clase media, presentable, que trabajaba, estaba casado y tenía hijos. Al acercarse a los sesenta años de edad, lo internaron en un hospital debido a graves complicaciones físicas causadas por su alcoholismo. Dos días más tarde, una enfermera descubrió que había expirado. Gracias a la intervención oportuna y enérgica del personal del hospital, fue resucitado.

Tras haber recibido exámenes cuidadosos, una atención dedicada y precisos sermones sobre las consecuencias mortales que le aguardaban a menos que se abstuviera del alcohol, este hombre volvió a beber al cabo de cuatro semanas de ser dado de alta. A la larga, perdió a su familia, dejó de trabajar, fue enjuiciado por abusar sexualmente de una criatura y cumplió una condena en la cárcel. Finalmente, después de vivir un par de años gracias a la beneficencia, murió por causa de su alcoholismo.

Relato esta historia no para ser morbosa y, desde luego, no porque sea única en particular, sino para señalar que, si bien las enfermedades de adicción requieren un tratamiento médico para sus manifestaciones físicas, el tratamiento médico por sí solo no las detiene en forma permanente, por bueno o apropiado que sea. Esto se debe a que el aspecto médico no puede encarar en forma apropiada las dimensiones emocionales y espirituales del adicto, que deben estar en curación continua para que la recuperación se prolongue.

A veces, los adictos experimentan la bendición de una repentina y profunda comprensión de sí mismos y de su enfermedad —un «momento de claridad» que a menudo se siente como una experiencia profundamente espiritual— y, gracias a eso, son capaces de dejar de practicar la enfermedad e iniciar la recuperación. Con más frecuencia, el cambio es más sutil y el proceso de enfermedad simplemente «deja de dar resultado» para el adicto. Eso fue lo que te sucedió cuando, dos semanas después de la muerte de tu amiga, descubriste que habías perdido la «magia» de poder comer y purgarte en busca de alivio. A menudo sucede que también los alcohólicos descubren que la bebida ya no les da resultado. Cuando eso ocurre, a pesar de lo mucho que bebieron y de la frecuencia con que lo hicieron, ya no hay «magia» en el alcohol.

Sin embargo, ya sea que comience con el gran don de un brillante momento de claridad o que, simplemente, la adicción deje de «dar resultado», debe insistirse a diario en la recuperación. Aun aquellos que caen de rodillas, bañados en lágrimas, al ver una salida de la adicción que antes no habían visto, aun esas personas benditas deben trabajar con todo su corazón para aferrarse a la recuperación de un día por vez.

Sé que no es necesario decirte esto, Pat. Tus cartas dejan en claro que tu recuperación es una gran prioridad para ti. Sé que sabes que eres un milagro.

Y tu recuperación no termina con un peso estable y una relación sensata con la comida. Aun en las pocas palabras que usas para referirte a tu familia, es evidente que ese aspecto te produce mucha angustia.

Hay muchas características que las mujeres que comen por compulsión tienen en común. Una de ellas es la compulsión por hablar (por conservar el control sobre lo que se dirá). Otra es la actitud extremadamente perfeccionista hacia sus propios logros y objetivos. Una de las principales, según mi experiencia, es que a menudo están excesivamente unidas a sus madres en una relación cargada de dependencia y hostilidad mutuas. Con frecuencia, cada una acude al rescate de la otra con consejos y ayuda para diversos problemas que, no obstante, siguen sin resolverse. Tanto la madre como la hija actúan como si estuviesen en una batalla constante para lograr que la otra la cuide. Cada una está muy necesitada y, aun así, ansía tanto estar en control que alternan entre los roles de dar y recibir. A menudo, la comida desempeña un papel clave en este intercambio, a modo de símbolo o sustituto del amor. Cuanto más tiempo pasan juntas, más se enferman, porque ninguna de las dos tiene recursos emocionales adecuados siquiera para sí misma, mucho menos para la otra. Se «prestan» sus capacidades emocionales, con lo cual sus fronteras individuales están constantemente difusas. A pesar de todo ese «apoyo» recíproco, se sienten cada vez más necesitadas y, por consiguiente, se aferran la una a la otra con más fuerza.

Tú has demostrado mucho coraje y mucha decisión en tu recuperación, Pat. Tengo la intensa sospecha de que, para ti, la casa de tu madre es un sitio «peligroso». Recuerda, por favor, que ella no es tu proveedora. Dios lo es. Utiliza tu programa para obtener apoyo, tanto para bendecir a tu madre como para renunciar a ella.

Las cartas incluidas en este capítulo demuestran claramente que las adicciones no son entidades discretas. Con mucha frecuencia se superponen en sus raíces físicas y emocionales. La recuperación de una adicción puede provocar la aceleración de otra o bien permitir la posibilidad de otra recuperación. Para curarse de toda adicción, es necesario aplicar los mismos principios de renunciamiento, honestidad, humildad y voluntad, pero los detalles de cómo debe modificarse la conducta pueden diferir en forma drástica. Por ejemplo, a fin de continuar sobrios, la mayoría de los alcohólicos necesitan volverse menos egocéntricos y dedicarse más a ayudar a los demás. Sin embargo, la mayoría de las adictas a las relaciones y, en particular, las de la variedad coalcohólica, necesitan avanzar exactamente en la dirección opuesta; es decir, deben volverse más egoístas (aprender a quererse y a cuidarse) y preocuparse menos por el bienestar ajeno. De hecho, he conocido a alcohólicas y adictas que no pudieron lograr un año entero de sobriedad hasta que encararon sus problemas de codependencia y dejaron de agotarse tratando de salvar a todo el mundo. Y he conocido adictas a las relaciones que no pudieron detenerse en su persecución adictiva de los hombres hasta que dejaron de beber y de consumir drogas.

A veces puede resultar abrumador enfrentarse a todas las adicciones que parecen formar parte de nuestra vida. Sin embargo, tal como lo han declarado muchas de las mujeres cuyas cartas han aparecido en este capítulo, una vez que sabemos cómo recuperarnos de una adicción, podemos emplear las mismas herramientas que ya hemos aprendido para encarar la próxima ocasión que se ponga de manifiesto.

6

... ESTÁN EN TERAPIA

Además de querer compartir las cartas que he recibido con otras personas que hayan tenido las mismas experiencias o inquietudes, tuve otro motivo para escribir este libro. Tengo la esperanza de que estas cartas eduquen a algunos de quienes lideran grupos supuestamente basados en *Las mujeres que aman demasiado* con respecto a los conceptos básicos de adicción y recuperación. Me ha resultado muy difícil observar la aparición de gran cantidad de grupos dirigidos por terapeutas, que anuncian su adherencia a los principios de *Las mujeres...* y que, sin embargo, es obvio que las personas que los dirigen aún no han entendido lo que es la adicción a las relaciones, lo que tiene en común con todas las demás adicciones y cuál es la mejor forma de tratarla.

Por ejemplo, me enteré de un caso por medio de una periodista que, mientras investigaba para escribir un artículo sobre el tema de «las mujeres que aman demasiado», había hablado con algunos miembros de grupos dirigidos por terapeutas que encaraban el tema. Los miembros de uno de esos grupos pidieron a esa periodista (que mencionó que tendría una entrevista conmigo) que me dijera que lo que realmente necesitaban era otro libro, una especie de *Las mujeres que aman demasiado II*. Dado que hacía apenas un año que se había editado *Las mujeres...* (I) y que, si bien yo ya llevaba seis años de recuperación, aún me faltaba recorrer mucho camino en ese sentido, le pregunté si esas mujeres realmente creían haber logrado todo lo recomendado en *Las mujeres...* La periodista me respondió que le habían dicho que habían completado un curso de seis semanas sobre el tema, que todas se habían «deshecho» de sus malas relaciones y que, por consiguiente, ellas y el terapeuta pensaban que ya era tiempo de buscar hombres «buenos».

Francamente, me consternó saber que un proceso así pudiese, en cierto modo, evolucionar a partir de lo que yo había escrito. Era imposible que, en seis semanas, esas mujeres hubiesen asimilado todas las lecciones que necesitaban aprender de sus parejas anteriores, como tampoco habrían podido sobreponerse adecuadamente a esas relaciones. Me parecía que solo podían estar «buscando un nuevo hombre» para obtener alivio de la angustia que les provocaba el hecho de estar solas y enfrentándose a sí mismas. En otras palabras, con la ayuda de un terapeuta, estaban utilizando la búsqueda de una nueva relación *como una droga*. ¡Y todo eso se hacía en el nombre de la recuperación!

En una ocasión, tratando de señalar que a menudo los terapeutas constituimos la categoría de profesionales *más* adictos a las relaciones (además de las enfermeras) y que, con frecuencia, dirigimos grupos sobre este tema sin saber qué es la recuperación y, mucho menos, poder lograrla nosotros mismos, conté esta historia en un seminario. Una persona que estaba entre el público exclamó, disgustada: «¡Qué *hostil* es usted con los terapeutas!». Otras personas aplaudieron en apoyo a su declaración. Fue un momento difícil pero, como tantos momentos difíciles, fue un regalo. Me hizo analizar conscientemente mis propias experiencias, tanto como terapeuta como en calidad de paciente de terapia, además de mi propia experiencia de recuperación.

Al hacerlo, tomé conciencia de que, en efecto, tengo profundas reservas acerca de que la terapia sea la panacea para tantos males que hoy se consideran. La creencia de que, si uno pudiera encontrar al terapeuta adecuado, se solucionarían los problemas de su vida está casi tan difundida como la creencia de que, si se hallara la pareja adecuada, se obtendrían los mismos resultados. Hubo un momento en mi vida en el que yo también estaba convencida de que la terapia con un profesional capacitado y compasivo ofrecía las respuestas para la mayoría de las dificultades emocionales con las cuales luchaban los individuos y las familias. Ese convencimiento influyó mucho en mi intenso deseo de llegar a ser terapeuta. Ansiaba poder modificar para bien la vida de los demás.

Fueron necesarios varios años de trabajo con pacientes adictos al alcohol y a las drogas, en los cuales no pude lograr esa diferencia *siquiera una vez*, para que mi firme fe en el potencial de la terapia para cambiar la vida comenzara a debilitarse, al menos en los casos en que existe adicción. Al cabo de unos cinco años de sinceros intentos de ayudar a los adictos a abstenerse de consumir su(s) droga(s) y de fracasar tarde o temprano, algunos miembros sobrios de Alcohólicos Anónimos me invitaron a asistir con ellos a algunas reuniones abiertas (al público). Sin un solo indicio de reprobación por mis muchos años de esfuerzos inútiles, me dijeron: «Robin, si vas a trabajar con alcohólicos, tal vez te gustaría venir a ver cómo nos reponemos».

Mi primera exposición a Alcohólicos Anónimos me puso en contacto con una concurrencia de cientos de personas sobrias y felices. Lo que yo había sido incapaz de ayudar a nadie a hacer por más de una o dos semanas como máximo, muchas de aquellas personas venían haciéndolo durante años, incluso décadas. Se mantenían limpios y sobrios, libres del alcohol y de otras drogas, y llevaban una vida de dignidad y valor personal.

Mediante una asistencia asidua a esas reuniones abiertas, oí a los alcohólicos sobrios hablar libremente y, a menudo, con humor, de sus desgarradoras experiencias pasadas como adictos y luego describir cómo estaban recuperándose, de a un día por vez, con la ayuda de la comunidad de Alcohólicos Anónimos y un Poder Superior. El hecho de escuchar esas historias modificó mi manera de practicar la terapia porque, por primera vez, realmente empecé a *entender* la adicción. Comencé a entender también el milagro que era recuperarse de la adicción: un milagro que yo, como terapeuta, no podía provocar.

Con esa nueva conciencia, comencé a insistir en que mis pacientes adictos asistieran a Alcohólicos Anónimos como condición para continuar en terapia conmigo. Dado que muchos de los pacientes a quienes atendía en aquel entonces venían a verme por indicación de la justicia debido a delitos relacionados con el alcohol y otras drogas, podía ejercer sobre ellos una presión considerable para que asistieran a las reuniones. Mediante su exposición a Alcohólicos Anónimos, algunos de esos pacientes empezaron a recuperarse. Su éxito, a la larga, llegó hasta mí, y aumentó mi reputación como terapeuta capacitada en el área del alcoholismo y la drogadicción.

Tardé cinco años más como terapeuta en el campo de la adicción (durante los cuales trabajé, principalmente, con los familiares de la persona dependiente) para comprender que, para que esos codependientes se recuperaran, era necesaria su asistencia a Alcohólicos Anónimos. Al ver cómo las personas codependientes se enfermaban cada vez más e incluso morían por alteraciones relacionadas con el estrés y producidas por sus muchos años de obsesión con el alcohólico, finalmente vi con claridad que la coadicción, igual que la adicción, es una enfermedad progresiva y, en última instancia, fatal. Comprendí que la recuperación de la coadicción es un milagro tan grande como el recuperarse de cualquier adicción, y esta, nuevamente, era un milagro que yo, a pesar de mis años de experiencia y de dedicación como terapeuta, no podía provocar. Por lo tanto, la asistencia al grupo se convirtió en un requisito para todos los coalcohólicos a quienes atendía en terapia. Al cabo de un tiempo, muchos de esos pacientes también empezaron a cambiar su vida y a recuperarse.

La lección más importante de mis quince años como terapeuta ha sido aprender qué es lo que *no puedo* hacer por el paciente adicto.

No puedo provocar su recuperación, pero los programas de Anónimos, con su comunidad de afecto y su fundamento en los principios espirituales *pueden* hacerlo, si el paciente está dispuesto a curarse. El hecho de renunciar a mi necesidad de salvar a mis pacientes por mis propios medios ha logrado que muchos de ellos adquirieran la sobriedad y serenidad a través de la magia de los programas de Anónimos.

Mientras todo esto sucedía en mi vida profesional, en mi vida personal también estaban produciéndose algunos cambios...

Cuando inicié mi carrera como terapeuta, no tenía una verdadera creencia en un Poder Superior. Pero al mismo tiempo sentía que, si Dios realmente existía, no estaba haciendo un muy buen trabajo. Estaba segura de que yo podía hacerlo mejor. Teniendo en cuenta ese grado de obstinación, considero que es un milagro menor haber aprendido a aceptar un sitio secundario, aun con respecto a Dios. Sin embargo, a menudo la vida tiene sus maneras de poner de rodillas a los obstinados. Debido a circunstancias personales cada vez más infelices y caóticas que, en última instancia, me costaron un empleo, la custodia de mis hijos y mi salud, finalmente tuve que admitir que ni siquiera era capaz de manejar mi propia vida. Una carrera en la cual había asumido el papel de autoridad sobre el tema de vivir bien llegó incluso a parecerme un poco presuntuosa.

Por los relatos de muchos alcohólicos, yo sabía lo caótica que se vuelve la vida debido a la adicción, pero que podía cambiar para mejor si se seguían ciertos principios. Si bien yo no consumía alcohol en exceso ni otras drogas, mi vida comenzaba a parecerse a la de ellos durante las fases activas de su adicción. Esto se debía a que yo también estaba en la fase activa de la adicción. No era adicta a una sustancia química, sino a las relaciones con los hombres, las cuales siempre había utilizado para obtener alivio de una intolerable angustia. En otras palabras, había utilizado esas relaciones como una droga de la cual había llegado a depender por completo.

Solo al oír hablar a todos aquellos alcohólicos en recuperación en las reuniones de Alcohólicos Anónimos comprendí por fin que yo también era adicta. Pero lo más importante fue que comprendí que yo también podía recuperarme si seguía su ejemplo.

Entonces, finalmente, recurrí a Dios en busca de ayuda y, al hacerlo, mi vida empezó a cambiar en la misma forma milagrosa de la que había oído hablar a otros adictos en recuperación.

Eso fue hace casi siete años, y con cada año que pasa me convenzo más, basada en mi propia experiencia muy subjetiva, de que la premisa básica de todo esfuerzo terapéutico, ya sea que se trate de una adicción o no, debe ser la siguiente: buscar y apoyar un contacto permanente con el principio espiritual conductor y curativo que se halla dentro de la persona que sufre. Sin embargo, he observado que muchos de los que nos dedicamos al ejercicio de la terapia, además de tener en común historias personales de dolor y traumas, compartimos también una ira básica tanto hacia nuestros padres como hacia Dios. La necesidad apremiante de arrebatarle a un dios inexistente, indiferente o caprichosamente cruel las riendas que guían la vida de nuestros pacientes es, a mi entender, muy común entre nosotros. Con frecuencia, el resultado es una tendencia a llevar a los pacientes a que sean más obstinados y no menos. Los alentamos a confiar en su propia inteligencia y en la del terapeuta en lugar de buscar y encontrar dentro de sí mismos su propio principio espiritual personal y único. Naturalmente, un terapeuta que no se guía por ese principio interior no hallará sentido en ayudar a un paciente a hacerlo.

Dado que yo hice todo esto en los dos aspectos, en lo personal y en lo profesional, permitirme decir dos cosas. Primero, que, según mi experiencia, buscar un principio espiritual interior y rendirse a él es un trabajo muy duro. Casi todo en la vida —la gente, las circunstancias, los objetos materiales, las ambiciones, los deseos y los temores— parece apuntar en otra dirección. Necesito rendirme y prestar atención *constantemente* para recordar que no soy yo quien dirige el espectáculo y que un Principio Superior me guiará si lo busco.

En segundo lugar, si bien esta capitulación repetida y constante es extremadamente difícil, hoy en día es casi imposible para mí vivir de otra manera. No quisiera volver a lo que era mi vida antes de renunciar a tener todas las respuestas en mí misma. Hoy sé que toda curación, ya sea que se trate de una pierna rota, de la mente o del corazón, se produce mediante la intervención de un principio espiritual. Quienes deseamos ayudar a facilitar cualquier clase de curación lo hacemos mejor cuando somos capaces de reconocer ese principio espiritual con humildad y gratitud.

En la actualidad, ya no trabajo como terapeuta. Una de las razones para ello es que mi propia recuperación no se produjo gracias a todo el entrenamiento académico y práctico que tuve para mi carrera ni por el hecho de haber efectuado terapia como paciente, aunque sí busqué las respuestas en esas dos direcciones durante mucho tiempo. En el transcurso de mi búsqueda, probé muchísimos enfoques, algunos de los cuales fueron nocivos, algunos ineficaces y otros, en forma limitada, útiles. Pero mi recuperación se produjo, y continúa produciéndose, en un grupo de apoyo que se guía por pautas espirituales. Allí, nadie es experto: todos somos iguales y cada uno de nosotros es responsable de hallar su propio camino con la aceptación, el amor y la comprensión mutuos. No se necesita dinero, no se dan consejos y no hay presiones para ser otra cosa que lo que somos. Es lo más cercano al amor incondicional que he conocido, y su poder curativo no deja de asombrarme.

Otra razón por la cual he decidido abandonar el ejercicio de la terapia es que he llegado a una altura de mi vida en que ya no puedo cobrar honorarios por compartir con otros las herramientas que me salvaron la vida y que me fueron dadas gratis. Esas herramientas son, en realidad, lo único que tengo hoy para brindar a otra persona, y solo si esa otra persona realmente las quiere. Abarcan el único enfoque que he visto dar resultado ante la adicción, y son un regalo que proviene de un Poder Superior a nosotros; viene a nosotros y a través de nosotros, pero nunca *desde* nosotros. Uno de los mayores privilegios de haber recibido esas herramientas consiste en compartirlas con los demás.

Nada de esto pretende ser una receta para otros terapeutas ni tampoco un reproche. No hay una manera de vivir ni de trabajar que se aplique a todos nosotros. Se trata, simplemente, de lo que me ha sucedido a mí.

Es probable que algunas de mis reservas con respecto a la terapia tengan que ver también con los motivos por los cuales la busqué como paciente. Pienso que la mayoría de nosotros buscamos la terapia por algunas de las mismas razones por las que desarrollamos y practicamos una adicción: para evitar abrazar el dolor que comienza a surgir en nuestra vida en grado intolerable. Tenemos la esperanza de que, al consultar a un terapeuta, ese dolor podrá detenerse, eliminarse, aliviarse, repararse o, al menos, mitigarse en forma considerable. En realidad, somos muy afortunados cuando un terapeuta o cualquier otra persona nos ayuda a reconocer que nuestro dolor nos proporciona una lección valiosísima y luego nos ayuda a encontrar el coraje para enfrentar ese dolor. La mejor manera de hacer esto se basa, en mi opinión, en la experiencia personal del terapeuta y en el ejemplo personal.

El dolor emocional existe porque no hemos podido reconocer honestamente algo acerca de nosotros mismos o de nuestra condición, algo que, en algún nivel, *ya sabemos*. Sea cual fuere nuestro secreto, lo percibimos como algo demasiado amenazador, demasiado agobiante, vergonzoso o insoportable para enfrentar. Esa impresión nos lleva a tratar de impedir que ese secreto se ventile, y el dolor continúa y se hace más profundo hasta que, quizá por no tener alternativa, finalmente estamos dispuestos a enfrentarlo.

El cambio y el crecimiento verdaderos exigen una rendición a ese dolor y a todas sus lecciones que virtualmente equivale a una crucifixión. A menudo debemos renunciar a nuestras creencias más atesoradas con respecto a nuestra identidad, nuestra historia familiar, nuestras circunstancias actuales, la esencia misma de lo que creemos ser, si deseamos recuperar esa valiosa identidad que ha quedado sepultada debajo de las imágenes externas y las mentiras internas. Pocos recibimos con agrado una experiencia tan desgarradora, por grande que sea su potencial de transformación. Buscamos una forma de salir del dolor, cuando lo que realmente necesitamos es una forma de pasar *a través* de él.

Nadie ha inventado una nueva variedad de secreto horrible.

El dolor emocional es a la psiquis lo que el dolor físico es al cuerpo: una señal de que algo está enfermo o dañado. Constituye una invitación urgente a encarar la curación necesaria. Si deseamos curarnos, necesitamos dar la bienvenida al dolor como lo haríamos al maestro más sabio que llamara a nuestra puerta; necesitamos estar dispuestos a aprender las lecciones que trata de enseñarnos. Después de todo, la vida se trata de despertar y crecer, y ambas cosas a menudo son procesos más dolorosos de lo necesario *porque no les damos la bienvenida.*

Nadie, gracias a Dios, puede salvarnos del trabajo de nuestra propia alma. Nuestros peores problemas provienen de nuestros intentos de evitar o postergar ese trabajo. Necesitamos aceptar ese trabajo, analizarlo, aprender de él, bendecirlo y proseguir, agradecidos por esa comprensión más profunda de nosotros mismos como individuos y, a la vez, de toda la humanidad. Porque nuestro dolor no es único. Nadie ha inventado una nueva variedad de secreto horrible o de inmensa pérdida. Lo que es verdad para nosotros lo ha sido y continúa siéndolo para muchos, muchos otros. Lo que nos ayuda a sanar puede contribuir también a la curación de otros. Podemos ayudar a los demás, si están dispuestos, a enfrentar lo que hemos enfrentado en nosotros mismos. Esto es así, independientemente de que seamos o no terapeutas por profesión, en la medida en que nos hayamos recuperado y seamos honestos y humildes y estemos dispuestos a ser utilizados para un propósito más elevado; en esa medida, aun cuando seamos iguales a los demás, somos también terapeutas, ministros religiosos, curadores de primer orden.

Por otra parte, tal vez porque *no* se trata de una relación entre iguales sino de una que, inevitablemente, implica superioridad en una persona e inferioridad en la otra, el hecho de elegir un terapeuta, de estar en terapia, puede ser algo muy peligroso. Esto es especialmente cierto porque nadie es más vulnerable que el paciente que busca ayuda para sus problemas emocionales. En el momento en que escribo esto, tres terapeutas (dos de los cuales son además ministros religiosos ordenados) están siendo enjuiciados, en la ciudad donde vivo, por supuesta conducta sexual inapropiada para con sus pacientes. La mala conducta sexual es solo una de las maneras más obvias en las cuales los terapeutas pueden violar la credulidad y la confianza de sus pacientes. Alguien que es un profesional, con los diplomas y las licencias requeridos, no es automáticamente lo bastante sano o capacitado para poder ayudar a sus pacientes. De hecho, en muchos casos los terapeutas pueden llegar a causar daños psicológicos a sus pacientes, ya sea por simple falta de capacitación o por defectos de carácter muy graves e intratados.

Muchos de quienes elegimos las profesiones que implican ayudar a los demás lo hacemos porque nosotros mismos estamos dañados. A menudo heredamos las características bioquímicas y de conducta de nuestras familias disfuncionales de origen y, por consiguiente, tenemos nuestros problemas no reconocidos y no tratados de adicción y coadicción. Es inevitable que estas condiciones afecten nuestra vida personal y profesional hasta que las reconozcamos y las tratemos. Hasta entonces, seguimos defendiéndonos de nuestro dolor y nuestros secretos al escondernos detrás del rol de «expertos» y utilizar nuestro trabajo como una manera de concentrarnos en la vida y los problemas de los demás para evitar enfrentar los nuestros.

Nada de esto pretende implicar que la terapia no pueda ser útil y que los terapeutas no puedan ser guías sensatos y talentosos para quienes buscan sus servicios. Pero los terapeutas también son humanos, tienen una vida que a menudo se mueve o toma rumbos distintos de los que ellos deberían o querrían que los demás supieran. La pregunta, entonces, es: ¿Qué hace un terapeuta cuando su credibilidad profesional está ligada a una vida personal que, por un motivo u otro, se vuelve cada vez más difícil de manejar?

Mis luchas personales con este dilema han sido algunas de las más difíciles de mi vida. Han sido también las experiencias más gratificantes y transformadoras que he conocido. Ahora reconozco que estas lecciones fueron el motivo de mi alma para elegir esta carrera.

Además de querer ayudar a los demás, me atrajo el área de la terapia porque siempre había sufrido un profundo dolor emocional y quería hallar respuestas y alivio. Pero, cuanto más trabajaba en la terapia, más difícil me resultaba reconocer con honestidad que aún no tenía esas respuestas que siempre había buscado y que el dolor era cada vez peor. Con demasiada frecuencia, la necesidad de guardar la apariencia de profesional competente superaba por completo la de ser totalmente honesta con respecto a mi propio estado. Para mí, el hecho de ser terapeuta hizo que, en última instancia, sanar fuera más difícil para mí. Mi orgullo y mi temor de perder credibilidad profesional se interponían, y yo seguía enfermándome. Tuve que llegar a un punto en que estaba dispuesta a renunciar a *todo* para que pudiera iniciarse mi curación.

Es imposible describir el dolor y la agonía de ese momento clave, de esa capitulación. Conozco una mujer que nunca se recuperó realmente del hecho de que el terapeuta que tanto la ayudó se suicidara. En efecto, la cifra más alta de suicidios en cualquier profesión está entre los psiquiatras. Todos los que estamos en el área de la terapia conocemos muy bien la presión que empieza a formarse cuando nuestra propia vida escapa cada vez más a nuestro control. Debemos defendernos más y más, volvernos más reservados y más temerosos de que llegue a saberse la verdad sobre nosotros y de perder nuestra credibilidad y nuestra carrera profesional. O bien podemos reconocer nuestra vulnerabilidad esencial, enfrentar cualquier lección humillante pero instructiva que esté ante nosotros, recoger los despojos y seguir adelante.

Por aterrador que pueda ser ese paso, solo cuando buscamos nuestra propia recuperación nuestros secretos temidos se convierten en dones, en el medio por el cual podemos realmente atendernos a nosotros mismos y a quienes deseamos ayudar. En el transcurso de mi curación, descubrí que no había perdido nada que fuera realmente para mi propio bien y que mi vida estaba evolucionando para ser algo más elevado y mejor de lo que había conocido jamás. Por otra parte, sé que mi experiencia no es única. Dos de las promesas de la recuperación son que la vida *mejora* y que ahora estamos más capacitados para ayudar a los demás.

Quienes mejor entienden por qué la gente recurre a la terapia (y la mayoría de las personas que recurren a la terapia tienen problemas no diagnosticados de adicción y/o coadicción) son los que han experimentado en carne propia las condiciones que llevan a tomar esa decisión y que han logrado un nivel significativo de recuperación. Los miembros de las profesiones asistenciales que no han sido preparados en forma apropiada con respecto a estas enfermedades y a quienes les falta la experiencia personal de recuperación, a menudo no tienen conciencia de la ayuda y el apoyo que están a disposición de sus pacientes a través de los programas de Anónimos, o bien pueden subestimar la necesidad de que estos participen en tales programas. La siguiente carta ilustra algunos de los errores comunes de los profesionales que no entienden estas cuestiones.

Estimada Robin Norwood:
Hojeé brevemente su libro, segura de que solo me demostraría lo irremediable que es todo, pero es usted bastante precisa, al menos en mis limitados conocimientos de estos problemas... mis problemas.

El caso es que tengo veintinueve años, soy bulímica, anoréxica, adicta, alcohólica... no me va muy bien. Estoy en terapia desde que tenía nueve años. El año pasado me interné en un hospital privado y permanecí allí tres meses. Mientras estaba allí empecé a tener ataques de pánico y angustia. Ayer tuve uno. Mi médico no está en la ciudad.

Las relaciones que usted describe en su libro son precisamente lo que estoy experimentando con mi terapeuta. Al principio le rogué que no me dejara amarlo tanto, pero él dijo que estaba bien, que él también me amaba, que nunca me abandonaría, me engañaría ni quebrantaría compromisos que hubiésemos asumido entre nosotros. Me dijo que le encantaría tener conmigo una relación que fuese una extensión de nuestra relación médico/paciente, que de veras me amaba y que veía en mí cosas (aparte de lo exterior) que le parecían estupendas.

Mientras estuve internada en el hospital, él venía a

verme todos los días, inclusive los domingos. Cuando me dieron de alta, lo veía tres veces por semana y aún sigo haciéndolo. Ha pasado más de un año y vivo de sesión en sesión. Si pudiera morir, si pudiera armarme de coraje y matarme, créame que sería un alivio. No sería mi primer intento. Esto no es una amenaza. Soy consciente de lo egoísta y cobarde que sería eso. Estoy realmente exhausta y confundida. Quiero decir que, originalmente, preguntaba a mi terapeuta sobre la posibilidad de intimar físicamente. Él me respondía que a esa altura me destruiría, pero que nada era imposible, que con lo enferma que estaba, él no podía desentrañarlo. Durante mi internamiento salí con licencia y gasté quince mil dólares en ropa, para tener algo nuevo que ponerme todos los días. No podía usar dos veces el mismo vestido. Estaba totalmente consumida, literalmente muerta de hambre. En este cuerpo hay dos Sallys.

He hecho muchos intentos para consultar a otros profesionales. Se lo contaba a él, y tiene tanto control sobre mí que, por supuesto, yo cancelaba esas citas... para su satisfacción. Un amigo muy cercano de mi padre es un eminente y brillante profesor de medicina interna y ha tratado de conseguirme citas, pero finalmente se dio por vencido porque yo siempre las cancelaba.

Está de más hablar de mi niñez. Fueron fragmentos de cada una de las historias presentadas en su libro. En cuanto a los hombres de mi vida, tienen que tener por lo menos trescientos millones de dólares en el banco; si no, son deficientes como seres humanos. Además de esta actitud, está el hecho de que hui de casa hace muchos años y me dediqué a hacer *strip-tease*, etc., etc., etc.

Una de las grandes cuestiones era (es) el abandono. Mi padre se fue de casa cuando yo tenía cuatro años.

Siempre decía que iría a visitarme, entonces yo me ponía bonita y él nunca aparecía. Él odiaba a mi madre y yo era parte de ella... Lo hacíamos sentir inadecuado. Aún sigo haciendo eso a los hombres.

El caso es que hace dos meses mi terapeuta se fue de vacaciones a Florida. (Me anuncia sus planes con semanas de anticipación porque me pongo frenética.) Cuando volvió de sus vacaciones me dijo que se marchaba. Irá a Florida dentro de dos meses. Abandono. Entonces todo cambió. Dice que me quiere pero (1) que nunca tendremos nada más que una relación médico paciente; (2) que él no es mi madre, padre, hija, hijo, etc., etc.; (3) la cuenta que siempre pagué es una cuestión importante, aunque antes me decía que no me preocupara, que no era importante. Se volvió distante y frío y, durante nuestras sesiones, yo presentía y sabía que no estaba conmigo. Ya se ha ido. Solo me quedo aquí para seguir la terapia con él. Odio este lugar.

Inicialmente, cuando me dijo que se marcharía descargué mi furia conmigo misma (me corté las muñecas), y así sucesivamente. Decidimos que yo también me mudaría a Florida. Me sentía muy fuerte. Podía correr muchos kilómetros. Él estaba encantado. Nada es coherente. Él se ha llevado todo. En otras palabras, ha ocurrido todo lo que yo más temía.

Lo amo lo suficiente para dejarlo ir; lo amo lo suficiente para seguir en terapia, si esto es terapia, para seguirlo a Florida. Mi pregunta es: ¿Qué está pasando?

Le pido disculpas por la desprolijidad de esta carta, pero realmente estoy en problemas. Espero que usted pueda ayudarme.

Hicimos un pacto tonto: si yo no vomitaba la comida, él me llevaría a almorzar a una cafetería. Jamás, ni en mis sueños más locos, yo pisaría una cafetería. Bien, dejé de vomitar y ahora él no me llevará. Esto parece una tontería, pero de veras me destroza el corazón. Él sabe muy bien lo importante que era eso para mí.

SALLY V.

Al leer la carta de Sally, mi primera reacción fue de furia contra su terapeuta por haber interactuado con ella en forma tan inapropiada y tan poco profesional. El matiz sexual de sus encuentros me molestó especialmente y percibí a Sally como la víctima de un oportunista que utilizaba su profesión para conocer y seducir a mujeres vulnerables como ella. La existencia de esta clase de terapeutas está bien documentada, y sentí afianzarse mi convicción de que, para las mujeres que recurren a la terapia, es más seguro consultar a terapeutas de su mismo sexo.

Si bien estoy convencida de que la única manera apropiada de manejar el caso de Sally habría consistido en que este hombre la derivara a una terapeuta competente que tuviera una profunda comprensión de la adicción y su tratamiento, ahora, al releer la carta, la conducta de este hombre me parece más coalcohólica que poco ética. Esta visión reconsiderada de lo que ocurrió entre ellos se vio mejor informada por una conversación telefónica que tuve con Sally. (Había asumido la necesaria política de no responder por teléfono los numerosos pedidos que recibo, pero me alarmó tanto el contenido dramático de la carta de Sally que, en su caso, hice una excepción.) Esa conversación dejó en claro que, para Sally, lo más importante era estar en libertad para continuar con sus diversas adicciones sin el obstáculo de un enfoque serio de recuperación, y que el continuo dramatismo de su vida era su principal forma de entretenimiento. A Sally no le interesaba en absoluto consultar a una mujer terapeuta, lo cual la insté a hacer además de asistir a los programas de Anónimos que encaran sus varias adicciones.

En su carta, la mención de que huyó de su casa para hacer *strip-tease* y el provocativo «etc., etc., etc.» sugieren que otra área de compulsividad para Sally puede ser el aspecto sexual. En la mayoría de los casos, las mujeres que se dedican al *strip-tease*, a la prostitución o a cualquier otra profesión sexual tienen antecedentes de abusos sexuales y necesitan revivir ese drama, buscando siempre una sensación de poder y de predominio sobre los hombres. Es una cuestión terapéutica grave pero, en el caso de Sally, se debe encarar primero su adicción química. Es necesario que haya sobriedad para poder encarar cualquier otro problema en terapia.

Toda mi interacción con Sally, a través de la carta y de la llamada telefónica, ha sido para mí un importante recordatorio de lo poco que puede hacer cualquiera de nosotros —familiares, amigos o profesionales— para producir un cambio en otra persona en presencia de una adicción. Todo lo que hacemos naturalmente en respuesta a la adicción está mal. Tratamos de ayudar o deseamos castigar. Ambas reacciones son coalcohólicas. Nuestros esfuerzos por ayudar provienen de un sentimiento de pena por el adicto y de la creencia errónea de que, si podemos facilitarle las cosas o hacerlo sentir mejor, lo alentaremos lo suficiente para que cambie. Este enfoque parece lógico, pero no da resultado, porque las personas rara vez cambian salvo por lo que llega a ser un dolor insoportable. Con nuestros esfuerzos por ayudar, mitigamos el dolor del adicto y, por consiguiente, prolongamos su enfermedad.

Al ver que este enfoque de «ayuda» no da resultado, nos sentimos frustrados y disgustados y queremos que el adicto sufra, con la esperanza de que eso le enseñe una lección y se vea obligado a cambiar. Sin embargo, la tolerancia del adicto para el dolor puede ser mucho mayor que nuestra tolerancia para observarlo, debido, en parte, a que las sustancias que consume y que alteran su mente le sirven de anestésicos. Es probable que pronto, por sentimientos de pena y de culpa, volvamos a intentar ayudarlo.

Lo que necesitamos ser capaces de hacer es proporcionar información clara sobre lo que es la adicción, cómo funciona, cuáles son sus consecuencias y el mejor enfoque para la recuperación. Entonces es necesario que nos hagamos a un lado y permitamos que el adicto decida si está listo para hacer lo que es necesario a fin de recuperarse. Quizá la mayor diferencia entre el terapeuta de Sally y yo sea que yo pude oír la reticencia de Sally a encarar sus adicciones y, al oírla, pude hacerme a un lado. La capacidad de oír que un adicto aún no está listo para empezar a encarar seriamente la recuperación y, por ello, dejarlo ir, resulta más fácil después de muchos años de experiencia en los cuales se ha tratado demasiado de ayudar y se ha visto que no da resultado.

Es muy difícil que los profesionales sean claros, objetivos y fieles a los principios que dan resultado en el tratamiento de la adicción, que no alteren las reglas, no hagan excepciones ni sigan tratando de convencer al adicto de que haga lo que nosotros creemos que debería hacer. Esto resulta más difícil aún porque, después de todo, nos *pagan* y esperan que brindemos resultados. Para complicar más las cosas, muchos de quienes estamos en las profesiones asistenciales no estaríamos en ellas en absoluto si no tuviéramos una intensa necesidad de rescatar a los demás o de controlarlos, o ambas cosas. Pero, por el bien del adicto, debemos hacer a un lado nuestra fantasía de ser quien logre cambiar la vida de esa persona. Debemos aceptar que es nuestra responsabilidad encargarnos en privado de la frustración inevitablemente generada por el hecho de trabajar con personas que, en general, no se recuperan. Nuestro interés debe ser tan impersonal y distanciado como genuino. La recuperación del paciente debe ser más importante para él que para nosotros. De otro modo, trataremos de hacer mucho más que nuestra cuota apropiada de trabajo en la vida de ese paciente, un enfoque que, en última instancia, no contribuye a nuestro bien ni al del adicto.

Es imposible saber con claridad qué motivos había detrás de los actos del terapeuta de Sally. Tal vez era un mujeriego de los peores, que hacía presa de sus vulnerables pacientes. Quizás actuaba con la mejor de las intenciones, creyendo que, si podía convencer a Sally de que era digna de ser amada y le proporcionaba una relación estable y afectuosa que validara su valor personal, ella se pondría bien. Tal vez sus motivos eran mixtos, como lo son para la mayoría de quienes ingresamos a las profesiones asistenciales. Al carecer de suficiente comprensión y respeto por la obstinada determinación que alimenta las manipulaciones de una adicta del calibre de Sally, sus esfuerzos mal encaminados y/o egoístas con ella convirtieron sus interacciones en un duelo que, a la larga, ella ganó. Sally sigue practicando todas las adicciones con las que empezó y, aun así, sigue viendo al terapeuta que, supuestamente, debía ayudarla, como su problema principal, en lugar de su abuso del alcohol y las drogas, sus gravísimos trastornos alimenticios y su compulsión por gastar dinero.

Este caso proporciona advertencia para todos nosotros. Es necesario que los pacientes sean cautos con los terapeutas que creen poder cambiar a alguien mediante su amor. Por atractiva que pueda resultar la idea de que el amor y la sabiduría de un terapeuta sean los catalizadores del cambio, la recuperación no funciona así. La tarea de cambiar reside en el paciente. El terapeuta solo puede actuar como guía.

Por otra parte, los terapeutas deben estar alertas con los

pacientes que quieren que el profesional sea la solución pagada para sus problemas. Ningún profesional puede ser eso para un paciente, como tampoco puede serlo nadie más, ya sea marido o esposa, padre o hijo, o amigo. El cambio y la recuperación se producen entre cada persona y un Poder mucho más elevado de lo que cualquier profesional puede llegar a ser, por mucho que a nosotros nos gustara intentarlo, o que a nuestros pacientes les gustara que lo intentáramos.

En la siguiente carta, el problema no es la adicción química sino la adicción a las relaciones y, específicamente, el coalcoholismo. Nuevamente, debido a que el terapeuta es incapaz de diagnosticar y tratarlo apropiadamente como un proceso de enfermedad primario, hay pocos adelantos a pesar de los sinceros esfuerzos tanto del terapeuta como de la paciente.

He observado que la consulta a un terapeuta cuando se tiene una adicción tiende, en realidad, a demorar la recuperación a menos que el terapeuta tenga una profunda comprensión del enfoque adoptado por los programas de Doce Pasos y pueda apoyar plenamente ese enfoque. Si el profesional cree que la terapia por sí sola puede proporcionar la base para la recuperación, produce al paciente adicto un grave perjuicio que puede costar mucho dinero y tiempo, y permitir el progreso de la adicción, a pesar de los esfuerzos invertidos.

Según las observaciones de muchos de quienes trabajan en el área de la adicción, la terapia por sí sola tiene un ínfimo promedio de éxito en el tratamiento de la adicción. Aun cuando el terapeuta reconozca que la adicción es la causa de los problemas de la paciente y la ayude a tomar conciencia de sus patrones destructivos de conducta y del origen de su adicción, en la mayoría de los casos la paciente sigue siendo incapaz de *dejar de practicarla*. La información, identificación, comprensión y discernimiento con respecto a la adicción simplemente no bastan para producir la recuperación. Tampoco darán resultado los mejores esfuerzos del terapeuta por ayudar al paciente a controlar su conducta porque, a la larga, por sofisticados que sean, dichos esfuerzos siempre forman parte de la enfermedad misma. A través de esos esfuerzos por controlar a cualquier adicto, el terapeuta pasa a ser, en esencia, codependiente del paciente, pues trata de controlar algo ante lo cual tanto el paciente como el terapeuta son, en sí mismos, impotentes. Esto genera frustración e ira en el terapeuta y culpa y resentimiento en el paciente.

Para poder ser útil a los pacientes adictos, un terapeuta debe entender a fondo el concepto de la enfermedad de la adicción, además de los conceptos de impotencia y renunciación tal como se aplican a la recuperación. El terapeuta debe apoyar generosamente la participación en el programa de Anónimos que sea apropiado para la adicción particular de su paciente. Cuando el terapeuta no entiende los principios del enfoque de Doce Pasos y establece objetivos dispares para la terapia, tales objetivos pueden confundir al paciente y entrar en conflicto con aquellos que tan buen resultado dan en los programas de Anónimos.

Por ejemplo, es probable que el terapeuta no esté dispuesto a apoyar la confianza del paciente en un Poder Superior, por interpretarla como una expresión de dependencia inmadura. O quizás el terapeuta no comprenda que, para que se inicie la recuperación, la conducta adictiva debe *detenerse*. El terapeuta puede alentar al paciente, en forma sutil o activa, para que culpe a otros por su condición adictiva (el culpar a otros produce resentimiento, y el resentimiento *alimenta* la adicción). O bien el terapeuta puede sugerir una confrontación con otros en lugar de una curación interior y el perdón, lo cual conduciría a expiar a los demás.

Además, a menos que el terapeuta haya experimentado la adicción en carne propia y haya logrado una recuperación continua significativa, le resultará difícil respetar tanto al paciente adicto como al poder de la adicción y, mucho más, reconocer el tiempo necesario para la recuperación. Es esta experiencia personal especialmente lo que permite al terapeuta ser capaz de ayudar al paciente, mediante la previsión de las etapas de recuperación, las dificultades que se deben superar en cada etapa, las cuestiones que se deben enfrentar y el continuo peligro de recaídas si se evitan esas cuestiones. Pero, nuevamente, un buen programa puede hacer estas cosas tan bien como un terapeuta.

Por otra parte, una faceta muy importante de la recuperación que un terapeuta puede manejar mejor que un patrocinador de un programa es la de ayudar al paciente a analizar en mayor profundidad las difíciles cuestiones de los antecedentes familiares. En mi opinión, el mayor beneficio que pueden brindar los terapeutas es el de tratar a la familia adictiva como unidad, ayudar a sus miembros a encarar juntos los diversos roles que cada uno ha desarrollado ante la adicción y a analizar la manera en que esos roles han permitido la continuación de la adicción. La terapia familiar ayuda a los miembros de la familia a redefinirse en formas que alienten su recuperación individual y la mayor salud de la familia como unidad. Las sesiones efectivas de terapia familiar reducen el hábito de culpar a otros y promueven la comprensión de uno mismo y la asunción de responsabilidad personal por la conducta y las decisiones propias.

Desde hace ya algunos años, muchos profesionales, clínicas y hospitales de tratamiento que atienden a alcohólicos y drogadictos utilizan este enfoque de grupo familiar en conjunción con la recomendación de participar en programas de Doce Pasos. Este mismo enfoque se emplea también para tratar otras adicciones, tales como la compulsión por comer y ahora, la adicción sexual. Sin embargo, aún no hay una actitud difundida que considere la adicción a las relaciones un proceso de enfermedad igualmente grave, tal vez debido a la gran necesidad de esta cultura de idealizar las relaciones adictivas aun en sus variedades más destructivas.

Aparte de los programas de tratamiento, con internamiento o no, que encaran la adicción y la coadicción como procesos de enfermedad igualmente graves, rara vez se ve a la adicción a las relaciones como algo más grave que el simple hecho de haber tomado algunas decisiones tontas en la vida amorosa de uno. Es posible tomar una o dos decisiones tontas en las relaciones de pareja, pero también es posible que se trate de la muy real enfermedad de adicción a las relaciones.

Hace años, cuando el consumo de marihuana y, luego, de cocaína comenzó a difundirse, las profesiones médicas y psicológicas consideraban, en general, que estas drogas no eran adictivas. Solo cuando pasaron varios años y quienes dependían de estas drogas descubrieron que no podían abandonarlas por sus propios medios, los profesionales empezaron a reconocer que esas sustancias eran, para algunas personas, sumamente adictivas. Del mismo modo, el concepto de adicción a las relaciones es nuevo para la mayoría de la gente, y es probable que el término se utilice en forma bastante ligera a menos que haya una comprensión más profunda de la naturaleza de la adicción.

De acuerdo con mi experiencia, la gente no se recupera de la adicción a las relaciones solo por medio de la terapia, como tampoco se recupera de cualquier otra adicción por ese único medio. Puede dejarla *por un tiempo,* pero la tendencia consiste no solo en reanudar la conducta adictiva sino en practicarla en un nivel más gravemente debilitador a menos que se renuncie a la obstinación y se concentre espiritualmente en la recuperación.

La carta de Mary Ellen, reproducida a continuación, ilustra claramente estos aspectos. Ella ha recurrido a la terapia debido al dolor emocional y la confusión que le ha provocado su adicción a las relaciones (aún no diagnosticada). Dado que la naturaleza adictiva de su conducta aún no ha sido reconocida y, mucho menos, tratada, el compromiso de Mary Ellen con la terapia y los mejores esfuerzos de su terapeuta por ayudarla hasta ahora no han logrado mejorar su estado. De hecho, está enfermándose cada vez más.

Estimada señora Norwood:
Hace casi nueve años que me divorcié de un alcohólico. Pasé los últimos tres años en terapia con una doctora en psicología. Empecé a consultarla después del abrupto fin de una relación con otro hombre que también era alcohólico.

Tanto en mi matrimonio como en esa relación, tenía todos los sentimientos de desesperación y la necesidad de hacer llamadas telefónicas constantes a cada uno de esos hombres, tal como describe el primer capítulo de su libro.

Con los años, siempre tuve la impresión de que podía ponerme en contacto con mi ex esposo... que él estaba en alguna parte, aún amándome, pero no podía salir a flote por mí y por nuestros hijos por causa de su enfermedad. Nunca rompí del todo ese vínculo. Cada vez que lo veía (él vive en California y yo vivo en Oregón), dormía con él y siempre tenía la sensación de que, si le demostraba cuánto lo quería, de alguna manera él cambiaría.

En mayo pasado, después de no verlo durante casi dos años, concerté una «cita» con él, pues yo iría a California por cuestiones de trabajo. Hacía varios años que no tenía relación con ningún hombre y el hecho de verlo me pareció la respuesta a todas mis plegarias. Sí, él seguía bebiendo y no había hecho nada por mejorar su vida, pero aún era un hombre que me demostraba amor y atención. En resumen, nos involucramos mucho y yo seguí viajando durante todo el verano. Estábamos hablando de la posibilidad de que él volviera a mudarse a Oregón para empezar de nuevo cuando sufrió un grave ataque cardíaco en agosto, mientras yo estaba con él.

Estuvo en la unidad coronaria durante tres semanas, muy, muy grave. Su corazón está muy dañado y, para complicar las cosas, desarrolló un grave cuadro de neumonía y sufrió tres días de severo *delirium tremens* en el hospital (causado por la repentina abstinencia de alcohol).

Entonces hablé con su médico y le describí la situación. El médico habló conmigo y con los dos hermanos de mi esposo (ambos alcohólicos recuperados) y sugirió que Michael no tenía probabilidades de recuperarse si seguía en su antiguo empleo. Trabajaba como portero en un gran hotel y debía acarrear equipajes pesados. Además, fumaba y bebía mucho. Acabó por venir conmigo a Oregón cuando fue dado de alta en el hospital. El médico me advirtió que realmente debería pensar en lo que estaba asumiendo, pero yo quería tenerlo conmigo y me parecía la única manera. Se quedó seis meses.

Durante el tiempo que estuvo conmigo, yo sabía que, en el fondo, él quería volver a la vida que llevaba en California. Pero sus hermanos y yo le advertíamos que no debía hacerlo por su salud. Yo siempre trataba de hacerlo todo bien y, cuando él mencionaba California, simplemente lo ignoraba o iniciaba una discusión. La mayor parte del tiempo, él incluso se mostraba feliz e ingresó en un programa local de rehabilitación cardíaca.

Un buen día se marchó; se llevó el automóvil de mi

hijo mayor y la mayor parte de su ropa. Me llamó y dijo que iría a ocuparse de su seguro por incapacidad, que había vencido después de seis meses, y que volvería en un par de días. A los dos días, llamé a su hermano y me enteré de que había empezado a beber en cuanto llegó a California y que no quería hablar conmigo. Después de otro día en que llamé varias veces, finalmente habló conmigo y se comportó como si yo fuese su madre y lo estuviese regañando. Por fin, una semana más tarde, apareció con el automóvil, después de beber y conducir toda la noche, y me dijo que lo llevara al autobús, que él estaba perdido y que me hacía un favor al marcharse de mi vida. No quería hablar de nada; solo estaba deprimido y hostil.

Lo llevé al autobús y esa fue la última vez que lo vi o que tuve noticias suyas. No se ha puesto en contacto con ninguno de sus hermanos, pero uno de ellos le siguió el rastro y averiguó que vive en un lugar u otro de la ciudad, con sus compinches de bebida, y que ha vuelto a su vieja forma de vida.

Todo esto vino a modo de información. Sé, intelectualmente, que está haciendo lo que quiere y que yo no puedo ayudarlo ni cambiarlo. Quiero olvidarlo todo y seguir con mi vida, pero es muy difícil. Siempre tengo deseos de levantar el teléfono, buscarlo y hablar con él, aunque sé que no hay nada que decir.

Mi terapeuta está muy perturbada conmigo y cree que me estoy dando por vencida y que no tengo voluntad para cambiar mis patrones de conducta destructivos de toda la vida. Me enfado con ella, porque no creo que debiera darse por vencida conmigo en este preciso momento, cuando todo está tan mal para mí.

Sé que no hay ninguna fórmula infalible que usted pueda darme para renunciar a todo esto. Pensé recurrir a Alcohólicos Anónimos, pero no quiero hablar de la convivencia con un alcohólico; ya no vivo con él y quizá nunca vuelva a verlo... hasta su funeral, para lo que tal vez no falte mucho.

A propósito, mi niñez no fue tan problemática como usted describe. Pero hubo algunos problemas, como que mi padre murió cuando yo tenía diez años y mi madre no soportaba estar sola con una hija adolescente. Crecí sola. Mis hermanos eran mayores y no vivían en casa y, cuando me casé con Michael, estaba embarazada. Fue contra los deseos de toda mi familia. Creo que entonces se dieron por vencidos conmigo.

Mi vida laboral es excelente. Durante los últimos ocho años he trabajado muy duro en una gran empresa y finalmente he llegado a un puesto gerencial. Estoy cursando mi maestría en administración de empresas y me graduaré en mayo. Mis hijos son maravillosos y les va bien. Ni siquiera la partida de Michael los afectó mucho. Han consultado a mi terapeuta y ella tiene la impresión de que nunca creyeron, como yo, que él se quedaría con nosotros. Mi problema está dentro de mí. No puedo renunciar a él y siento como si hubiera vuelto a divorciarme y mi vida hubiese terminado. No tengo ganas de trabajar ni de estudiar, y tengo que esforzarme por mostrarme alegre delante de mis hijos.

¿Tiene usted alguna sugerencia? Mi terapeuta (a quien quiero mucho y en quien confío) cree que debería consultar a un psiquiatra para una evaluación médica. Ahora estoy tomando varias drogas por causa de un severo hipertiroidismo que surgió en noviembre. Piensa que es aconsejable tener una segunda opinión sobre mi estado, que tal vez otra persona pueda detectar algo que ella pasó por alto.

No quiero darme por vencida. Más que nada, me encantaría tener una relación sana con un hombre estable. Nunca pude tenerla. Como dice su libro, esa clase de hombres siempre me resultó «aburrida».

Mis hijos se marcharán en menos de cinco años y eso me aterra; además, cumpliré cuarenta años en mayo. ¿Cómo puede irme tan bien en todos los aspectos de mi vida salvo en lo personal?

Mary Ellen J.

Querida Mary Ellen:
En tu carta, dices:

«Sé, intelectualmente, que está haciendo lo que quiere y que yo no puedo ayudarlo ni cambiarlo. Quiero olvidarlo todo y seguir con mi vida, pero es muy difícil. Siempre tengo deseos de levantar el teléfono, buscarlo y hablar con él, aunque sé que no hay nada que decir.»

Cuando dices eso, estás enfrentando la misma lucha que enfrenta un alcohólico que sabe que la bebida empeora las cosas pero no puede dejar de beber por sus propios medios. Estás luchando con tu adicción a *él*, que es tan poderosa y tan progresiva como cualquier adicción a una sustancia química. En efecto, al igual que con la adicción química, cada área de tu vida se ve afectada: tus otras relaciones, tu trabajo y tu salud.

Tu terapeuta está frustrada contigo porque no eres capaz de dejar de practicar tu enfermedad de adicción a las relaciones; en tu caso, específicamente, el coalcoholismo. Al igual que cualquier otro adicto, no puedes detenerte por tus propios medios ni con la sola ayuda de la terapia. Necesitas un programa. Personalmente, creo que un terapeuta que atiende a un alcohólico que rehúsa asistir a Alcohólicos Anónimos o a un coalcohólico que rehúsa asistir a Al-Anon subestima mucho el poder de estas adicciones o bien sobreestima la eficacia de la terapia en sí misma para encararlas. Lo ideal sería que el terapeuta no solo estuviera dispuesto a insistir en que el paciente ingresara al programa apropiado sino que, además, tuviera una plena comprensión de la manera en que los principios del programa provocan la recuperación, de modo que la terapia pudiera apoyar esos principios.

Recuerda que la mayoría de los adictos no se recuperan. La mayoría muere.

Mary Ellen, tu resistencia a acudir a Al-Anon es exactamente igual a la resistencia de un alcohólico a acudir a Alcohólicos Anónimos. Espero que adquieras la voluntad de hacer todo lo necesario para lograr tu recuperación, comenzando por concurrir a Al-Anon varias veces por semana. Es un programa para familiares y amigos de alcohólicos. No es un requisito vivir con un alcohólico, porque la enfermedad del coalcoholismo está presente aunque el alcohólico no lo esté, tal como tu carta deja en claro.

Espero también que tomes tu enfermedad con suficiente seriedad para cerciorarte de que la ayuda que obtengas provenga de profesionales que entiendan las enfermedades de adicción y coadicción y su *recuperación*. Yo cuestionaría personalmente la pericia de cualquier terapeuta del área que no te *exigiera* que recurrieras a Al-Anon como condición para seguir en terapia. Cuando los profesionales entendemos la adicción y la coadicción, aprendemos a respetar profundamente los poderes curativos de los programas de Anónimos y a aceptar que dichos programas pueden hacer por nuestros pacientes lo que nosotros no podemos.

Por otra parte, cualquier evaluación de tus hijos debe tomarse en cuenta mucho más que si creían que tu esposo se quedaría en casa o no. A menudo, los hijos de alcohólicos (y de coalcohólicos) saben «lucir bien» mientras sufren un gran dolor emocional que no pueden reconocer ante los demás o siquiera ante sí mismos. Vivir con un progenitor coalcohólico que está obsesionado con el alcohólico, deprimido y físicamente mal (y que, tal vez, se sacrifica y es dominante en exceso, dado que estas características son tan comunes en los coalcohólicos) puede ser tan perjudicial como vivir con un alcohólico practicante. Nuevamente, para llevar a cabo una evaluación así es necesario contar con una plena comprensión de las enfermedades de adicción y coadicción.

Es importante para todos, profesionales y legos por igual, recordar que la mayoría de los adictos no se recuperan. La mayoría, a la larga, muere de su enfermedad. Esto es verdad para los adictos a sustancias químicas y, en mi opinión, también lo es para las adictas a las relaciones. No sería exagerado decir que, dado tu actual estado de salud, al igual que tu esposo, estás muriendo de tu enfermedad adictiva.

Si pasas los próximos cinco años trabajando para tu recuperación, yo diría que tus problemas físicos se curarán, igual que todas las demás áreas de tu vida. Aun cuando llegue el momento de que tus hijos se marchen de casa, estarás menos sola que nunca.

Estimada señora Norwood:
He pasado casi toda mi vida adulta en diversas formas de terapia, y nunca he hecho nada para modificar mis patrones de conducta.

Si bien soy atractiva y parezco más joven de lo que soy, tengo más de cincuenta años, de modo que no me queda tanto tiempo para desarrollar una relación sana.

Acabo de salir de una relación de nueve años con un hombre que me trataba mal, era insensible a mis necesidades, tenía muchas otras mujeres... y en el transcurso de nuestra relación se casó con una mujer que vivía en otra ciudad. Llegué a soportar incluso eso, hasta que su esposa insistió en venir a vivir con él. ¡Quería mantenerme como amante y verme una vez cada tres semanas! Eso fue demasiado (o demasiado poco) incluso para mí.

Mientras leía su libro, lloraba al recordar cómo mis padres parecían necesitarse tanto, pero casi no prestaban atención a sus hijos. Sé que, en esta última relación, yo siempre tenía la impresión de que, si podía lograr que él me amara, todo estaría bien en el mundo. Este hombre, igual que mi padre, parecía capaz (aunque en una forma defectuosa) de amar a otra persona; ¿por qué no a mí? Y aún sigo haciéndome esa pregunta.

Debería agregar que, desde los doce años de edad, tengo episodios de depresión clínica, y lo único que ha podido ayudarme fue mi reciente descubrimiento de los psiquiatras que tratan la depresión con medicamentos. Eso no implica que me sienta feliz, sino, simplemente, que cuando tomo los medicamentos puedo funcionar. Sin ellos, me deprimo mucho y empiezo a temer que tengan que internarme.

Gracias por tomarse el tiempo para leer esto y para responderme.

Tanya L.

Querida Tanya:
Muchas, muchas mujeres que aman demasiado tienen serios problemas de depresión endógena (de origen físico), a menudo durante toda la vida, como en tu caso. Yo también pasé la mayor parte de mi vida tratando de huir de ella y de

seguir adelante a pesar de la monstruosa nube oscura que se apoderaba de mí a intervalos cada vez más frecuentes con el correr de los años.

La depresión endógena es un estado de desequilibrio químico, provocado o profundizado por el estrés, ya sea de naturaleza física o emocional. En muchos aspectos, esta clase de depresión es similar a estar ebrio. La química cerebral se ve seriamente alterada, como en un estado de intoxicación grave. Muchos de nosotros, cuando estamos en la fase aguda de la depresión, tenemos letanías que repetimos una y otra vez, en forma muy similar al borracho que está en un bar y se queja repetitivamente de que su esposa lo dejó hace veinte años. Podemos expresar, de esa manera repetitiva, lamentos o disculpas, o tener la necesidad de hacer una llamada telefónica inapropiada (nuevamente, como alguien que está ebrio).

En una ocasión lideré un grupo para depresivos y, juntos, compartimos nuestras impresiones de la lucha contra esta enfermedad. Me llamó la atención lo mucho que nos parecíamos a los alcohólicos de Alcohólicos Anónimos, al reunirnos y hablar con sinceridad de la manera en que la depresión había afectado nuestra vida. Los profesionales sostienen muchos mitos sobre la depresión, pero en nuestras reuniones hablábamos de cómo era *realmente* para nosotros. Nos ayudábamos mutuamente a mejorar al aprender juntos a respetar el poder que la enfermedad tenía sobre nosotros. Nos ayudábamos con simples recordatorios de descansar cada vez que la enfermedad se presentara, en lugar de utilizar nuestras estratagemas habituales y dejarnos abrumar por completo. Todos nos sentíamos muy culpables por deprimirnos, y teníamos también una tendencia al perfeccionismo, que habíamos desarrollado para compensar nuestra discapacidad secreta. Muchos de nosotros proveníamos de familias alcohólicas o disfuncionales en general y, en nuestra vida adulta, habíamos elegido relaciones que nos causaban un increíble estrés. Vivíamos en un caos constante y, sin embargo, teníamos miedo de que, si nos deprimíamos, los hombres con quienes estábamos relacionadas se marcharan y nos deprimiéramos más aún. No es de extrañar que la mayoría de nosotros se enfermara cada vez más.

He aquí algunas cosas que nos ayudaron:

- Muchos miembros del grupo ingresaron a un grupo de autoayuda iniciado por un psiquiatra, el doctor Abraham Low, para personas que sufrían alteraciones nerviosas. Las técnicas empleadas en Recovery pueden ser una gran ayuda para cualquiera que sufra de depresión, y es lamentable que tan pocos profesionales deriven a sus pacientes a este recurso excelente y *gratis.*
- Nos llamábamos cuando empezábamos a angustiarnos o a desesperarnos. Aprendimos a no esperar hasta estar totalmente deprimidos para llamar. A menudo, al no esperar demasiado tiempo, lográbamos evitar un episodio realmente grave, porque al llamar *reducíamos nuestro estrés.*
- Dejamos de avergonzarnos de nuestra depresión y de tratar de esconderla. Era una condición que debíamos respetar si queríamos que los demás la tomaran en serio.
- Llegamos a considerarla una enfermedad como la diabetes. Y, tal como sucede con los diabéticos que no pueden seguir comiendo azúcar y conservar la salud, aprendimos que era necesario tener autodisciplina si no queríamos quedar incapacitados por nuestras enfermedades. Muchos de nosotros sufríamos de graves alergias-adicciones a la comida, y era necesario enca-

rarlas. Nos apoyábamos mutuamente en el seguimiento de nuestras nuevas y extrañas dietas, que al principio nos hacían sentir como expatriados sociales pero que a menudo nos brindaban un significante alivio de los síntomas.
- Algunos necesitaban mantener dosis de medicamentos pero, para varios en el grupo, *ningún* medicamento había dado resultado con el tiempo. Para esos individuos, cada droga prescripta había llegado a perder su efectividad, y algunos medicamentos habían provocado serios problemas en y por sí mismos. Nadie en ese grupo halló «la respuesta» en los medicamentos.
- Todos llegamos a comprender que la total abstinencia de alcohol y de otras drogas recreativas eran un requisito imprescindible para evitar los episodios de depresión. No teníamos por qué dificultar los esfuerzos metabólicos de nuestro cuerpo para reducir la toxicidad.

Para todos nosotros, el apoyo que nos brindaba el hecho de hablar con otros que nos entendían fue inapreciable. Enfrentar nuestras alergias individuales y encararlas, además de desarrollar herramientas para enfrentar en forma más realista el ambiente exterior y nuestros procesos internos de pensamiento, fueron aspectos importantes de la recuperación.

Lo que *no* nos ayudó cuando estábamos en medio de la depresión fue la terapia verbal tradicional. Por lo general, el hecho de hablar con un terapeuta sobre nuestros arraigados problemas emocionales aumentaba la depresión, debido al estrés que produce una sesión típica de terapia. Además, al estar en medio de la depresión endógena, cada uno de nosotros estaba tan fuera de sí como alguien que está ebrio. El terapeuta hablaba con personas que se hallaban en un *estado alterado,* un estado de desequilibrio químico que afectaba la función cerebral. Comprendimos que, en esos momentos, el único papel adecuado para un terapeuta consistía en proporcionar apoyo mientras luchábamos con nuestra enfermedad... y eso podíamos hacerlo entre nosotros, mutuamente.

Tratar de llevar una vida normal cuando se sufre de depresión endógena es muy similar a tratar de esquiar con una pierna rota. Es muy difícil y muy doloroso. Lo que lo hace peor es que, dado que no sangramos por heridas abiertas, nadie, ni siquiera nosotros, conoce la gravedad de nuestro impedimento. Debido a nuestra vergüenza, tratamos con todas nuestras fuerzas de disimular lo abrumados que nos sentimos por esa lucha de parecer normales. Esta postura aumenta la fuerza de nuestro enemigo, el estrés.

Una vez más, tal como sucede con muchos problemas emocionales/físicos/espirituales, lo que nos enferma más es tratar de guardar el secreto, y lo que nos ayuda a recuperarnos es dejarlo ir. Tratar de ocultar nuestro estado mientras, al mismo tiempo, nos aturdimos cada vez más por el esfuerzo, es desesperantemente difícil. Es mucho más fácil reconocer: «Tengo episodios de depresión que se producen de tanto en tanto debido a un desequilibrio químico. Cuando eso sucede, no soy yo misma y necesito descansar y reducir mi estrés hasta ponerme bien».

Para la mayoría de los que integrábamos ese grupo, la depresión endógena no es una condición de la que esperemos liberarnos por completo. Pero podemos manejarla mejor si recordamos que, tal como ocurre con el alcoholismo, nuestra recuperación tiene un aspecto físico, emocional y espiritual. Al modificar lo que podamos en cada una de esas áreas, creamos un clima propicio para curarnos.

Estimada señora Norwood:

Leí su libro por sugerencia de mi terapeuta, a quien consulto debido a mi potencial problema con el alcohol. Mis relaciones parecían estar derrumbándose a mi alrededor y yo también empezaba a hacerlo. Creía estar haciendo todo lo que debía en una relación, pero simplemente encontraba por casualidad a pelmazos que no me apreciaban. Ahora me doy cuenta de que no es ese el caso, sino que los hombres han sido para mí una obsesión.

Tengo bastantes obsesiones además de los hombres: el azúcar, la ropa, fumar, beber, y ocasionales ataques de limpieza y de gastar dinero. Me sorprendió que usted no se concentrara más en el gasto de dinero. A veces me siento tan mal por dentro que quiero lucir bien por fuera (negación) y creo que, si proyecto confianza y cierta imagen, agradaré a todos (control). No da resultado; lo único que he logrado es quedar «en deuda» (otra cosa por la cual suelo obsesionarme).

Mi mayor problema es conseguir ayuda. Estoy consultando a un terapeuta, pero me siento como una llorona. Saco todo el dolor afuera, pero no puedo desatascarme lo suficiente para hacer algún adelanto. He asistido a reuniones de Alcohólicos Anónimos, donde me siento fuera de lugar porque aún no he «tocado fondo». He asistido a reuniones de Hijos Adultos de Alcohólicos, pero allí también me siento fuera de lugar. Cuando hablo, tengo la sensación de estar quejándome. Cuando me limito a escuchar, oigo algunas cosas importantes, pero el hecho de estar allí me asusta mucho. No me siento lo suficientemente fuerte para iniciar mi propio grupo. ¿Entiende a lo que me refiero? En cierto modo, me siento atascada.

En este momento, no quiero tener a nadie en mi

vida. Me siento muy sola, pero no quiero tener a nadie en mi vida porque me resulta demasiado difícil ocuparme de mí cuando hay alguien más. Ojalá pudiera pensar antes en mí misma. ¿Acaso la gente que tuvo un hogar normal piensa primero en su propia felicidad?

Crecí pensando que se hacía todo por amor, que uno se sacrificaba, que el amor exigía que uno se doblegara, perdonara y soportara el dolor. Ahora, de alguna manera, el mundo se ha dado vuelta y yo me lo perdí, porque ahora usted dice que el amor requiere egoísmo (del bueno). ¿Alguna vez creceré lo suficiente para amar de un modo tal que me permita seguir siendo un individuo aparte y estar en contacto conmigo misma?

JEANNIE C.

Querida Jeannie:

Hay algo en tu carta que me dice que aún no estás lista para hacer lo que necesitas a fin de curarte. Espero equivocarme en esto, porque hay mucha ayuda apropiada para ti si optas por aprovecharla, ayuda que realmente te cambiará la vida.

Tú reúnes los requisitos para varios de los programas de Anónimos y, en mi opinión, es allí donde deberías estar. Si en verdad quieres crecer, lo primero que necesitas hacer es dejar de beber. Estar en terapia mientras se consume cualquier droga que altere la mente es una pérdida de tiempo y dinero. Tú necesitas estar limpia y sobria para poder siquiera empezar a mejorar en las demás áreas de tu vida. Entonces, vuelve a Alcohólicos Anónimos; allí obtendrás apoyo para dejar el alcohol. A propósito, la mayoría de los alcohólicos con quienes he trabajado durante mis quince años en el área de la adicción tenían la misma impresión que tú. Ellos tampoco se sentían a gusto en Alcohólicos

Anónimos. La mayoría sigue bebiendo y su vida escapa cada vez más a su control, pero aun así no creen ser alcohólicos.

El alcoholismo no es tan difícil de definir. Si la bebida causa problemas a alguien y, aun así, esa persona sigue bebiendo, eso es alcoholismo. En muchos aspectos, el alcoholismo es como el embarazo: se lo tiene o no se lo tiene. Pero si se lo tiene, al principio no se nota mucho, de modo que uno puede no percatarse de él, y tampoco los demás. Sin embargo, a medida que pasa el tiempo, se hace cada vez más evidente.

Cuando lleves cierto tiempo de sobriedad —de seis meses a un año— quizá descubras que necesitas ayuda con las otras obsesiones que mencionaste. Deudores Anónimos ha ayudado a muchos alcohólicos sobrios y a otros a vencer su compulsión por gastar dinero. Gordos Anónimos es tan importante para la recuperación de quien come por compulsión como Alcohólicos Anónimos lo es para los alcohólicos. (La mayoría de las personas que comen por compulsión deben abstenerse del alcohol aunque este no sea su adicción primaria, porque el alcohol y el azúcar reaccionan casi de la misma manera en el cuerpo, en el sentido de que la ingestión de cualquiera de las dos sustancias puede precipitar un atracón.) En la actualidad comienza a haber reuniones de Adictas Anónimas a las Relaciones para aquellas personas que utilizan las relaciones como droga; este también puede ser un sitio donde deberías estar.

Sin embargo, ninguna de estas clases de recuperación pueden producirse si continúas bebiendo, porque una de las funciones principales del alcohol consiste en adormecer la parte de tu cerebro que dice que no. Y, Jeannie, tú sabes lo importante que es esa parte de tu cerebro cuando tratas de no practicar una adicción. No puedes permitirte el lujo de adormecerla, pues te hallarás diciendo que sí a esos zapatos de doscientos dólares, a la mousse de chocolate, al hombre casado, o a las tres cosas.

Amarte a ti misma lo suficiente para liberarte de la adicción es un requisito indispensable para amar a otra persona.

Tú reúnes también los requisitos para las reuniones de Al-Anon e Hijos Adultos de Alcohólicos, y estos programas deben, a la larga, ser una parte importante de tu recuperación. En mi opinión, estos programas deberían esperar hasta que lleves todo un año de sobriedad absoluta. En las reuniones de Al-Anon y de Hijos Adultos de Alcohólicos, los alcohólicos que llevan poco tiempo de sobriedad a menudo se identifican más con el alcohólico cuya adicción causa tanto dolor a los demás que con los coalcohólicos que asisten a ellas. Por lo tanto, el sentimiento de culpa que se genera es tremendo. O bien, a la inversa: los alcohólicos que aún no llevan un año de sobriedad pueden optar por ignorar su recuperación del alcoholismo y concentrarse estrictamente en sus cuestiones de coalcoholismo, y tal vez vuelven a beber en el proceso. Por eso, un año de sobriedad es apropiado para contribuir a esas recuperaciones.

Por último, permíteme decir que necesitas comenzar el trabajo importante de encarar tus adicciones y tu codependencia en los programas apropiados y en el orden adecuado *mucho* más de lo que necesitas consultar a otro terapeuta o leer otro libro. Las reuniones se encargarán de la soledad, el miedo y las obsesiones. Allí aprenderás sin intermediarios lo que significa introducir un egoísmo sano en tu vida, cómo buscar apoyo para tu recuperación en lugar de entregarte a tus adicciones. Lo mejor de todo, sin embargo, es que, con el amor incondicional que hallarás allí, a la larga llegarás al punto de elegir solamente aquello que contribuya a apoyar y mantener tu bienestar y tu serenidad, ya sea que se trate de comida, bebida, posesiones materiales, conductas o personas. Las relaciones sanas y afectuosas requieren personas sanas y afectuosas. Amarte a ti misma lo suficiente para liberarte de la adicción es un requisito indispensable para estar realmente sana y amar a otra persona.

>Estimada señora Norwood:
>Estoy en el área metafísica. He trabajado como terapeuta, he dictado conferencias, talleres, y utilizo una técnica curativa que encara, principalmente, el cuerpo emocional.
>
>Permanecí durante una semana con mi hijo en un centro de rehabilitación para alcohólicos y drogadictos, y allí usan su libro. Mi futura nuera lo había leído, de modo que ella también lo recomendaba, especialmente a las familias de los pacientes.
>
>Dado que es tan útil, quisiera llevar a cabo un taller con su material. Le agradecería su punto de vista sobre este taller.
>
>GINGER J.

Querida Ginger:

Antes que nada, gracias por pedir mi punto de vista, pues tengo uno muy definido. Francamente, me alarma la cantidad de terapeutas que ofrecen talleres sobre la adicción a las relaciones sin comprender en absoluto lo que es realmente la adicción y cuál es su tratamiento apropiado.

Adicción significa que una persona no puede detenerse por sus propios medios. El hecho de contar con más información o con una experiencia grupal no logrará de pronto que una persona interrumpa en forma permanente un modelo negativo de dependencia, ya sea con respecto a la comida, el alcohol, el trabajo, el sexo, las drogas o las relaciones.

Tengo el deseo ferviente de que cualquier persona que quiera impartir clases sobre la adicción a las relaciones asista, al menos, a varias reuniones abiertas de distintos programas de Anónimos, en especial de Alcohólicos Anónimos y de Al-Anon. Esa es la única manera en que puedan empezar a comprender el tremendo poder de la adicción y la coadicción. Solo *a partir de personas que están recuperándose* pueden aprender lo lento y difícil que es el proceso de recuperación y entenderlo como un desarrollo que requiere, literalmente, años de esfuerzo y dedicación.

La recuperación requiere confiar no en un terapeuta sino en un Poder Superior, algo que rara vez se enfatiza en los talleres de los que he oído hablar. En cambio, estos talleres a corto plazo tienden a destacar un mayor esfuerzo por lograr un control obstinado, un enfoque que *no* es efectivo en presencia de la adicción.

Al igual que tú, Ginger, muchas de las personas que desean dictar esas clases o liderar esos grupos son, ellas mismas, coalcohólicas. La necesidad de decir a otros cómo pueden mejorar es una parte importante del coalcoholismo no tratado. Yo estoy convencida de que, si cada uno de nosotros encarara su *propia* recuperación y la convirtiera en su prioridad, a la larga enseñaríamos a los demás mucho más de lo que pueden enseñarles todas las clases, porque entonces nuestra vida sería un *ejemplo* de lo que significa haber dejado de manejar, controlar y aconsejar con la intención de «ayudar». Hablar, dictar conferencias y escribir sobre la recuperación son cosas mucho más triviales que la recuperación misma.

A muchos de los que nos dedicamos al asesoramiento

psicológico o a la terapia nos atrae intensamente la idea de curar a los demás, y algunos somos, en efecto, talentosos curadores. Pero la advertencia: «¡Médico, cúrate a ti mismo!» se aplica a quienes queremos ayudar a curar la psiquis además de quienes desean facilitar la curación del cuerpo. Debemos empezar por nosotros mismos y, a veces, especialmente si somos coalcohólicos o tenemos otro tipo de adicción a las relaciones, nuestra propia curación significa que debemos, por un tiempo, *dejar* de buscar maneras de ayudar a los demás. En cambio, necesitamos aprender a estar serenos y a ocuparnos de nosotros mismos.

Todo lo valedero que he aprendido sobre la recuperación lo he aprendido de quienes estaban en recuperación. No creo que ninguno de nosotros pueda ayudar a otro a alcanzar un punto que nosotros no hayamos alcanzado. Es por eso que nuestra propia recuperación siempre debe ser nuestra prioridad si queremos ayudar a los demás. Para poder dar algo, primero debemos tenerlo.

La recuperación no se puede comprar. No se puede obtener consultando al terapeuta adecuado ni asistiendo a la clase apropiada (aunque estas cosas pueden ser muy útiles). No es una proposición «de una vez y para siempre». La recuperación es un proceso continuo que comienza minuto a minuto, crece hora por hora y, finalmente, continúa año tras año, pero nunca avanza más de un día por vez. No requiere un ataque prodigioso, dramático y temporal al problema sino una capitulación diaria ante el poder de la enfermedad y un compromiso diario de hacer todo lo necesario para no practicarla, para no hacer ninguna de esas pequeñas o grandes cosas que constituyen un «desliz», para no hacer ninguno de los movimientos que vienen a la mente con tanta facilidad, naturalidad e insidia. Solo alguien que *está* recuperándose puede comprender esto realmente e impartirlo.

Señora Norwood:

Acabo de terminar de leer su libro. Después de las primeras páginas, pensé que nunca volvería a retomar ese libro. Lloré porque descubrí que tenía otra enfermedad más. Yo soy adicta y alcohólica en recuperación. Hace más de un año que estoy en Narcóticos Anónimos y en Alcohólicos Anónimos, y llevo seis meses de abstinencia. Hace un año y medio que estoy en terapia y también estuve en dos centros de rehabilitación. Soy hija de un alcohólico y tal vez reúna los requisitos para Gordos Anónimos.

Cuando empecé a leer su libro, me sentí abrumada. Me describía de pies a cabeza, con todas mis viejas maneras de pensar. Estoy trabajando en mi cuarto paso (inventario moral) y decidí que no necesitaba más presión. Pero, mientras escribía sobre mis relaciones, comencé a ver que mis esquemas de conducta con los hombres empezaban con mi padre. Decidí que quizá debería armarme de coraje y volver a empezar el libro.

Fue doloroso. No es divertido verse así. Lo que me ayudó fue que usted decía que es una enfermedad. Pude enfrentar eso porque significaba que la culpa no era mía. (Es solo que no quería *otra* enfermedad.)

Hace casi un año ya que tengo una relación con otro adicto en recuperación. En terapia me dijeron que el hecho de relacionarme con un hombre era lo más peligroso que podía hacer además de tomar una copa o consumir una droga, que si lo hacía eso me llevaría otra vez a mi adicción química. Y así fue, por un tiempo. Antes de leer su libro, pensaba que algo andaba mal en mi mente, porque me resultaba imposible renunciar a esa relación insalubre y nada gratificante.

Me dedico a mi programa lo mejor que puedo y eso

me ha ayudado bastante. Pero me cuesta mucho cerrar la puerta por completo a esta relación. Su libro me ha proporcionado algunas herramientas básicas que puedo emplear para ayudarme con esa parte de mi personalidad adictiva. Antes que nada, voy a ser sincera con mi terapeuta (ella cree que terminé esa relación) y a buscar la ayuda que necesito. Hace una semana me enteré también de que algunas mujeres han formado un grupo de apoyo como consecuencia directa de su libro, y tengo intenciones de ingresar en él. Ya he participado de un grupo de apoyo para la adicción a las relaciones. Solo duró seis semanas, pero me ayudó mucho.

ROBERTA J.

Querida Roberta:
Tu carta es muy importante porque en ella describes lo que nadie quiere enfrentar, pero es inevitable para la mayoría de nosotros: la Próxima Recuperación. Especialmente para la gente como tú, que participa en uno o más de los programas de Anónimos, llega un momento en que piensan: «Ya está. Lo he logrado. He renunciado a suficientes cosas y ya es tiempo de descansar; seguiré con mis programas lo mejor que pueda, claro, pero también descansaré un poco». Sin embargo, con mucha frecuencia, la recuperación en un área simplemente despeja el panorama lo suficiente para que sea posible ver lo caótica que sigue siendo nuestra vida en otra área, y por qué.

Al haberse ocupado de una sola adicción o de un proceso de enfermedad, mucha gente trata de no ver y, mucho menos, enfrentar, la siguiente que debe encarar. Resulta irónico pero, cuanto mayor sea la recuperación que han logrado en un área, más deben esforzarse por ignorar el siguiente trabajo que necesitan enfrentar. El hombre que lleva varios años de sobriedad con Alcohólicos Anónimos puede negarse a reconocer cómo su adicción al sexo ilícito sigue afectando su vida familiar. O una mujer que ha cumplido con todo un programa de Al-Anon puede haber hecho las paces con el alcoholismo de su marido, pero seguir ignorando su propia compulsión por comer ciertas comidas.

Tal como te sucede a ti, la mayoría de las mujeres alcohólicas, una vez sobrias, necesitan encarar su adicción a las relaciones, pues la mayoría de ellas provienen de familias alcohólicas en las cuales aprendieron la codependencia a temprana edad. Muchas han sido víctimas de abusos físicos y sexuales y, a la larga, es necesario curar también estas áreas para que la sobriedad resulte verdaderamente cómoda. Las alcohólicas sobrias que cometen un «desliz» lo hacen, en la mayoría de los casos, por cuestiones de codependencia. Es por eso que a ti te advirtieron que no te relacionaras con un hombre en los comienzos de tu sobriedad. Ningún otro aspecto es tan «peligroso» para las mujeres en recuperación como el de las relaciones.

Para enfrentar esa Próxima Recuperación se necesita mucho coraje y humildad, en mayor medida cuanto más prolongada sea la primera recuperación. Con los años que uno lleve recuperándose, comienza a acrecentarse el orgullo, y no resulta fácil ni agradable admitir que el hecho de haber «limpiado» un área de la vida no bastó para eliminar todo el dolor ni todos los secretos. Pero, en lugar de ver la Próxima Recuperación como un golpe asestado a nuestro orgullo o un fracaso (no haber hecho un programa perfecto), sería más apropiado darle la bienvenida. Recuerda el alivio que experimentaste cuando te rendiste por completo ante el poder de las otras adicciones que ya has enfrentado. Y reconoce que esa recuperación nunca es un fin en sí misma; no es una puerta que debemos cerrar contra una vieja manera de vivir, sino una que debemos abrir diariamente hacia una experiencia nueva, mejor, más libre y extendida de sentirnos vivos, enteros y bien.

Eso es lo que tienes por delante, Roberta. Lo que te espera no es una vida disminuida en la cual tengas que renunciar a más y más de tus actividades y sustancias preferidas a fin de poder apenas sobrevivir y conservar la cordura. Lo que tienes que buscar es todo lo contrario: una vida en la cual habrás despejado el camino y hallarás un sitio grande, abierto y libre para todo el bien que trata de llegar a ti. Con tu Próxima Recuperación, simplemente estarás trabajando para eliminar otro impedimento para la llegada de ese bien.

Una última nota. No pude sino reír, aunque con tristeza, al leer tu «confesión» de que habías estado engañando a tu terapeuta con respecto a tu actual relación insalubre. Esa costumbre de pagar por la terapia y luego no ser totalmente sincera con el terapeuta es sumamente común, más común de lo que cualquier terapeuta quisiera admitir, porque nos hace sentir muy impotentes.

Por lo general, las personas que recurren a la terapia buscan alivio para el dolor que es consecuencia natural de la vida que llevan. Al pagar a algún «experto», esperan poder procurarse ese alivio. En otras palabras, llevan a la situación de terapia la misma actitud de consumo que resulta natural cuando se lleva un automóvil al mecánico. Están dispuestos a pagar para que ese experto repare todo lo que esté mal, pero la carga de descubrir qué es lo que anda mal y corregirlo recae sobre el experto.

Pero, desde luego, esa actitud de consumo no da resultado en terapia, por muchas razones. Por ejemplo, cuando el problema es un automóvil que no funciona bien, nuestro ego no interviene para ocultar las condiciones que contribuyen al problema del vehículo. Pero cuando se trata de una vida que se ha vuelto caótica, nuestro ego se preocupa mucho por ocultar las actitudes, conductas y secretos que están causando el dolor. Esto se da especialmente en presencia de cualquier forma de adicción.

Está en la naturaleza de las personas adictivas el minimizar la gravedad que ha adquirido su situación.

Está en la naturaleza de las personas adictivas (sea cual fuere su adicción) el minimizar en gran medida o negar por completo lo enfermas que están y la gravedad que ha adquirido su situación. Si nosotros, como terapeutas, estamos trabajando con un alcohólico, es frecuente que esa persona minimice en gran medida el grado de su consumo de alcohol o que, directamente, lo niegue. Si nuestra paciente es adicta a las relaciones y sabemos diagnosticar esa adicción en particular, sabemos que lo más probable es que «limpie» considerablemente la historia de sus relaciones insalubres o que nunca las informe.

Cuando los terapeutas nos sentamos con un paciente, solo podemos trabajar con lo que ese paciente nos dice, junto con nuestra comprensión de la situación o la enfermedad de esa persona, tal como la experimentan comúnmente otros que han pasado por ella. Cuando contamos con una experiencia personal, esta supone una contribución valiosísima a nuestra comprensión de la situación del paciente. Tratamos de proporcionar un espejo que refleje para el paciente una combinación de lo que nos dice y de lo que nosotros, como profesionales y posibles personas en recuperación, sabemos acerca de la condición con la que lucha el paciente. Pero la inevitable negación del paciente es la razón por la cual la terapia individual con personas adictivas (nuevamente, sea cual fuere la adicción) nunca puede ser, por sí sola, el tratamiento preferible. El reflejo proporcionado por el terapeuta, el cual necesariamente se basa en lo que informa el paciente, ya ha sido distorsionado por la necesidad inconsciente de este de minimizar u omitir datos que, a menudo, son los más importantes.

Sin embargo, cuando el paciente adicto asiste a reuniones con otros que padecen su misma adicción, esta situación se remedia. Aun cuando cada participante pueda negar aspectos particulares de su enfermedad, cuando se combinan todas sus historias y sus luchas, estas cubren cada faceta de la enfermedad y proporcionan un espejo que, en última instancia, refleja para cada uno de ellos la imagen completa que necesitan enfrentar.

Roberta, tú necesitas este espejo tanto para tu adicción a las relaciones como para tu adicción química. Tal como ya lo has descubierto, las reuniones sobre adicción a las relaciones, además de tu terapia, harán todo lo posible por promover tu curación también en este aspecto.

7

... INTEGRAN GRUPOS DE APOYO PARA LA ADICCIÓN A LAS RELACIONES

En Estados Unidos han surgido innumerables grupos para adictas a las relaciones. Algunos se formaron antes de la aparición de *Las mujeres que aman demasiado* y muchos más se iniciaron a partir de su publicación. Algunos de esos grupos son liderados por terapeutas, otros se guían por las pautas sugeridas en *Las mujeres...* para la formación de un grupo de apoyo orientado a encarar la adicción a las relaciones.

Sin embargo, mis muchos años en el campo de la adicción me han enseñado que los programas de Doce Pasos ofrecen el enfoque de tratamiento más efectivo y apropiado para todas las formas de adicción, inclusive la adicción a las relaciones. Me complace sobremanera ver que hay muchos grupos que encaran la adicción a las relaciones sobre la base de los Doce Pasos de Alcohólicos Anónimos. Estos grupos no tienen nada que ver conmigo personalmente. Pero son, junto con cualquiera de los demás programas de Doce Pasos que resultaran apropiados, los *únicos* grupos a los cuales me conformaría derivar a una adicta a las relaciones.

Si bien pienso que los diez pasos para la recuperación sugeridos en *Las mujeres...* tienen un valor significativo para todas las mujeres que aman demasiado, estoy convencida de que el mejor contexto para seguirlos es un programa de Doce Pasos, con su mayor énfasis en el desarrollo espiritual. En presencia de una *adicción* a las relaciones, ningún otro enfoque tiene probabilidades de resultar efectivo con el tiempo. Con esto no es mi intención implicar un apoyo específico a ninguna reunión en particular que se guíe por los Doce Pasos. Eso sería tan inapropiado como poco aconsejable, dado que las reuniones pueden diferir en la medida en la cual sigan los Pasos y las Tradiciones desarrolladas originalmente por Alcohólicos Anónimos.

Desde hace mucho tiempo, acostumbro derivar pacientes solo a los programas de Anónimos, nunca a terapeutas individuales, prácticas de grupo o centros de tratamiento. Y nunca encontré a un individuo que tuviera problemas y no reuniera los requisitos para ingresar al menos a una de las más altas variedades de programas Anónimos que existen en la actualidad.

La siguiente carta revela algo que es verdad para muchas alcohólicas en vías de recuperación: el hecho de que, una vez que han logrado la sobriedad, hay otra enfermedad que deben encarar si desean mantenerse sobrias. La enfermedad de adicción a las relaciones está presente en tantas mujeres alcohólicas debido a la gran frecuencia con la que provienen de hogares alcohólicos en los cuales fueron coalcohólicas mucho antes de desarrollar su propia dependencia química.

Cuando se detiene la enfermedad de dependencia química, la «montaña rusa» emocional provocada por los modelos de relación coalcohólica pasa a ser la mayor amenaza para la continuidad de la sobriedad. Los extremos a los que ha llegado esta mujer a fin de lograr la recuperación de la adicción a las relaciones se equiparan totalmente a sus esfuerzos por conservar la sobriedad, y con buena razón. Ella reconoce que su adicción a las relaciones es una amenaza para su vida y su bienestar por lo menos tan seria como su alcoholismo.

Estimada Robin Norwood:
Me llamo Ramona A. y no solo soy alcohólica en recuperación sino también una mujer que ama demasiado en vías de recuperarme.

Llegué a la sobriedad hace tres años, debido a las amenazas de mi (ahora ex) marido, que bebía activamente e insistía en que *yo* hiciera algo para dejar de beber. Entonces inicié el tratamiento, con mucho miedo de que, si no hacía lo que él me pedía, lo perdería.

En algún momento decidí que me agradaba estar sobria y empecé a dedicarme a mi programa de Alcohólicos Anónimos por *mí*. Mientras lo hacía, mi esposo empezó a hacer comentarios que me hicieron ver que no le agradaban los cambios que veía en mí. Empezó a pasar más tiempo fuera de casa y también a beber más. El miedo de perderlo aún era lo que más me preocupaba, pero sabía que, si seguíamos juntos, tal como iban las cosas, yo volvería a beber y entonces sí que lo perdería. Por eso, cuando llevaba diez meses de sobriedad, me marché de su casa con la esperanza de que me echara de menos lo suficiente para hacer algo respecto de su alcoholismo. Entonces podríamos estar sobrios los dos, trabajar juntos en nuestros programas de Alcohólicos Anónimos y vivir felices por siempre jamás. Cuando le pedí que fuera conmigo a terapia, tuvo la sinceridad de decirme que no estaba listo ni dispuesto para cambiar. Pero, claro, pensé que, con el tiempo, vería las cosas de otra manera.

En el tratamiento me habían dicho que él también

era mi adicción, no solo el alcohol. Pero yo no podía entender ni aceptar una idea tan descabellada. Entonces empecé a leer todo lo que caía en mis manos para poder demostrarle lo que andaba mal entre nosotros y poder seguir con nuestro matrimonio.

Fui a Al-Anon, pero solo me dio esperanzas de que él también dejara de beber, y eso me mantenía aún más atada a él. Es decir, en mi mente.

Además, por supuesto, seguía viéndolo y me permitía creer en sus mentiras y dejaba que me tratara como mejor le parecía. No me maltrataba físicamente, pero el abuso emocional era insoportable. Mientras él salía con otras mujeres y bebía, yo lo esperaba, rezando para que cambiara, y haciendo todo lo que se me ocurría para complacerlo. Siempre quería creer que él volvería a mí para siempre.

Ahora sé que no he vuelto a beber solo por obra y gracia de Dios, que, aparentemente, tenía en mente cosas mejores para mí. El año pasado toqué fondo emocionalmente, tal como lo había hecho antes con la bebida. Por las noches, me acostaba rogando poder morir y, cuando despertaba, maldecía a Dios porque aún estaba viva. Iba a trabajar, volvía a casa y me aislaba, lloraba y rogaba poder morir. Hubo una sola amiga querida que no se dio por vencida conmigo. Más tarde la perdí por causa del cáncer, pero ella fue la amiga que me brindó el aliento y el afecto incondicional que necesitaba para hacer, más adelante, lo que me ha cambiado la vida.

De alguna manera, en medio de mi infierno emocional, encontré su libro y lo leí. Me vi en cada página, y allí descubrí lo que me ocurría. Solo entonces pude aceptar y comprender que había esperanzas.

Al-Anon aún me confundía, porque lo único que oía decir era que, si yo hacía las cosas bien, él dejaría de beber (eso no era lo que *decían*, sino solo lo que yo *oía*). Sentía que mi única esperanza de recuperarme consistía en iniciar mi propio grupo para mujeres como yo: adictas a los hombres. Ya estaba en terapia, pero creía que necesitaba algo más. Entonces, con el afecto y el alimento de mi querida Carla y de otra amiga, Lois, inicié un grupo basado en su libro.

No puedo expresarle lo mucho que ha cambiado mi vida desde entonces, cuántas puertas se han abierto para mí, cómo ha crecido mi autoestima, cuánto ha aumentado mi fe y cuánto he crecido yo.

Realmente creo que, de haber seguido como antes, no estaría escribiéndole esta carta, pues ya no estaría aquí. Mientras bebía, traté de matarme tres veces... siempre impulsada por mi amor adictivo a mi actual ex marido.

Desde que formé ese grupo para mujeres, además de mi empleo regular, he empezado a trabajar por tiempo parcial en una casa de transición para adictos y alcohólicos en recuperación. No habría podido hacer esto sin el crecimiento personal que he logrado en los últimos seis meses.

Ya no me quedo sentada, llorando, ni me aíslo, ni ruego poder morir. Tampoco estoy constantemente deprimida, ni creo necesitar a un hombre en mi vida para ser feliz o para tener alguien que me cuide.

Hoy soy feliz la mayor parte del tiempo. Me siento llena de gratitud por todo lo que Dios me ha dado (y también por las cosas que no me ha dado). Hoy llevo una vida plena y activa. Si salgo con alguien, mi nueva conciencia me dice si es bueno para mí o no. Puedo disfrutar la compañía de un hombre pero, si estoy sola, no me siento a esperar que me llame. Ahora vivo mi vida para mí. Si aparece un hombre, está bien, pero si no, me siento bien al vivir por mí. Nunca me aburro y sé que no tengo por qué estar sola.

RAMONA A.

Querida Robin:
Leí tu libro y me ha cautivado. Hemos iniciado un grupo de apoyo (diez señoras) pero nos hemos topado con un problema. En nuestra área hay hombres que han leído el libro y tienen muchas ganas de ingresar al grupo de apoyo. ¡Estamos aterradas! ¿Qué hacemos?

RACHEL R.

Querida Rachel:
Yo pienso que, cuando la enfermedad es la adicción a las relaciones, hombres y mujeres necesitan grupos de apoyo separados. Tanto los hombres como las mujeres se comportan de manera muy diferente en presencia del sexo opuesto. Cuando están con miembros de su mismo sexo, las mujeres suelen ser más francas y abiertas, especialmente cuando hablan de problemas que incluyen a los hombres. Con los hombres sucede lo contrario. A menudo son más abiertos en presencia de mujeres de lo que serían si solo hubiera hombres, al menos al principio. Pero, a la larga, ellos también son más francos en presencia de otros de su mismo sexo. Si los hombres a los que te refieres realmente desean la ayuda de un grupo de apoyo, iniciarán uno propio. Vosotras no necesitáis darles la oportunidad de recuperarse.

Mucho antes de que yo escribiera *Las mujeres que aman demasiado* había grupos de apoyo que utilizaban el enfoque de los Doce Pasos para tratar cuestiones de adicción a las relaciones. Muchos de ellos están abiertos a hombres y mujeres, de modo que no hay una sola manera «correcta» de manejarse en este aspecto. Lo que te digo aquí es solo mi opinión. Si optáis por restringir el grupo solo a las mujeres, podríais decidir llevar a cabo una reunión conjunta con esos hombres una vez que tanto vuestro grupo como el de ellos estén bien establecidos. Eso podría conducir a que, ocasionalmente, hicierais reuniones conjuntas para hombres y mujeres, lo cual puede ayudar a reducir la tendencia hacia una sensación de «nosotras contra ellos». Pero, si decidierais hacerlo así, recordad siempre que os reunáis que debéis trabajar por vuestra recuperación, ¡no por la de ellos! Tal vez las siguientes dos cartas ayuden a tu grupo a decidir qué hacer.

Querida Robin:
Después de leer *Las mujeres que aman demasiado*, traté con desesperación de encontrar en mi área un grupo de apoyo en el cual las mujeres analizaran juntas estas cuestiones. Cuando descubrí, con gran decepción, que no existía ninguno, decidí seguir tu consejo y formar uno propio. Me alegra decir que ahora tenemos un grupo sólido, participativo y entusiasta que empezó con doce miembros en la primera semana y en nuestra última reunión (la quinta) ya éramos veinticinco. Quisiera también compartir contigo, Robin, que el hecho de formar este grupo y de participar activamente en sus enseñanzas ha sido una de las cosas más positivas que haya hecho por mí misma.

Si bien hemos resuelto varias cuestiones a medida que surgían, realmente desearíamos tu ayuda con algunas de nuestras preocupaciones más recientes. Por ejemplo, ¿recomiendas la presencia de hombres en el grupo? Este tema ya ha provocado cierta confusión, pues hace poco tiempo un hombre se presentó a una de nuestras reuniones. Lo invité a quedarse, claro, pero como estábamos tratando de decidir si queríamos incluir hombres y no estábamos seguras de lo que debíamos hacer, su presencia causó cierta incomodidad entre nuestras integrantes. Por otra parte, hemos decidido utilizar el enfoque de Doce Pasos empleado por Alcohólicos Anónimos y Al-Anon. ¿Te parece un buen plan? Además, quisiéramos variar nuestro esquema de vez en cuando y utilizar cintas de vídeo y/o grabaciones, etc. ¿Podrías recomendarnos algún otro medio efectivo de presentar el material? Y ¿qué pautas generales deberían asumir las reuniones? Por el momento, dejamos que las líderes voluntarias elijan los temas cada semana y tenemos charlas abiertas, pero ¿hay una manera mejor o más efectiva?

Además, ¿podrías decirme algo sobre el grupo «Adictas Anónimas a las Relaciones»? ¿Es lo mismo que «Las mujeres que aman demasiado» pero con otro nombre?

Te agradeceríamos mucho cualquier sugerencia, opinión y materiales de apoyo que pudieras proporcionarnos, Robin, ya que estamos ansiosas por obtener el mayor beneficio posible de nuestro grupo. Ha adquirido una importancia suprema para mí, pero a veces me siento un poco a oscuras en cuanto a la forma «correcta» de estructurarlo.

MARTI S.

Antes de responder las otras preguntas formuladas en la carta de Marti, creo que será instructivo incluir la actualización sobre la cuestión «hombres» que me envió junto con su consentimiento para utilizar su carta en este libro.

Querida Robin:
Con respecto al tema de incluir hombres en nuestro grupo: Como te dije antes, no estábamos seguras de si debíamos incluirlos o no y, después de una ocasión en

que un sujeto valiente se unió a nuestro grupo, llamé por teléfono a cada integrante para pedirle su opinión sobre cómo había estado el grupo esa noche. Hablé con tres o cuatro mujeres y no lograba entender por qué estaban de acuerdo en tener hombres en el grupo, dado que esa noche había percibido una intensa incomodidad con su presencia. ¡Entonces lo entendí todo! Estaba preguntando a mujeres que, antes que nada, *cuidaban* a los hombres si debíamos incluirlos en el grupo. Todas decían: «Sí, porque no tendrá ningún otro lugar donde conseguir ayuda», o algo similar. Entonces cambié mi pregunta por la siguiente: «¿Te sientes tan abierta y cómoda como antes habiendo hombres en el grupo?», y el voto unánime pasó a ser: «¡No!». ¡Eso realmente me demostró a mí y a las demás integrantes del grupo cómo anteponemos las necesidades de los demás (especialmente las de los hombres) a las nuestras!

Marti

Con respecto a las otras preguntas que plantea Marti, tal como se expresa en la primera carta, no conozco un medio más efectivo para encarar la adicción y lograr la recuperación que el enfoque de Doce Pasos de los programas de Anónimos. En cuanto a las preguntas relacionadas con la variación del plan para una reunión en particular, es mejor que lo discutan los miembros de esa reunión, guiándose por las pautas desarrolladas en los programas de larga data de Anónimos para la toma de decisiones en grupo.

Desde sus comienzos, Alcohólicos Anónimos (que es el programa de Doce Pasos original) ha utilizado los principios más democráticos como forma de decidir todas las cuestiones relacionadas con su organización y propósito. Cualquier grupo de apoyo que adapte este enfoque de Doce

Pasos a sus propósitos haría bien en estudiar con atención las publicaciones de Alcohólicos Anónimos e incorporar esos principios para tomar decisiones. Los programas de Anónimos siempre han reconocido que ninguna persona, por «experta» que sea, debe decidir por los demás. De hecho, siempre han creído que cada persona que lucha con la adicción encarada en ese programa *es* una experta y debe tener igual derecho a opinar en todas las decisiones. Cualquier grupo puede decidir todas las cuestiones (incluso la de la participación masculina) utilizando las pautas que han servido durante más de cincuenta años para que el proceso de toma de decisiones de Alcohólicos Anónimos fuera siempre tan democrático. Podemos tener la tentación de creer que otra persona sabe qué es lo mejor para nosotros, con lo cual subestimamos nuestra capacidad y renunciamos a nuestra responsabilidad de tomar decisiones importantes. Pero si cada uno de nosotros está dispuesto a tomarse el tiempo y hacer el esfuerzo de buscar en nuestro corazón la respuesta para cada pregunta, entonces podemos compartir lo que hemos descubierto con otros que hayan emprendido la misma búsqueda y, juntos, llegar a una decisión que sea mejor para todos.

Estar dispuestos a aprender una nueva forma de vida de a un día por vez es mucho más productivo a la larga, que esforzarnos mucho por avanzar demasiado rápido.

A menudo, cuando las personas han comenzado el proceso de recuperación, desean hallar una manera de acelerar las cosas. Esta actitud resulta tan contraproducente que es necesario combatirla constantemente. Estar dispuestos a ir lentamente y aprender una nueva forma de vida, *de a un día por vez* es mucho más productivo, a la larga, que esforzarnos cada día por avanzar demasiado rápido, con lo cual pronto nos sentimos frustrados, decepcionados y desalentados.

Hay grupos que encaran la adicción a las relaciones y utilizan el enfoque de Doce Pasos, y que se han desarrollado bajo muchos nombres, de los cuales el más común es Adictas Anónimas a las Relaciones. Otros de estos grupos que encaran esta cuestión son «Amor y Adicción», «Adictas Anónimas al Amor y al Sexo» (que encara tanto la adicción a las relaciones como la adicción sexual), y diversos grupos de «Mujeres que aman demasiado» que siguen el enfoque de Doce Pasos, por oposición a los grupos que llevan ese nombre pero que son liderados por profesionales.

Querida Robin:

Te hemos visto hace poco en una charla por televisión y sentimos la inspiración de escribirte. Somos un grupo de mujeres que nos reunimos como consecuencia de tu libro. Nos reunimos una vez por semana desde comienzos de agosto de este año.

Primero, un poco de nuestra historia como grupo: El grupo «Mujeres que aman demasiado» de nuestra área había llegado a ser tan numeroso que fue necesario dividirlo en grupos más pequeños. El nuestro se compone de mujeres que, en su mayoría, participan en los programas de Doce Pasos.

A menudo tenemos la impresión de no haber avanzado en absoluto pero, al ver tu entrevista por televisión, advertimos los grandes pasos que hemos dado en los últimos cuatro meses (un lapso relativamente corto). Reconocimos nuestra vieja negación en las dos mujeres que te acompañaban y estamos muy aliviadas y agradecidas por estar avanzando hacia una nueva comprensión.

No ha sido fácil y aún nos falta mucho tiempo para recuperarnos. Trabajamos duro, cada cual a su manera y según su capacidad individual, y a menudo damos pasos aterradores hacia lo desconocido gracias al sincero apoyo mutuo del grupo y a nuestra voluntad de compartir lo que sentimos.

Se nos ocurrió que, quizás, gran parte de las impresiones que recibes son de mujeres que acaban de embarcarse en la recuperación y que aún se hallan en un estado tensionado. Queremos asegurarte que algunas de nosotras estamos mejorando y empezando a conocernos y a querernos.

A menudo oímos decir a la gente que está en Alcohólicos Anónimos que, cuando ingresaron a Alcohólicos Anónimos no se alegraban de estar allí, ¡pero sí de que lo estuvieran los demás alcohólicos en recuperación! Nos alegramos mucho de que estés aquí.

OCHO MUJERES
EN RECUPERACIÓN

Para aplicar el enfoque de Doce Pasos a la adicción a las relaciones es mejor familiarizarse primero con el funcionamiento de los programas de Anónimos. La mejor manera de hacer esto consiste en asistir a muchas reuniones abiertas (al público) de diversos programas de Doce Pasos, o bien participar activamente en otro programa de recuperación de Doce Pasos.

A continuación hay un ejemplo de formato para un enfoque de Doce Pasos de la adicción a las relaciones. No fui yo quien compuso este formato. Me fue enviado por algunas mujeres que formaron su propio grupo y lo tomaron prestado de Alcohólicos Anónimos y Al-Anon. Se han desarrollado muchos otros formatos similares y es probable que algún día todos esos programas individuales se reúnan para consolidar su enfoque de esta adicción en particular.

Sin embargo, aun ahora, he visto muchas más similitudes que diferencias entre los formatos.

He compartido este formato, junto con otros que me fueron enviados, con mujeres que me han escrito pidiendo orientación para iniciar grupos de apoyo. Lo importante que se debe recordar al utilizar estos formatos es lo siguiente:

- Todos los participantes deben permanecer en el anonimato.
- No hay profesionales (a menos que participen en forma anónima y en iguales condiciones que los demás, no como profesionales).
- No se requieren honorarios.
- El liderazgo es rotativo y las decisiones son tomadas por todo el grupo en conjunto.

Las publicaciones de Alcohólicos Anónimos y Al-Anon constituyen una valiosísima fuente de información acerca de la adicción y la recuperación, pautas sugeridas para las reuniones, el proceso de toma de decisiones y el funcionamiento de los Pasos y las Tradiciones. Sin embargo, en lugar de tomar prestada toda la literatura de otros programas es mejor que cada programa individual de Doce Pasos desarrolle, con su propia experiencia, fortaleza y esperanza, la literatura que describa la enfermedad que encara y el proceso de recuperación según ha sido para sus miembros.

Ejemplo de esquema de funcionamiento de una reunión de una hora de Adictas Anónimas a las Relaciones

Hola a todas. Me llamo .... y seré su líder esta noche. Bienvenidas. (Se lee el preámbulo.)
Un momento de silencio y luego se recita en conjunto la Plegaria de la Serenidad.

Los Doce Pasos.
Las Doce Tradiciones.
Pautas para promover la recuperación.
Presentaciones (solo nombres de pila).
Discusión: Se selecciona un tema o se toma uno del índice de *Las mujeres que aman demasiado*.
Séptima Tradición: A.A.R. se mantiene por sus propias contribuciones.
Se elige una voluntaria para que lidere la próxima reunión.
Se leen las Promesas de Recuperación (adaptadas de *Las mujeres que aman demasiado*).
Se lee la clausura sugerida (adaptada de *Las mujeres que aman demasiado*).
Una Plegaria de Clausura.

Preámbulo

El paralelo entre la progresión de la enfermedad del alcoholismo y la enfermedad de amar demasiado es evidente. La adicción, ya sea a una sustancia química que altera la mente o a una relación, en última instancia afecta todas las áreas de la vida del adicto de un modo progresivamente destructivo. Buscamos recuperarnos de nuestra adicción mediante la práctica de los Doce Pasos adaptados de Alcohólicos Anónimos.

Plegaria de la Serenidad

Que Dios me conceda serenidad
para aceptar las cosas que no puedo cambiar,
coraje para cambiar las cosas que puedo
y sabiduría para conocer la diferencia.

Los Doce Pasos de A.A.R.*

1. Admitimos que éramos impotentes ante las relaciones, que nuestra vida se había vuelto imposible de manejar.
2. Llegamos a creer que un Poder Superior a nosotros podía devolvernos la cordura.

* Reproducido con autorización de Alcohólicos Anónimos World Services, Inc.

Los Doce Pasos de Alcohólicos Anónimos

1. Admitimos que éramos impotentes ante el alcohol, que nuestra vida se había vuelto imposible de manejar.
2. Llegamos a creer que un Poder superior a nosotros podía devolvernos la cordura.
3. Tomamos la decisión de ceder nuestra voluntad y nuestra vida al cuidado de Dios según Lo entendíamos.
4. Hicimos un inventario moral minucioso y valiente de nosotros mismos.
5. Admitimos ante Dios, ante nosotros mismos y ante otro ser humano la naturaleza exacta de nuestros males.
6. Estuvimos totalmente dispuestos a que Dios eliminara todos estos defectos de carácter.
7. Humildemente Le pedimos que eliminara nuestras fallas.
8. Hicimos una lista de todas las personas a quienes habíamos dañado y estuvimos dispuestas a compensarlas.
9. Enmendamos directamente lo hecho a esas personas siempre que fue posible, excepto cuando el hacerlo implicaría perjuicios para ellas o para otros.
10. Continuamos haciendo nuestro inventario personal y, cuando nos equivocamos, lo admitimos con prontitud.
11. Buscamos, a través de la oración y la meditación, mejorar nuestro contacto consciente con Dios según Lo entendíamos, rezando sólo por conocer Su voluntad para con nosotros y obtener el poder de llevarla a cabo.
12. Habiendo tenido un despertar espiritual como resultado de estos pasos, tratamos de llevar este mensaje a otros alcohólicos, y de practicar estos principios en todos nuestros asuntos.

3. Tomamos la decisión de ceder nuestra voluntad y nuestra vida al cuidado de Dios según Lo entendíamos.
4. Hicimos un inventario moral minucioso y valiente de nosotras mismas.
5. Admitimos ante Dios, ante nosotras mismas y ante otro ser humano la naturaleza exacta de nuestros males.
6. Estuvimos totalmente dispuestas a que Dios eliminara todos estos defectos de carácter.
7. Humildemente Le pedimos que eliminara nuestras fallas.
8. Hicimos una lista de todas las personas a quienes habíamos dañado y estuvimos dispuestas a compensarlas.
9. Enmendamos directamente lo hecho a esas personas siempre que fue posible, excepto cuando el hacerlo implicaría perjuicios para ellas o para otros.
10. Continuamos haciendo nuestro inventario personal y, cuando nos equivocamos, lo admitimos con prontitud.
11. Buscamos, a través de la creación y la meditación, mejorar nuestro contacto consciente con Dios según Lo entendíamos, rezando solo por conocer Su voluntad para con nosotras y obtener el poder de llevarla a cabo.
12. Habiendo tenido un despertar espiritual como resultado de estos pasos, tratamos de llevar este mensaje a otras personas que aman demasiado, y de practicar estos principios en todos nuestros asuntos.

Las Doce Tradiciones de A.A.R.*

1. Nuestro bienestar común debe estar en primer lugar; el progreso personal para la mayoría depende de la unidad.

* Reproducido con autorización de Alcohólicos Anónimos World Services, Inc.

Las Doce Tradiciones de Alcohólicos Anónimos

1. Nuestro bienestar común debe estar en primer lugar; la recuperación personal depende de la unidad de A.A.
2. Para el propósito de nuestro grupo hay una sola autoridad suprema: un Dios afectuoso según Se expresa en nuestra conciencia de grupo. Nuestros líderes no son sino servidores confiables; no gobiernan.
3. El único requisito para ser miembro de A.A. es el deseo de dejar de beber.
4. Cada grupo debe ser autónomo, excepto en cuestiones que afecten a otros grupos o a A.A. en conjunto.
5. Cada grupo tiene un solo propósito principal: llevar su mensaje al alcohólico que aún sufre.
6. Un grupo de A.A. nunca debe respaldar, financiar ni prestar el nombre de A.A. a ningún servicio relacionado ni empresa externa, para evitar que los problemas de dinero, propiedad y prestigio nos aparten de nuestro propósito primario.
7. Todos los grupos de A.A. deben mantenerse por sí mismos, sin aceptar contribuciones externas.
8. Alcohólicos Anónimos nunca debe ser profesional, pero nuestros centros de servicio pueden emplear a trabajadores especiales.
9. A.A., como tal, nunca debe ser organizado, pero podemos crear comités o juntas de servicio directamente responsables ante aquéllos a quienes sirven.
10. Alcohólicos Anónimos no tiene opinión sobre cuestiones externas, de modo que el nombre de A.A. nunca puede llevarse a controversias públicas.
11. Nuestra política de relaciones públicas se basa en la atracción más que en la promoción; es necesario que siempre mantengamos el anonimato personal en los niveles de prensa, radio y películas.
12. El anonimato es el fundamento espiritual de todas nuestras tradiciones; siempre nos recuerda que debemos anteponer los principios a las personalidades.

2. Para el propósito de nuestro grupo hay una sola autoridad: un Dios afectuoso según Se exprese en nuestra conciencia de grupo. Nuestros líderes no son sino servidores confiables; no gobiernan.
3. El único requisito para ser miembro de A.A.R. es el deseo de curarse de la adicción a las relaciones.
4. Cada grupo debe ser autónomo, excepto en cuestiones que afecten a otros grupos de A.A.R. a los programas de Anónimos en su conjunto.
5. Cada grupo de A.A.R. tiene un solo propósito: ayudarnos mutuamente y a nosotras mismas a recuperarnos de la adicción a las relaciones. Hacemos esto mediante la práctica propia de los Doce Pasos de A.A. y dando y recibiendo apoyo de otras adictas a las relaciones.
6. Los grupos de A.A.R. nunca deben respaldar, financiar ni prestar nuestro nombre a ninguna empresa externa, para evitar que los problemas de dinero, propiedad o prestigio nos aparten de nuestro objetivo espiritual primario. Si bien se trata de entidades separadas, siempre debemos cooperar con otros programas de Anónimos.
7. Todos los grupos de A.A.R. deben mantenerse por sí mismos, sin aceptar contribuciones externas.
8. El trabajo de Doce Pasos de A.A.R. nunca debe ser profesional, pero nuestros centros de servicio pueden emplear a trabajadores especiales.
9. Nuestros grupos, como tales, nunca deben ser organizados, pero podemos crear comités o juntas de servicio directamente responsables ante aquellos a quienes sirven.
10. Los grupos de A.A.R. no tenemos opinión sobre cuestiones externas, de modo que nuestro nombre nunca pueda llevarse a controversias públicas.

11. Nuestra política de relaciones públicas se basa en la atracción más que en la promoción; es necesario que siempre mantengamos el anonimato personal en los niveles de prensa, radio, películas y televisión. Es necesario proteger con especial cuidado el anonimato de todos aquellos a quienes hemos sido adictos.
12. El anonimato es el fundamento espiritual de todas nuestras tradiciones; siempre nos recuerda que debemos anteponer los principios a las personalidades.

Para promover nuestra recuperación se sugieren las siguientes pautas

1. Evitamos dar consejos y hacer comentarios agudos durante la reunión. Nos reunimos para ayudarnos a nosotras mismas y a las demás compartiendo nuestra experiencia, fortaleza y esperanza. Cada persona debe tener un lugar seguro donde pueda hablar sin recibir comentarios, preguntas ni consejos. Es mejor decir después de la reunión las cosas que deseamos decir a los demás acerca de lo que han relatado.
2. Evitamos hablar de «él». Estamos aquí para aprender a concentrarnos en nosotras mismas. Es importante hablar de nuestra propia vida, no de la vida de otra persona. Evitamos también culparnos, resentirnos y autocompadecernos, pues eso demora nuestra recuperación.
3. Evitamos el predominio de cualquier individuo mediante la rotación del liderazgo y limitando nuestro tiempo individual para que todos tengan oportunidad de hablar. Si bien nadie debe sentirse presionado a hablar, todos están en libertad de hacerlo.

Recordad: Nadie resolverá todos sus problemas en una sola reunión... y es importante no intentarlo.

Las promesas de recuperación de la adicción a las relaciones

1. Nos aceptamos plenamente, aunque deseemos cambiar algunas partes de nosotras. Hay un amor propio y un respeto por nosotras mismas, que alimentamos cuidadosamente y nos proponemos expandir.
2. Aceptamos a los demás tal como son, sin tratar de cambiarlos de acuerdo con nuestras necesidades.
3. Estamos en contacto con nuestros sentimientos y actitudes acerca de todos los aspectos de nuestra vida, inclusive nuestra sexualidad.
4. Atesoramos cada aspecto de nosotras mismas; nuestra personalidad, nuestro aspecto, nuestros valores y creencias, nuestro cuerpo, nuestros intereses y logros. Nos autovalidamos en lugar de buscar una relación que nos proporcione un sentido del valor propio.
5. Tenemos suficiente autoestima para disfrutar la compañía de otros, especialmente de hombres, que están bien tal como son. No necesitamos que nos necesiten para sentirnos dignas.
6. Nos permitimos ser abiertas y confiadas con las personas adecuadas. No tenemos miedo de que nos conozcan en un nivel profundamente personal, pero tampoco nos exponemos a la explotación de quienes no se interesan en nuestro bienestar.
7. Cuestionamos: «¿Esta relación es buena para mí? ¿Me permite crecer hacia todo lo que soy capaz de ser?».

8. Cuando una relación es destructiva somos capaces de renunciar a ella sin experimentar una depresión incapacitante. Tenemos un círculo de amigos que nos apoyan e intereses sanos que nos ayudan a superar nuestras crisis.
9. Valoramos nuestra propia serenidad por encima de todo. Todas las luchas, el dramatismo y el caos del pasado han perdido su atracción. Nos protegemos a nosotras mismas, nuestra salud y nuestro bienestar.
10. Sabemos que una relación, para funcionar bien, debe ser entre dos personas que comparten objetivos, intereses y valores similares y que tienen capacidad para la intimidad emocional. Sabemos también que somos dignas de lo mejor que puede ofrecer la vida.

Clausura sugerida

La primera etapa en la recuperación de amar demasiado comienza cuando comprendemos lo que estamos haciendo y deseamos poder detenernos. La segunda se inicia a partir de nuestra voluntad de obtener ayuda para nosotras mismas, seguida de nuestro intento inicial de conseguirla. Luego, entramos a la fase de recuperación que requiere nuestro compromiso con nuestra curación y voluntad para continuar con nuestro programa de recuperación. Durante esta etapa, empezamos a modificar nuestra forma de actuar, pensar y sentir. Lo que una vez nos pareció normal y conocido empieza a resultarnos incómodo e insalubre. Ingresamos en la siguiente fase de la recuperación cuando empezamos a tomar decisiones que ya no siguen nuestros viejos esquemas, sino que mejoran nuestra vida y promueven nuestro bienestar. Finalmente, evoluciona el verdadero amor propio. Una vez que la autoaceptación y el amor propio comienzan a desarrollarse y afianzarse, estamos listas para practicar conscientemente el simple hecho de ser nosotras mismas sin tratar de complacer, sin actuar de modo calculado para ganar la aprobación y el amor de otra persona.

Nada, absolutamente nada sucede por error en el mundo de Dios... A menos que acepte la vida completamente tal como es, no puedo ser feliz. Necesito concentrarme menos en lo que es necesario cambiar en el mundo y más en lo que es necesario cambiar en mí y en mis actitudes.

8

... TIENEN PREGUNTAS, SUGERENCIAS, QUEJAS

¿Qué podemos hacer con respecto a nuestro quebrantado sentido de la justicia cuando a los hombres que nos lastiman parece irles tan bien en la vida mientras nosotras seguimos sufriendo? ¿Cómo llegaron a ser así los hombres que son tan incapaces de amar? Si amar demasiado en realidad no es amar, ¿cuál es la naturaleza del verdadero amor? ¿Qué hay de las madres que abruman a sus hijas con amor y de las hijas cuyo principal interés es la felicidad de sus padres? ¿Qué conexión existe entre la adicción a las relaciones y alguien que tiene un matrimonio estable y lo arriesga todo al emprender una aventura extraconyugal imposible?

Aquí presento, en lo que equivale a una sección de misceláneas, cartas de lectoras de *Las mujeres que aman demasiado*, que expresan inquietudes específicas pero no son abarcadas en los demás capítulos de este libro.

Querida Robin:
He querido escribirte porque me avergüenza mucho compartir mis sentimientos con mis amigos y familiares. Con la ayuda de *Las mujeres que aman demasiado*

pude poner fin a una relación destructiva con un verdadero perdedor. Le dije que se mudara a otro sitio hace dos meses, cuando llevábamos diez meses juntos. No te aburriré con los detalles. Sin embargo, encajo perfectamente en la descripción de las mujeres del libro y mi ex novio, Burt, también es la clase de hombres inaccesible, autodestructivo, adicto a las drogas y al trabajo que tú describes. Me preocupa lo que aún siento por él y por la relación, a pesar de que todo terminó. Él tiene un trabajo visible, en cierto modo encantador, en el cual ya estaba cuando nos separamos, y me carcomen los celos al verlo tan exitoso por fuera cuando, en realidad, es tan codicioso, egocéntrico e insensible con respecto a los sentimientos de los demás.

No me parece justo que él parezca beneficiarse con sus malos actos (participa en actividades delictivas) mientras que yo siempre trato de hacer lo correcto y, sin embargo, eso no me ha llevado muy lejos.

Creo en la honestidad, la lealtad, el aprecio y el amor. Mi ex novio cree en el dinero, la codicia y el poder. Robin, creo que ya entiendes a qué me refiero.

Quisiera saber por qué a la gente mala a veces parece irle tan bien, mientras que a los buenos no se los aprecia. No me sentiría tan mal con respecto a mi ex novio si él me dijera que quizá yo tenía razón en ciertos aspectos. Me gustaría que, al menos, me dijera que me agradece todo lo que he hecho por él. (¡Y ha sido mucho!) Me encantaría que se disculpara por todas las mentiras que me dijo. No voy a esperar esto con mucha ansiedad porque sé que él no tiene profundidad de emociones ni sentido del bien y del mal.

Robin, siento mucho dolor por ese maldito. No quiero que vuelva, pero sería agradable saber que le importé, aunque sé que nunca fue así.

Gracias por escucharme. Estaba demasiado avergonzada para contar a otra persona que aún pienso en ese hombre.

BONNIE J.

Querida Bonnie:
Aprecio tu tan sincera descripción de los sentimientos que aún encuentras en ti hacia tu ex novio. Son sentimientos que se experimentan comúnmente después de una ruptura, esa sensación de «Es un bueno para nada y, sin embargo, le va bien, mientras que yo, la parte afectada, sigo sufriendo terriblemente».

Estos sentimientos se irán naturalmente con el tiempo, a menos que te permitas pensar demasiado en la aparente injusticia de la situación (una evaluación inexacta además de improductiva). Si te entregas a esos pensamientos, aumentarás tu resentimiento. El resentimiento es como un monstruo de Frankenstein en el sentido de que, con el tiempo, asume vida propia a menos que nos esforcemos por librarnos de él. Crece y crece y, a la larga, necesitará cuidado y alimentación a diario. Entonces, si no tienes cuidado, te hallarás con un resentimiento llamado Burt como mascota, que te acompañará constantemente y exigirá cada vez más espacio en tus pensamientos, sentimientos y quizás, a la larga, también en tu conducta.

Si nos contamos suficientes veces la historia de cómo fuimos víctimas, a la larga tendremos que contársela también a los demás, hablar de lo injusto que resulta todo y dejar que nos «carcoma». Un ejemplo. Una vez estaba yo en un restaurante, donde un parroquiano preguntó a la camarera: «¿Cómo estás hoy?», y ella respondió de mal humor: «¡Estaría bien si hoy no fuera mi duodécimo aniversario y mi esposo no me hubiera dejado por otra mujer hace siete años!». Es obvio que esa mujer tenía como mascota un resentimiento al que había alimentado durante siete años. ¡Por eso, Bonnie, ten cuidado! Necesitas adquirir la voluntad de curar *tu* actitud hacia ese hombre y esa relación, por tu propio bien.

En la vida no recibimos más al desear que los demás tengan menos.

En una relación, nada sucede por casualidad ni en un vacío. Burt era exactamente como era desde el día en que vosotros dos os conocisteis. Tal vez entonces te intrigaban las mismas actividades cuestionables y la misma personalidad difícil que tanto te desagradan hoy en él. Pero a fin de aprender lo que esa relación trata de enseñarte y recibir la bendición —sí, *bendición*— que trata de conferirte, es necesario que examines tu alma. Si puedes empezar por rehusar verte como la víctima de Burt en cualquier aspecto y reconocer que tú participaste plenamente en los juegos que se produjeron entre vosotros dos, y que utilizaste todas tus herramientas para manipularlo y hacer lo que tú querías, habrás recorrido la mitad del camino hacia tu curación. A la inversa, si te dejas llevar por cualquier fantasía de que todos tus motivos eran puros mientras que los de él eran oscuros, y si te niegas a ver la intervención de tu propia obstinación durante toda la relación y posteriormente a su fin, no solo quedarás atascada sino que es muy probable que vuelvas repetir todo el proceso, tal vez hasta un punto más gravemente insalubre. Debes estar dispuesta a analizar cuál fue tu papel, cuáles fueron tus pasos en el baile con Burt.

Más que eso, debes ser implacable en tu búsqueda de autocomprensión. Si se lo permites, esta relación puede ayudarte a reconocer dónde aprendiste esos pasos, cómo los practicaste con él y con otros antes que él, y por qué has participado en ese baile. Desde luego, el hecho de aprender todo esto te otorgará plena responsabilidad de tu vida y eliminará la conveniencia de culpar a otros por tu infelicidad. Para admitir que no existe la casualidad y que no somos víctimas, es necesario crecer y enfrentar nuestro propio lado oscuro en lugar de ver siempre el problema como si estuviésemos fuera de nosotras mismas y dentro de otra persona.

Finalmente, para promover tu curación, necesitas hacer una cosa más que requiere gran disciplina: cada vez que te encuentres pensando en Burt con ira, envidia y resentimiento, es necesario que lo bendigas una y otra vez, que afirmes su mayor bien y lo dejes ir. Hay un viejo poemita que expresa este consejo espiritual sumamente práctico:

> *Cuando te enfrentes a un enemigo*
> *alábalo,*
> *bendícelo,*
> *déjalo ir.*

Sé que es difícil rezar por el bien de alguien que, según creemos, nos ha lastimado y ha resultado impune. Yo también he tenido que hacerlo, mientras luchaba con emociones iguales a las tuyas. Se necesita mucha voluntad y una inmensa disciplina, pero ayuda a liberarnos de nuestra propia carga de resentimientos y autocompasión.

Cuando sentimos envidia por otra persona, estamos atrapados en la errónea creencia de que en el mundo no hay suficiente bien para todos y que el bien de los demás disminuye el que nos corresponde a nosotros. Esta es una creencia falsa y contraproducente. En la vida no recibimos más al desear que los demás tengan menos. Todo lo contrario. Recibimos lo que emitimos... por eso, nuevamente, ¡emite bendiciones!

Espero que entiendas, Bonnie, que si trabajas con dedicación para modificar tu actitud hacia Burt recibirás, a la larga, los dones que la relación trata de darte: autocomprensión y libertad de la autocompasión y el resentimiento. Ya no te importará si Burt te está agradecido o no. De una manera sana y distanciada, tú misma estarás agradecida a él y por él... y te habrás librado de él más de lo que podrías de otro modo.

Querida señora Norwood:

La información de su libro me parece útil, pero ¿acaso usted trabaja solamente con mujeres blancas? ¡Me parecía leer solo sobre ellas!

Además, ¿cuándo escribirá (usted u otra persona) un libro sobre el tema de los «hombres que aman demasiado poco»? Después de leer cómo esas mujeres recordaban a sus padres y ex parejas, me pregunté: «¿Dónde diablos aprendieron esos hombres a ser tan malos padres, amantes y esposos?».

Por mi parte (aunque no recuerdo que mis padres hayan abusado de mí físicamente), estoy probando una afirmación para perdonar a mi padre: «Perdono a mi padre por su conducta ignorante hacia mí».

MARCIE K.

Querida Marcie:
En respuesta a tu primera pregunta, yo no «trabajo con» nadie, sea blanco o no. A esta altura de mi vida se ha vuelto muy importante para mí proseguir con mi propia recuperación en un grupo de apoyo. Ya no ejerzo en forma particular.

Las historias presentadas en *Las mujeres que aman demasiado* fueron extraídas, principalmente, de la vida de mujeres a quienes conocí profesional y personalmente, y también de mi propia vida. Esas mujeres son, en su mayoría, blancas, como yo; algunas son hispánicas. Estoy convencida de que, si buscamos un terapeuta, es lógico buscar a alguien cuyo trasfondo sea similar al nuestro y que, por consiguiente, entienda la vida que llevamos. En mi opinión, los factores culturales son importantes para que terapeuta y paciente se entiendan y se relacionen, aunque muchos colegas disentirían en este aspecto.

En respuesta a tu segunda pregunta, acerca de un libro sobre hombres que aman demasiado poco, creo que lo mejor sería que lo escribiera un hombre que conozca el tema personalmente y, quizás, también profesionalmente, y que haya aprendido y aplicado los principios necesarios para revertir ese modelo de relación. De nada serviría que yo escribiera un libro sobre los hombres porque yo no entiendo lo que es ser varón, del mismo modo en que, a mi entender, los hombres no entienden lo que es ser mujer. Los miembros de cada sexo haríamos bien en entendernos mejor a nosotros mismos. Dado que es una empresa tan exigente, yo diría que nunca podemos esperar realmente llegar a ser «expertos» recíprocamente.

Tu pregunta acerca de por qué tantos hombres han desarrollado patrones de relación que son poco afectuosos, crueles o incluso abusivos para con sus seres más cercanos es importante. Aún no he descubierto ninguna conducta poco honesta, abierta y afectuosa entre seres humanos que no tenga sus raíces en el miedo: miedo a la vergüenza, el ridículo y la humillación, miedo al castigo, miedo a verse abrumado y sofocado, miedo al dolor físico o emocional, miedo a perder el control, miedo a la debilidad, miedo a la pérdida, miedo al abandono, miedo a la muerte. En cierta medida, cada uno de estos miedos es consecuencia inevitable del hecho de estar vivos y ser humanos. Pero cuando el miedo es demasiado intenso, la conducta resultante se vuelve exagerada, estereotipada y contraproducente. Es decir, cuando nos vence el miedo tendemos a regresar a una forma de conducta más primitiva. En lugar de elegir, con calma y a conciencia, palabras y acciones bien meditadas, objetivamente honestas y justas, capaces de lograr el objetivo que deseamos, tendemos a aferrarnos con desesperación, a atacar con ferocidad o a retirarnos ciegamente.

En las relaciones, por lo general, los hombres tienen más temor de verse abrumados y sofocados, mientras que las mujeres tienden a temer más al abandono. En los conflictos entre los sexos, los hombres que se sienten amenazados tienden a enfatizar el ataque (a fin de subyugar la amenaza) y la retirada (para huir de la amenaza), mientras que las mujeres tienden a aferrarse (porque la amenaza es el abandono) y a atacar (para producir en el hombre un sentimiento de culpa y, por lo tanto, dominarlo a él y a la amenaza de abandono que representa). Desde luego, ninguno de estos dos estilos de enfrentar la tensión del conflicto tiene probabilidades de producir una resolución armoniosa y, precisamente porque no dan resultado, aumentan el miedo y, por consiguiente, se vuelven más exagerados aún.

Aún no he descubierto una conducta poco abierta y afectuosa entre seres humanos que no tenga sus raíces en el miedo.

Los motivos fisiológicos, sociológicos y psicológicos de esta diferencia básica entre los estilos de relación masculino y femenino, especialmente bajo tensión, justificarían todo un libro. Sin entrar en muchos detalles, permíteme reconocer, simplemente, que existen motivos en cada uno de esos niveles. Estos estilos tienden a exagerarse más aún si la familia de origen fue disfuncional. En las mujeres que provienen de ciertos tipos de familias disfuncionales se desarrolla una necesidad excesiva de confirmación de la intimidad emocional; esta necesidad las lleva a aferrarse, a aplacar, a regañar y a suplicar, y a una conducta excesivamente dependiente (todo ello motivado por el miedo al abandono). En los hombres que tienen antecedentes similares se desarrolla una necesidad excesiva de distancia que produce un retraimiento emocional y una concentración en intereses externos (nuevamente, motivados por el miedo a sentirse abrumados). Dicho en forma muy sencilla, cuanto más dañada está una mujer, más tiende a ver al hombre y a la familia como su «provisión», mientras que el hombre, cuanto más dañado está, más tiende a ver a la mujer y la familia como una amenaza para su seguridad y su independencia.

Los hombres que, para emplear tu expresión, Marcie, «aman demasiado poco» tienden a formar pareja con mujeres que aman demasiado porque comparten un trasfondo emocional común. Cada uno ya está familiarizado con el rol de su pareja y, por lo tanto, se siente «cómodo» con esa persona o atraído hacia ella. Luego llegan los hijos, y son criados por estas dos personas igualmente dañadas. Así se crea y se perpetúa un ciclo en el cual hombres y mujeres discapacitados por las relaciones crían a hombres y mujeres discapacitados por las relaciones.

Sobra decir que toda criatura recibe la influencia de su padre, ya sea que este se halle presente o ausente y que esa influencia sea positiva o negativa. En efecto, la influencia del padre y de las figuras paternas puede ser enorme, para bien o no. Sin embargo, este libro es para las mujeres y sobre las mujeres; por lo tanto, quiero concentrarme en el papel que desempeñamos en el desarrollo de hombres incapaces de formar y mantener parejas afectuosas.

En esta cultura, la mayoría de los hombres son criados principalmente por mujeres. Al concentrarme en las mujeres, no es mi intención implicar que ellas sean las principales responsables de los hombres que «aman demasiado poco». Pero, si hay tantos hombres incapaces de amar a los demás, quizá se deba, en parte, a la ira y la frustración abiertas o veladas de sus madres, ya sea con respecto a los hombres en general en esta sociedad que sigue ejerciendo mucha discriminación sexual, o bien a ciertos hombres en particular, por lo general sus maridos y/o padres.

Esta ira femenina hacia el varón puede ser expresada hacia los hijos varones mediante una actitud dominante agresiva y de excesivo control, mediante el ridículo o el abuso físico, o mediante todo esto a la vez. O bien, una madre que está sola porque su pareja adulta la abandonó literal o emocionalmente puede reemplazar a su varón adulto e inaccesible por su hijo varón y accesible, en una relación que es tan inapropiadamente dependiente como también, a menudo, altamente sexualizada.

En nuestras inclinaciones culturales, tendemos a considerar que esos niños que son sexualmente utilizados y/o seducidos por mujeres mayores son afortunados más que explotados. Esta percepción hace que nos resulte difícil evaluar o siquiera reconocer la medida en la cual las madres veladamente seductoras perjudican a sus muy vulnerables hijos. La mayoría de los expertos reconocen que el incesto abierto entre madres e hijos es la más destructiva de todas las variedades de incesto. Una amiga mía me habló de dos madres solteras que ella había conocido. Estas mujeres compartían un apartamento y tenían, entre las dos, tres hijos varones cuyas edades oscilaban entre los siete y los diez años. Estas madres daban fiestas con frecuencia, bebían en abundancia junto a sus invitados y luego, para entretenerse, perseguían a sus hijos y les bajaban los pantalones delante de todos los presentes. Mi amiga concluyó su relato con el siguiente comentario: «Ahora sé de dónde salen algunos de nuestros violadores y asesinos». En efecto, mi amiga estaba describiendo una forma especialmente humillante de abuso infantil, con implicaciones terribles para las relaciones que esos niños tendrían, en su vida adulta, con las mujeres.

Si bien no quiero implicar que las mujeres sean la causa principal de los diversos impedimentos para las relaciones sanas que sufren tantos hombres, sí deseo reconocer que hay innumerables hombres y mujeres que han sufrido abusos psicológicos, físicos y sexuales a manos de mujeres. En un momento en que se presta tan poca atención a las diversas formas de abuso que padecen los niños, aún no se reconoce plenamente el papel que desempeñan las mujeres en ese abuso. Cuando nos han dañado y no nos hemos curado tendemos a ser peligrosos. Dado que las mujeres han sido víctimas de abusos durante tanto tiempo, es lógico que algunas de nosotras también hayan pasado a ser victimarias.

Y por último, Marcie, celebro tu enfoque de la falta de habilidad paternal de tu padre. Por tu bien, es mucho más importante que lo perdones y no que lo entiendas. Debido a los principios espirituales que implica el perdón, cuando realmente estamos dispuestos a perdonar a otra persona, a menudo recibimos de pronto toda la comprensión que necesitamos con respecto a la condición de esa persona.

Estimada señora Norwood:
Mientras leía su libro, varias veces me vino a la mente una pregunta, para la cual no encontré respuesta. Según su libro, las mujeres que amamos demasiado estamos dispuestas a soportar el dolor de las relaciones insatisfactorias para poder tener una razón para vivir o bien para seguir los modelos de martirio que ya conocemos. Pero en ningún momento dice usted qué es real-

mente el amor. ¿Qué es el verdadero amor? ¿De qué manera lo distorsionamos y llegamos a creer que lo que sentimos es real? Quisiera saber qué debo buscar en la recuperación en el aspecto «amor». Al final de su libro, Trudy tenía miedo de experimentar la intimidad emocional, pero estaba recuperándose. ¿Cómo sabía ella que lo que sentía finalmente era amor? ¿Qué es el amor?

En mi área hay varias mujeres que están leyendo este libro, y pensamos reunirnos y seguir su sugerencia para formar un grupo de apoyo. Le agradecería mucho que nos hiciera saber la respuesta a esta pregunta. La pregunta es, principalmente, mía, pero estoy segura de que también a las demás se les ha cruzado por la mente.

¡Realmente quiero recuperarme! No solo por mí misma, sino por mis tres hijos varones, a quienes temo dar una vida tan confusa como la mía, o más aún.

BARBARA M.

Querida Barbara:

¡Qué petición! No puedo afirmar que tengo la respuesta final a la antiquísima pregunta: «¿Qué es el amor?». Pero, con los años, he aprendido que el amor no es lo que siempre creí que era y que, paradójicamente, es muchas de las cosas que siempre consideré demasiado «insípidas» para ser amor.

Como sabes, Barbara, la palabra «amor» se aplica a muchos estados, sentimientos y experiencias muy intensos que, de hecho, pueden representar la esencia de lo que *no* es el amor. Por ejemplo, lujuria, pasión, celos, sufrimiento, miedo, excitación, avidez, seducción, subyugación, sumisión, alivio del aburrimiento o la soledad, humillación, venganza, competencia, orgullo y obstinación: estos son algunos de los estados de excitación que comúnmente se disfrazan de amor. Más aún, cuanto más apremiante es nuestra experiencia de cualquiera de esos estados, más probable es que adjudiquemos a esa sensación el nombre de amor. El consenso general es que la persona más agitada por esas sensaciones es la persona más enamorada. A la inversa, tendemos a creer que la persona más serena no puede estar enamorada.

Hoy, creo que lo contrario es lo cierto. El amor personal no es compulsivo, es equilibrado. No tiene desesperación, no es impulsivo, y solo una persona que esté dispuesta, sea capaz y esté bien entrenada en amarse y aceptarse plenamente puede experimentarlo. La capacidad de amar a otra persona surge de un corazón lleno, no de uno vacío.

Esto crea un terrible dilema para tantas que emergimos de la niñez con el corazón vacío, solitario y anhelante y que hemos pasado nuestra vida adulta buscando con fervor a la persona que pudiera borrar nuestro dolor. Al ver que nuestra búsqueda, en lugar de traernos alivio, nos provocó más dolor, nos hemos vuelto cada vez más desesperadas. ¿Dónde está «él»?, preguntamos, porque «él» es nuestra respuesta, nuestra esperanza, nuestra necesidad. Mediante la intensidad y el ardor de nuestra búsqueda, convertimos a la relación en una verdadera religión y colocamos a sus pies las más grandes cargas que implica el hecho de ser humanos.

Convertimos a la relación en una verdadera religión, y colocamos a sus pies las más grandes cargas que implica el hecho de ser humanos.

Lo que pedimos a una relación es que nos proporcione un sentido de identidad y propósito, que elimine nuestra sensación de aislamiento y mitigue nuestro miedo al abandono. Tenemos la expectativa de que, si estamos con la persona «adecuada» nos sentiremos a salvo en un mundo peligroso y estaremos protegidas de la amenaza de pérdida, separación y muerte. Esperamos que esta relación perfecta nos convierta en mejores personas y nos cure de nuestros defectos y fallas humanos —nuestra insatisfacción, envidia, orgullo y desesperación— y que nos haga más tolerantes con los defectos y las fallas de los demás. En resumen, pensamos que una relación debe hacernos perfectamente felices. El hombre con quien estamos se convierte en nuestro Poder Superior, en la fuente de curación para nuestro dolor, de respuestas para nuestras preguntas y de todo lo que nos falta o no tenemos bien desarrollado. ¡Qué expectativas tontas, incluso peligrosas!

Una relación con otro ser humano, ya sea progenitor, pareja o hijo, nunca tuvo el propósito de brindarnos todo eso. Una relación puede proporcionar compañerismo, sí; cierto grado de comprensión, sí; y siempre, siempre, la oportunidad de aprender más acerca de quienes somos y de los aspectos en los que necesitamos expandirnos y crecer. Una buena relación de pareja incluye ternura, afecto y sexualidad. Pero no está en ella proporcionar el resto. La lucha con la angustia y el miedo al futuro, las necesidades de identidad y seguridad, el ansia de hallar un significado y un propósito en nuestra vida, la necesidad de conformarnos con la pérdida y la muerte sin rendirnos a la desesperación ni a la amargura, nuestras luchas con estas cuestiones de la vida pertenecen a la esfera de una búsqueda espiritual, no a la esfera de una búsqueda de relaciones. No tenemos por qué pedir a otro ser humano lo que necesitamos pedir a Dios. Mientras insistamos en hacerlo, no encontraremos lo que buscamos.

Por otra parte, cuando desarrollamos la voluntad de adjudicar estas cargas a una Fuente de Poder Superior a nosotras y luego dejamos que ese Poder intervenga en nuestra vida, adquirimos una mayor capacidad de estar presentes para todos los demás seres humanos en una forma menos necesitada y exigente, más afectuosa y con mayor aceptación. Además, nos atraen menos las personas que no vendrán para nuestro bien, y nos atraen más quienes son mejores para nosotras. Nos volvemos capaces de discernir con mayor claridad y, al mismo tiempo, de juzgar menos. Resulta paradójico que, a medida que crecemos en nuestra capacidad de aceptar a todas las personas tal como son, en lugar de categorizarlas como buenas o malas, nos volvemos más capaces de optar por estar con aquellas personas que son buenas para nosotras y bendecir y dejar ir a quienes no lo son.

Ahora bien, ¿quién es bueno para nosotras? La respuesta más sencilla que conozco es: la persona que no disminuye nuestro contacto con nuestro Poder Superior. Mientras nuestro contacto espiritual sea nuestra prioridad, las preguntas (y respuestas) de la relación se ordenarán solas. En el instante en que convertimos a la relación en nuestro Poder Superior, las adictas a las relaciones volvemos a caer en nuestra enfermedad. Para poder amar libremente, profundamente y bien, *debe* haber una confianza en algo mayor que nosotros y distinto de la relación. De otro modo, el miedo a perder la relación crecerá en lugar del amor que deseamos.

En mi opinión, entonces, el amor personal nace de un fundamento espiritual. Es una planta de crecimiento lento, si se quiere, que necesita las condiciones apropiadas —suelo, clima y cuidados adecuados— y muchos años para alcanzar su pleno desarrollo. Una atmósfera de confianza y respeto mutuos resulta esencial para su germinación. Si faltan estos dos elementos, muchas de esas emociones que, erróneamente, se llaman amor pero están más relacionadas con la obsesión podrán echar raíces y crecer, pero el amor, no.

Además del requisito básico de confianza y respeto mutuos, para que el amor florezca debe estar arraigado en intereses, valores y objetivos comunes. Dado que nunca podemos modificar nuestros valores para complacer a otra persona y que es imposible, en el transcurso de los años, dedicarnos con entusiasmo a nuestros intereses y objetivos a menos que esa dedicación sea genuina, resulta virtualmente imposible que el amor crezca cuando tratamos de simular afinidad con otra persona. Simplemente, las raíces de la relación serán demasiado superficiales. Por otro lado, la presencia de estos factores produce raíces profundas, fuertes y sanas.

Por último, si el amor debe crecer hasta sus dimensiones máximas, es necesario un clima de intimidad. Quienes la cuidan deben, juntos, comprometerse a crear y renovar ese clima con frecuencia, aun cuando prefirieran evitar el esfuerzo. La intimidad emocional requiere que nos volvamos vulnerables —que bajemos nuestras defensas y hagamos a un lado nuestra necesidad de lucir bien— y nos dejemos conocer tal como somos en realidad.

> Estimada Robin Norwood:
> Le escribo por mi mamá, que tiene un problema con una relación de amor con mi hermana.
>
> No sé si usted podría ayudar a mi mamá, porque no es una relación entre marido y mujer, pero, en pocas palabras, mi hermana tiene treinta y dos años y hace por lo menos quince o dieciocho años que tiene problemas de drogadicción, con drogas medicinales y también de las callejeras. Básicamente, mi madre ha sido el sistema de apoyo de mi hermana en todos estos años. Cuando no ayuda a mi hermana se siente culpable y todos los intentos de ayudar a mi hermana han fracasado. Me duele ver que ella renuncie a su vida por mi hermana. Mi mamá tiene apenas cincuenta y tres años y creo que me-

rece tener vida propia. Ella misma ha llegado a decir que se siente adicta a mi hermana.

Lo único que quise siempre fue que mi mamá fuera feliz. Una vez más, estoy buscando ayuda para ella. Le agradecería mucho cualquier consejo o información.

Rebecca V.

Querida Rebecca:
Tu madre necesita dejar de buscar ayuda para tu hermana, y tú necesitas dejar de buscar ayuda para tu madre. Ya ves cómo todos los esfuerzos de tu madre por el bien de tu hermana en realidad sirven para apoyar la drogadicción de tu hermana. Pero quizá no te des cuenta de que todos tus esfuerzos por el bien de tu madre pueden, en realidad, capacitarla para continuar en su codependencia enferma. Cuando se trata de adicción y coadicción, debemos comprender que las personas solo deciden cambiar cuando el dolor aumenta lo suficiente. Debido a los esfuerzos de tu madre, tu hermana no sufre lo suficiente para estar lista para buscar ayuda para sí misma. Debido a tus esfuerzos, el dolor de tu madre también sigue siendo tolerable. Tú necesitas dejar de ser codependiente de tu madre, tanto como ella necesita dejar de ser codependiente de tu hermana.

Cuando se trata de adicción y coadicción, debemos comprender que las personas solo cambian cuando el dolor aumenta lo suficiente.

Cuando enfrentes tus propias cuestiones en relación con esto, verás lo difícil que es recuperarse de la codependencia y entenderás por qué, ahora, tu madre necesita seguir atendiendo a tu hermana. Tú necesitas recuperarte por tu propio bien; pero cuando aprendas a dejar de sufrir, es probable que tu recuperación resulte tan atractiva que tu madre se interesará en buscar la propia. No hay ninguna garantía de que eso sucederá, claro, y no debe ser tu motivo para ocuparte de ti. Pero la recuperación puede ser contagiosa como la adicción y la coadicción.

Busca algunas reuniones de Al-Anón en tu zona, y también de Nar-Anon, si las hay. Asiste a ellas para aprender a ayudarte a ti misma, no a tu madre. Y no arrastres a nadie contigo. Ocúpate de *ti*. De eso se trata esta recuperación. Con la codependencia, todos siempre están esperando que el adicto se recupere —lo cual puede no suceder nunca— para poder ser felices. Aprende a ser feliz, hagan lo que hagan tu madre y tu hermana. Al hacerlo, aumentarás también la posibilidad de que ellas se recuperen.

> Estimada señora Norwood:
> Encajo casi a la perfección con el prototipo de su libro y, de haberla conocido, me habría disgustado mucho que escribiera sobre mí y expusiera mis sentimientos y pensamientos íntimos en las páginas de su libro, a la vista de todo el mundo.
> Si bien mi ex marido no era alcohólico, era un jugador compulsivo. Asisto con regularidad a las reuniones de Jugadores Anónimos, y he notado que quienes estamos allí somos muy similares a las mujeres que usted describe en relación con Al-Anon. En ediciones futuras de su libro, usted podría mencionar el hecho de que el cónyuge u otra persona significativa en la vida de un jugador compulsivo cumple, básicamente, el mismo rol que un coalcohólico y sugerirles el programa de Jugadores Anónimos. Este programa es esencialmente el mismo que el que se sigue en Al-Anon.

En mi vecindario, algunas mujeres están formando un grupo de apoyo, guiándose por las pautas sugeridas en su libro. Pienso ingresar a ese grupo, además de seguir con mi grupo, para obtener el apoyo que necesito.

Como puede ver por el papel en que escribo, soy abogada. Me va muy bien en mi vida profesional y la disfruto mucho. Antes fui profesora en una escuela secundaria durante doce años, asistía a la escuela de derecho por las noches, cuatro veces por semana durante cuatro años y, mientras estudiaba derecho y trabajaba a tiempo completo, tuve a mis tres hijos. Por lo tanto, nunca me ha resultado difícil funcionar profesionalmente.

Me divorcié hace tres años, y estoy criando sola a mis tres hijos varones. Me considero muy exitosa como madre, y mis amigos y familiares comparten plenamente esta opinión.

Sin embargo, durante toda mi vida tuve dificultades en mis relaciones con los hombres. Al leer su libro, comprendí que el problema se origina en mis antecedentes familiares. Si bien mis padres no encajan en el molde clásico de bebedores o jugadores compulsivos, mi madre es una persona muy compulsiva. Su compulsividad se ponía de manifiesto en su actividad de ama de casa y de madre.

El año pasado, después de leer *Las mujeres que aman demasiado,* asistí a una fiesta para padres solos. En esa fiesta, mi actitud y todo mi enfoque fueron diferentes de lo que eran antes. Dada la nueva conciencia que tenía con respecto a la clase de problemas que antes se me habían presentado con los hombres, decidí no tratar de elegir a nadie en particular para conversar, sino hablar con cualquiera que estuviera cerca. Cuatro hombres tomaron mi número de teléfono, y los cuatro me invitaron a salir. Dos de ellos me llamaron al día siguiente a la fiesta y uno, dos días más tarde. Hace diez meses que salgo con uno de esos hombres y, si bien aún no sé cuál será el resultado final, hasta ahora la relación ha sido inmensamente distinta de todas las que tuve antes.

Mi amigo es muy diferente, tanto en aspecto como en personalidad, de los hombres con quienes me relacionaba antes. Sin embargo, aún tengo la fuerte tentación de recaer en mis viejos patrones de conducta y de reacción, y constantemente debo luchar contra ella. El conocimiento que he ganado en mi programa de Jugadores Anónimos y con su libro me han proporcionado fuerzas en esta lucha continua. Supongo que seguiré luchando durante mucho tiempo más.

Si bien aún me falta mucho, he realizado un enorme adelanto. Estoy siempre alerta a la aparición de mis viejos esquemas de dar demasiado o de comportarme como madre con el hombre con quien tengo una relación. Además, me he prometido no volver a relacionarme nunca más con alguien que tenga el tipo de personalidad de mi ex esposo, que era jugador compulsivo.

GINA R.

Querida Gina:
Estoy de acuerdo contigo en que la personalidad de las mujeres que se casan con jugadores compulsivos es muy similar a la de quienes se casan con bebedores compulsivos, como también lo es la dinámica de su relación. En muchos aspectos, la adicción es adicción y la coadicción es coadicción, sea cual fuere su variedad particular. Es por eso que el mismo enfoque básico de tratamiento da resultados igualmente buenos en cada caso.

Dices que tu madre era compulsiva en su rol materno y

luego dices que tú, a tu vez, luchas por no actuar como madre con el hombre con quien estás relacionada. Muchos coadictos nos prometimos no criar a nuestros hijos como nos criaron a nosotros y jamás comportarnos con nuestro cónyuge en la forma en que actuaban nuestros padres entre sí. No obstante, descubrimos que, como adultos, no parecemos capaces de hacer otra cosa. Esto se debe a que, en muchos aspectos, nuestras actitudes como padres y como integrantes de una pareja son conductas «imprimidas» más que enfoques elegidos intelectualmente para esas tareas. Automáticamente aprendemos a ser padres y a ser pareja a partir de lo que nuestros familiares hicieron con nosotros, a nosotros y a nuestro alrededor. Hemos absorbido, inexorablemente, hasta el centro mismo de nuestro ser, la influencia de sus actos, saludables o no. Por eso nos descubrimos hablando con sus palabras y actuando con su manera de comportarse, a menudo a pesar de nuestras más firmes resoluciones de no hacerlo.

Estos modelos de conducta que aprendemos tienen algunos elementos en común con el fenómeno de la impresión en el mundo animal. Un ejemplo de impresión es un patito recién salido del cascarón que sigue al primer objeto móvil que ve, pues lo identifica instintivamente como su madre. Debido a circunstancias (a veces concebidas por quienes estudian el fenómeno de impresión), el primer objeto móvil que el patito ve puede no ser su madre pata sino, digamos, un balón que rueda. El patito siente una atracción irresistible por seguirlo, por poco práctica que pueda resultar esa conducta para sus intereses de supervivencia.

Otro ejemplo de impresión, que es más relevante aquí porque tiene que ver con los primates y por sus poderosas implicaciones sobre la conducta humana, es el experimento de Harry Harlow con los monos rhesus. La mayoría de quienes hemos seguido un curso de psicología hemos visto la película del experimento en el cual los monos bebés, privados de sus madres naturales, optaban por aferrarse, cuando no comían, a un armazón acolchado y no al de alambre que tenía su provisión de comida. La teoría que Harlow desarrolló a partir de la observación de la conducta de los monos bebés fue que el (escaso) solaz ofrecido por el armazón suavemente acolchado creaba un mayor efecto de vinculación que el armazón no acolchado que, en cambio, proporcionaba comida, lo cual indica la supremacía de una fuente de consuelo sobre una fuente de comida.

Lo que tal vez sea más digno de destacar desde el punto de vista de sus implicaciones para la conducta humana es el siguiente paso de estos experimentos. A medida que los monos criados en ese ambiente despojado se acercaban a su edad adulta, no desarrollaban ninguna habilidad social normal para interactuar con otros de su clase. En presencia de otros congéneres, los rehuían con temor o bien atacaban con una agresividad inapropiada. Al haber visto satisfechas sus necesidades de nutrición pero no sus necesidades de interacción afectuosa con otros de su propia clase (en especial, con sus propios padres, quienes, en una situación normal, los habrían abrigado, alimentado y protegido), estos monos eran incapaces, en su vida adulta, de llevar a cabo con normalidad actividades de apareamiento y crianza. Cuando a las hembras se las inseminaba por la fuerza o por medios artificiales, daban a luz a infantes a los que rehusaban alimentar y atender. De hecho, los ignoraban o bien los maltrataban activamente, o ambas cosas. Al no haber recibido la atención maternal que normalmente habría sido necesaria para su propia supervivencia, no podían, ya adultos, atender a su propia cría.

Los humanos cargamos con sentimientos de culpa cuando violamos nuestros propios sistemas de valores por medio de nuestra conducta o, incluso, de nuestros pensamientos.

Con frecuencia, luchamos con desesperación y ciegamente contra nuestra propia variedad de impresión: la inexorable costumbre de actuar con los demás en la forma en que actuaron con nosotros mientras crecíamos. Si nuestros padres fueron excesivamente dominantes, en nuestra vida adulta tendemos a dominar en exceso a nuestra pareja, nuestros hijos y, quizá, también a nuestros compañeros de trabajo. Si en la niñez sufrimos malos tratos físicos, tendemos a maltratar a nuestros hijos o a casarnos con alguien que nos amenace como lo hacían nuestros padres y maltrate a nuestros hijos. Si fuimos objeto de las propuestas sexuales inapropiadas de un adulto, adquirimos esa actitud seductora inapropiada o hacemos pareja con alguien que esté fuera de control en el aspecto sexual, para poder entregarnos a nuestra propia obsesión con el sexo al tratar de controlar a nuestra pareja.

No resulta difícil imaginar una generación tras otra de monos rhesus, alimentados lo suficientemente bien para garantizar su supervivencia física pero, debido a su falta de atención materna, incapaces de atender a sus descendientes: una generación tras otra de monos que no reciben amor ni son capaces de brindarlo.

A nosotros, tal como a los monos de Harlow, nos resulta casi imposible dar lo que no nos fue dado. Es también casi imposible que permitamos lo que no nos fue permitido. Si nos vimos abrumados, sobreprotegidos y sofocados en nuestros esfuerzos por crecer y ser independientes, tendremos las mismas reacciones insalubres a la independencia de nuestros hijos. Este principio crea el aspecto hereditario de las enfermedades de adicción a ciertas conductas y contribuye, junto con factores genéticos, al aspecto hereditario de las enfermedades de adicción química.

Para superar la fuerza de estas conductas profundamente arraigadas, no basta con el simple hecho de tomar una decisión. No basta con prometernos o prometer a los demás que no nos comportaremos así. Se necesita el enfoque que tú estás tomando, Gina: un compromiso diario con un programa de recuperación.

En *Las mujeres que aman demasiado* escribí para y sobre las mujeres heterosexuales que eran adictas a sus relaciones con los hombres porque esta era (y es) la variedad de adicción a las relaciones que conozco y entiendo mejor. Si bien reconocí en la introducción de ese libro que los hombres también podían amar en forma adictiva, lamentablemente parece ser que impliqué, sin quererlo, que yo pensaba que todos los adictos a las relaciones eran heterosexuales. Sé que no es así. Algunas de las relaciones más adictivas se dan en parejas del mismo sexo.

Phyllis y muchas otras mujeres lesbianas me escribieron (a veces en buen tono, otras veces no tanto) para señalar mi negligencia.

Estimada Robin Norwood:
Muchas gracias por escribir *Las mujeres que aman demasiado*.

Hace dos años que estoy en Al-Anon; muchos de los conceptos me resultaron conocidos y muchos otros me resultan ahora más claros: cómo se produce realmente la negación y cómo una buena relación sexual no significa necesariamente que dos personas se relacionen en forma saludable. Los primeros capítulos me resultaron dolorosos, pero al final del libro ya sentía mucha esperanza.

Me preguntaba si, en caso de que su libro vuelva a imprimirse (y estoy segura de que así será) usted podría agregar a su introducción una cláusula que me incluyera a mí y a otras como yo. Soy lesbiana y pasé un mal rato con la constante implicación de que mi obsesión es con los hombres. Dado que entre el diez y el veinte por ciento de la población que es homosexual o bisexual podría beneficiarse mucho con sus conceptos, esa revisión tendría mucho sentido. Mi programa de Al-Anón me ha enseñado a aceptar lo que me agrada y dejar a un lado el resto, pero me costó hacer a un lado la sensación de ser invisible para usted. Su libro es muy útil y le pido que, en algún lugar de él, reconozca mi existencia. ¡Muchas gracias!

Phyllis R.

Después de escribirle para disculparme por mi omisión y para explicarle que había escrito solo acerca de la adicción a las relaciones tal como se aplica a las mujeres heterosexuales porque solo confío en mi pericia en esa área, recibí una segunda carta de Phyllis, en la cual describe su propia experiencia de adicción a las relaciones.

Querida Robin:
Me emocionó mucho recibir tu respuesta y hallarte tan receptiva a mi carta. Por supuesto, pasé una hora repasando mentalmente lo que decía la carta, pero sí recuerdo el tema.

Un poco acerca de mi historia: viví durante siete años con un hombre muy dulce, pasivo, adicto/alcohólico. Finalmente me marché y me juré que nunca volvería a hacerme cargo de un adulto.

Pasaron tres años, y no solo estaba haciéndome cargo de una adulta, sino también de sus hijos.

En muchos aspectos, esta relación era muy diferente y muy satisfactoria para mí, pues era con una mujer.

Sin embargo, en cierto modo era casi lo mismo porque yo tenía una enfermedad progresiva. Nadie se sorprendió más que yo al ver la similitud entre esas dos relaciones.

Cierta información muy vital que he obtenido: 1) la conciencia de que siempre pensé que mi «amor» podía «arreglarlo» todo; 2) la conciencia de que aquellos a quienes «amamos demasiado» se resienten en lugar de estar agradecidos; 3) aprender que *realmente puedo* ver cómo comienza ese baile en las primeras citas, si me atrevo a no ejercer la negación; 4) el hecho de que el ciento por ciento de recuperación es posible para mí y no tengo que revivir mi niñez en mis relaciones adultas, y 5) la validación por el increíble dolor que crea el abandono de esas relaciones y el cese de ese modelo de conducta.

Estoy utilizando el programa de Al-Anon de nuevas maneras para cambiar mi vida. ¡Gracias por tu apoyo, cariño e información!

PHYLLIS R.

La carta de Phyllis plantea otro punto que es importante. Es esencial que una persona que busca recuperarse sea específica, y no genérica, al elegir un tratamiento. Por ejemplo, Phyllis ha estado con por lo menos un alcohólico/ adicto. Eso significa que ella es coalcohólica y debe estar en Al-Anon. Si Phyllis decidiera ingresar a un grupo de apoyo para su adicción a las relaciones, debería hacerlo como un agregado al programa más específico de Al-Anon, pero no en lugar de este. Otro ejemplo: Si una mujer está casada con un jugador compulsivo, su programa principal de recuperación debe ser Jugadores Anónimos, aunque podría beneficiarse al asistir a un grupo de apoyo que se concentrara en la adicción a las relaciones. A menudo, la gente desea participar en un enfoque de tratamiento más general en lugar de uno específico, debido, en general, a la vergüenza que les produce identificar con tanta precisión las condiciones en las que han vivido o viven. Sin embargo, el enfoque más concentrado es el que brinda más ayuda, de modo que es importante armarse de suficiente coraje para presentarse en una sala con otras personas que comparten nuestro estado, es decir, con otras coalcohólicas, u otras que han padecido el incesto, u otras que han sido maltratadas físicamente, u otras que se han casado con jugadores compulsivos, y así sucesivamente. Si usted es lesbiana y coalcohólica, es maravilloso poder asistir a las reuniones para homosexuales de Al-Anon (designadas como tales en el horario de reuniones de un área dada), donde se pueden tratar libremente los temas que la afectan. El hecho de estar con personas de nuestra misma clase, que comparten nuestros pensamientos, experiencias y luchas, y que son capaces de apreciar profundamente y aplaudir nuestras victorias, resulta sumamente curativo y un gran apoyo.

Estimada Robin Norwood:
Me vi reflejada en toda la gama de casos presentados en su libro. Pasé parte de mi niñez en un hogar para niños. Tuve un padrastro que era un alcohólico perdido. En medio de mi segundo matrimonio, que duró treinta y tres años y me dio cinco hijos, ya adultos, decidí «buscar lo mío» y me involucré con mi novio de la escuela secundaria (casado). Me mudé a su zona, en la cual él era el pilar de la comunidad, y ¡sí, *bailamos*! Yo seguía trabajando en mi profesión (¡como enfermera, por supuesto!) y esperaba que él se divorciara. Todos los meses había una excusa distinta hasta que, finalmente, hablé con su esposa y le dije lo que estaba ocurriendo. Des-

de entonces, mi vida pasó a ser una historia que ningún dramaturgo se atrevería a tocar por... ¡demasiado extravagante!

He vuelto con mi esposo y, sí, es aburrido, pero parece que puede haber un final feliz. Tengo cincuenta y siete años, aunque nadie lo cree, pues dicen que no aparento más de cuarenta. Eso nunca me ha servido de consuelo, pues no me sentía segura; solo tenía un ciego deseo de enmendar los males que me rodeaban. En mi trabajo de enfermera, sentía que, si hacía que un paciente sonriera o se sintiera cómodo, me había ganado el derecho de vivir un día más. Además, el hombre con quien tuve la aventura me dijo que era muy infeliz en su casa y que hacía años que no amaba a su esposa. Yo estaba segura de que pasaríamos el resto de nuestra vida extáticos. Ahora sé que él era tan distante e inaccesible como mi madre. ¡Cómo me disgustó comprender eso!

Lo que quiero saber es lo siguiente: ¿Puede usted ver, al leer esta carta, que haya algún otro motivo para mi «cana al aire»? Creo que, cuanto más entiendo sobre mí misma, mejores probabilidades tendré de no repetir mis errores.

Con respecto al ejercicio que usted sugiere (mirarme al espejo durante tres minutos todos los días, decir mi nombre y «te quiero y te acepto tal como eres»), me costó muchísimo. Al principio, solo me miraba en el espejo y lloraba, sin poder hablar. Finalmente estoy logrando dominarme y empieza a dar resultado. Gracias.

HELENA J.

Querida Helena:
Muchas mujeres que se criaron en situaciones caóticas e infelices, en medio de un abandono emocional, hacen lo

que tú hiciste. Si, a pesar de sus antecedentes, pueden formar pareja con un hombre estable, a la larga llegan a experimentar inquietud y descontento porque les falta el elemento de excitación que antes formó parte de su vida. Tarde o temprano, muchas de estas mujeres salen a buscar lo que les falta y, por lo común, como tú, lo echan todo a perder. Les parece perfectamente natural aplicar la denominación «amor» a todas esas viejas sensaciones de dramatismo y dolor. Nada en la relación que dejaron atrás puede compararse con esa nueva emoción. Los crescendos de sensaciones generados por una relación ilícita, como la tuya, se ven alimentados por todos los elementos dramáticos que estuvieron presentes en tus experiencias infantiles: incertidumbre, sigilo, peligro, vergüenza, un doloroso abandono por parte del ser amado, una ansiada reconciliación, una profunda desesperación que se alterna una y otra vez con la esperanza renovada, una prolongada espera marcada por encuentros cargados de emoción, la lucha de competir desesperadamente por la atención, tratar de ser lo suficientemente buena, atractiva o afectuosa (o las tres cosas a la vez) para que todo salga bien, etc.

La historia de abandono en tu pasado es la clave para entender tu continua necesidad, en la vida adulta, de ganarte el derecho a existir. Cuando niños, creemos ser, personalmente, la causa de todo lo que sucede a nuestro alrededor y a nosotros. Si es algo agradable, aceptamos el crédito por ello y, si es negativo, aceptamos la culpa a través del sentido mágico de omnipotencia, que es un fenómeno natural de la niñez. Creemos que podemos hacer que el sol salga y se ponga y que la luna brille por las noches para entretenernos. Si las personas a quienes necesitamos nos dejan atrás, creemos ser la causa también de eso, por algo que hicimos o dejamos de hacer. Es probable que nunca formulemos con claridad qué fue lo que provocó el abandono del cual fuimos objeto, pero llevamos con nosotros la carga de haberlo causado y el miedo de volver a sufrir un dolor semejante a menos que seamos muy, muy cuidadosos, atentos y buenos. Esto explica tu motivación para elegir la carrera de enfermería y también para embarcarte en tu aventura: una intensa necesidad de remediar lo que estaba mal para mantenerte a salvo.

Me alegra mucho saber que estás aplicando una de las afirmaciones sugeridas. Si la utilizas con diligencia, tiene el poder de curar esos viejos sentimientos de indignidad y reemplazarlos por la confianza de que eres una parte necesaria y amada del universo.

9

CARTAS DE HOMBRES

Señora Robin Norwood:
Acabo de terminar de leer su libro y me ha beneficiado mucho, pero me ha resultado muy difícil tener que traducir «mujeres» por «hombres» durante todo el libro. He sido un «marido golpeado» y ahora, como «hombre que ama demasiado» y víctima de los juegos de una mujer inmadura, estoy tratando de luchar contra mi adicción aprendiendo más acerca de esta enfermedad. Es muy lamentable que usted no tuviera conciencia de que muchos hombres que conocen a mujeres alteradas, distantes, taciturnas e imprevisibles las encuentran atractivas y luego pasan por la misma angustia que las mujeres descritas en su libro. Nosotros también podríamos beneficiarnos con su trabajo y hallar consuelo en sus páginas si el título fuera «La gente que ama demasiado», o bien usted podría personalizar su edición y publicar «Los hombres que aman demasiado: Cuando usted siempre desea y siempre espera que ella cambie». Por lo demás, gracias por su ayuda.

Miguel J.

No fue por omisión ni indiferencia que *Las mujeres que aman demasiado* fue dirigido específicamente a las mujeres. Entiendo muy bien a las mujeres que son adictas a las relaciones porque he compartido su experiencia, pero no entiendo en verdad la experiencia masculina de la adicción a las relaciones. Si bien puede ser muy similar a la experiencia femenina, presiento que hay diferencias sutiles y creo que sería tanto presuntuoso como irresponsable asumir cierta pericia en un área solo porque existe en otra. Si bien muchas escritoras han capturado en sus palabras la esencia misma de mi ser, aún no he descubierto un escritor hombre que pudiera describir con precisión mi experiencia como mujer. Quiero evitar causar un perjuicio a los hombres y, por lo tanto, dejaré que sean los hombres quienes escriban sobre ellos. Sin embargo, me siento agradecida de que *Las mujeres...* haya sido útil para muchos hombres y de que algunos de ellos se hayan tomado el tiempo para escribirme y enviarme sus impresiones del libro. Aprecio mucho todas sus cartas, y quiero compartir algunas con los lectores.

Las cartas y los comentarios de los hombres que han leído *Las mujeres...* parecen dividirse en cuatro categorías aproximadas: hombres que aman demasiado a las mujeres, hombres que están o han estado relacionados con mujeres que los aman demasiado; hombres que aman a mujeres que aman demasiado a otro hombre y, finalmente, hombres homosexuales que aman demasiado.

En cierto modo, estas cartas de hombres pueden esclarecer para todos nosotros la adicción a las relaciones de una manera en que las cartas de mujeres no pueden hacerlo. Especialmente cuando el hombre mismo es adicto a las relaciones, podemos ver el proceso de enfermedad con una claridad que sería imposible de otro modo. Esto se debe a que la adicción a las relaciones se produce sin el refuerzo cultural que se da para tales conductas en las mujeres.

A toda mujer en esta cultura se la alienta activamente a actuar en la mayoría de las formas típicas de una adicta a las relaciones muy enferma: es decir, a concentrar sus pensamientos y sus actos en otra persona; a tratar de controlar, modificar y mejorar a esa otra persona y a estar dispuesta a llegar a cualquier extremo para hacerlo; a ser altruista y mártir, y a estar mucho más en contacto con los pensamientos, sentimientos y necesidades de esa otra persona que con los propios.

Nuestro aliento cultural de la adicción a las relaciones en las mujeres y nuestras sanciones contra aquellas que no piensan, sienten ni actúan de esa manera hace que resulte casi imposible evaluar lo insalubres que son estas actitudes y conductas para cualquier individuo *hasta que las vemos en los hombres.* Aunque aquí parezca haber una discriminación sexual (¡y la hay!), solo cuando podemos ver estos patrones de relación en contraste con los roles sexuales estereotipados se nos hace evidente el verdadero grado de esa enfermedad, sea cual fuere el sexo de quien la practica.

La carta que se reproduce a continuación podría competir con cualquiera de las que he recibido, desde el punto de vista de la gravedad de la adicción a las relaciones que describe. Tanto la conducta de mártir como los elementos de manipulación que se esconden tras ella pueden verse con mucha más claridad porque quien la escribe es un hombre.

> Estimada señora Norwood:
> Su libro me fue recomendado por mi terapeuta, quien sugirió que, si me ponía en el lugar de las mujeres presentadas allí, podría ayudarme a superar esta etapa tan difícil de mi vida.
>
> No imagino ser el primer hombre que le escribe pero, con su indulgencia, quisiera contarle mi historia.
>
> Primero, permítame armar la escena: Tengo veinti-

nueve años, mido un metro ochenta, peso ochenta kilos y se me considera razonablemente apuesto. No bebo, no fumo, no consumo drogas ni tengo lo que podría llamarse una personalidad dominante ni odiosa. Soy creativo y, durante los últimos tres años, he trabajado como libretista. No quiero causar la impresión de estar jactándome, pero también gano mucho dinero. Todos estos datos parecerían componer una existencia interesante y satisfactoria. Pero mi vida dista mucho de serlo. Si bien soy heterosexual, durante toda mi adolescencia y mi juventud he tenido pocas relaciones con mujeres, nadie a quien pudiera llamar mi novia, y nada de intimidad duradera. Las dos o tres relaciones que traté de formar con mujeres fueron muy breves; duraron apenas tres o cuatro semanas.

Supongo que también podría describirme como uno de esos hombres «agradables, pero aburridos» de los cuales huyen muchas de las mujeres de su libro. Yo no me describiría así, pero muchas mujeres parecen haberme adjudicado el papel de «buen amigo», nunca el de «pareja».

Dado que, con tanta frecuencia, me veo rechazado como pareja (por mujeres que hacían tiempo para verme como amigo e incluso, si puede creerlo, a veces me anteponían a sus novios), esto ha provocado mucha confusión, tensión y decepción en mi vida. Especialmente cuando me esfuerzo mucho por ser lo más simpático posible cuando conozco a alguien que me interesa. Tal vez soy *demasiado* agradable. O quizás, instintivamente, me atraen las mujeres que sé que van a rechazarme por los hombres llamativos, atractivos pero, en última instancia, insatisfactorios que describe en su libro. Permítame hablarle de la única relación importante que tuve: importante en su intensidad y su efecto sobre mí, diría yo. Nunca viví con esa mujer, ni siquiera hice el amor con ella. Pero, durante los últimos cuatro años, mis energías siempre estuvieron orientadas hacia ella y ha sido, del principio al fin, un absoluto desastre.

Conocí a Lynn cuando estábamos en la universidad. Había tenido algunas reacciones amistosas conmigo, aunque por entonces no me interesaba. Pasaron unos años, en los cuales empezamos a vernos con más frecuencia, y empecé a sentirme muy atraído por ella. Durante ese tiempo, ella vivía con otra persona, de modo que, en realidad, no podía aspirar a ella. Después de graduarme empecé a trabajar y, dos años más tarde, cuando Lynn se graduó, regresó al este a buscar trabajo como actriz. Si bien estábamos en distintos extremos del país, nos mantuvimos en contacto y yo siempre conservaba cierta esperanza de que algún día pudiéramos formar una pareja. Hace cuatro años, después de que ella terminó una mala relación, la invité a visitarme. Sabía, en el fondo, que a ella no le interesaba una relación amorosa pero presentía que, si me daba la oportunidad, podría ganarla. Le pagué el pasaje y así comenzó una especie de relación a través del país. Mientras estaba conmigo, Lynn me dijo lo estupendo que era dejar, por un tiempo, de buscar trabajos de actuación mientras trabajaba como camarera. Como en esa época yo escribía en forma independiente, le sugerí que me ayudara con un libreto y que dividiríamos los honorarios. Al principio vaciló, pues nunca había hecho nada como eso, pero me agradó mostrarle cómo se hacía. Pasamos una semana escribiendo y nuestra colaboración fue muy gratificante. Cuando ella regresó a su casa, los dos estábamos encantados con nuestra sociedad, y yo sentía que había compartido con ella algo muy especial de mí. Mi imaginación es lo más personal que tengo. Así me gano la vida, y así me doy ánimo cuando las cosas salen mal. Me entusiasmaba pensar que podía ayudar a Lynn a usar su imaginación. Esa era, pensaba yo, una relación con la que jamás me atrevería siquiera a soñar: con alguien que me excitaba en lo intelectual además de lo físico. Y la manera en que escribíamos juntos era mucho más inspirada que si lo hubiese hecho solo. Esa relación *tenía* que concretarse, contra viento y marea, y al decir «concretarse» me refería al amor físico, el compromiso y el matrimonio.

Bien, estoy seguro de que usted no necesita una bola de cristal para adivinar que todo me salió mal. Seguimos escribiendo libretos juntos durante más de dos años. Y cuando no había libretos que escribir, yo giraba dinero a la cuenta bancaria de Lynn. Ella nunca me lo pidió directamente, pero sus insinuaciones solían ser bastante claras. Y creo que yo lo hacía principalmente porque quería hacerlo. Imaginaba todo acto de bondad, todo libreto compartido, todo cheque enviado, como otro paso más hacia nuestra eventual unión permanente. Permítame decir, en mi defensa, que realmente la amaba con todo mi corazón y creía que era mi deber hacer esas cosas. Si uno ama a alguien, ¿no debe cuidar a esa persona? En esos dos años fui a verla muchas veces, y ella también venía a verme con frecuencia. Conoció a mis padres y yo, a los suyos. De hecho, todos los años, hasta la Navidad de hace dos años, sus padres me enviaban una gran caja con regalos. El último año que me la enviaron me dolió mucho, y tuve que explicarles de buena manera que prefería que no me enviaran nada más.

Mientras Lynn escribía conmigo, también tuvo una serie de relaciones amorosas donde vivía. Traté mucho de convencerme de que ahora yo era solo su amigo pero que, al serle fiel y demostrárselo con regalos y mi apoyo, ella comprendería que la amaba de verdad y que era el hombre adecuado para ella. Llegó un momento en que el trabajo independiente que hacíamos juntos se acabó. Entonces puse a Lynn en contacto con algunas personas del oeste que buscaban escritores locales con experiencia. Si bien ella se sentía muy insegura, la ayudé a abrirse camino en una empresa para la cual, desde entonces, escribe libretos muy buenos. De hecho, ha llegado a ser una de sus principales escritores. Pero, cuando empezaba a trabajar para ellos, el dinero seguía escaseando y ella quería tomar clases de actuación. Yo se las pagué, y sigo pagándolas ahora. El profesor era un hombre soltero, apuesto y musculoso y, en resumen, se casarán en junio.

Créame, señora Norwood, cuando le digo que el infierno no puede ser peor que los tres meses por los que acabo de pasar. Me enteré, en una conversación casual con amigos, de que ella iba a casarse. Lynn me explicó que no estaba lista para decírmelo. No obstante, se lo dijo a personas con quienes hablo regularmente. Yo sabía que salía con ese sujeto y que incluso vivían juntos. Pero todo lo que ella me decía de él lo hacía parecer un tipo apuesto pero algo insípido, de quien ella no tardaría en cansarse. ¡Incluso, hace un año, tuvo el descaro de decirme que debería conocerlo! A él le gustaban muchos de los mismos libros, películas, etc., que me gustaban a mí, y realmente teníamos mucho en común. Lo único que yo podía pensar era que Lynn me estaba cambiando por una versión más apuesta de mí mismo. Y luego vino un período en el cual realmente sentí odio por mí. ¿Cómo era posible, me preguntaba, mirándome al espejo, que yo hubiese podido ayudarla a despertar un maravilloso talento que ella ni siquiera sabía que podía desarrollar, y que hubiese podido relacionarme con ella en ese nivel maravilloso y que, aun así, me dejara de lado? ¿Qué era, me gritaba al espejo, lo que ella odiaba tanto en mí? ¿El vello de mis cejas? ¿Los rollitos de grasa a los costados de mi cuerpo, que no puedo eliminar por más gimnasia que haga? ¿Qué? ¿Qué? ¿Qué? ¿Cómo puede un hombre ser tan bueno con la mujer a quien ama, solo para que ella lo rechace?

Solía tener ese diálogo conmigo mismo con mucha frecuencia, y unos días después de enterarme de su compromiso volví a tener ese mismo diálogo, pero esta vez con un cuchillo de caza. Sí, fui muy tonto, pero supongo que debo decirlo todo. Me miré en el espejo y, en cada lugar donde hallaba una imperfección, allí me corté. Estaba como hipnotizado por el dolor y solo cuando vi la sangre que me caía por los costados comprendí lo que había hecho y cuanto necesitaba ayuda. Pero ¿quién podía ayudarme? Durante tres años amé a una mujer que vivía al otro lado del país y ahora, en mi peor momento de crisis, estaba totalmente solo. Entonces me invadió el verdadero miedo. Y entonces decidí buscar ayuda.

Me cubrí los cortes con apósitos (estaba demasiado avergonzado para ir a un médico) y se curaron dolorosamente, pero no formaron cicatriz. El mismo día que me corté fui a ver a un terapeuta que me había recomendado un amigo mío y, juntos, estamos avanzando a grandes pasos. Mi primera tarea fue leer su libro, y me ha ayudado mucho. Trato de no pensar demasiado en el pasado, en cómo habría podido cambiar las cosas con Lynn y hacer que salieran como yo quería. No creo que hubiese podido tener con ella la relación que yo imaginaba pero, quizás, si no hubiese estado tan dispuesto a ayudarla y, en cambio, me hubiese ocupado más de mí mismo, las cosas habrían sido diferentes. Al decir «diferentes» me refiero a que todo esto habría terminado hace mucho tiempo y yo no estaría pasando por esto ahora.

Tenía mucho miedo de no poder encontrar a nadie más como ella, alguien con quien pudiera ser creativo y, además, de quien pudiera estar locamente enamorado. Ella me parecía lo mejor que yo podría encontrar y estaba decidido a aferrarme a ella, por mal que estuvieran las cosas. Estaba tan ocupado con mi preocupación de que todo saliera mal que nunca se me ocurrió que, para empezar, las cosas no eran tan buenas.

Quisiera terminar esta carta diciendo que las cosas están mucho mejor, que mis noches están llenas de mujeres maravillosas y que todos mis problemas se han resuelto, pero no es así. Al menos, no por ahora. Aún invito a salir a las mujeres; algunas quieren llegar a conocerme y otras, no. Y a las que sí quieren conocerme les interesa, más que nada, que seamos amigos. Piensan que soy un gran conversador, que soy muy divertido como compañía, un sujeto realmente simpático. Pero falta algo. Lynn siempre decía que entre nosotros no había ninguna «química» romántica y, hasta el día de hoy, aún no sé qué significa eso. No conozco ningún juego de amantes y pienso que, si realmente estuviera enamorado de alguien, no tendría que apelar a ellos. Si uno está enamorado, se hace tiempo para estar juntos, comparte su felicidad con esa persona y nada más importa, ¿no es así? ¿Dónde está escrito que un hombre debe comportarse como un canalla para interesar a una mujer? ¿Por qué mantener en suspenso y a la distancia a alguien a quien se quiere? Lo que más me atrae en las mujeres es una especie de audacia e independencia. Supongo que esa es la clase de mujeres que buscan hombres distantes y difíciles de capturar. Cuando llega un hombre como yo, es demasiado fácil. Qué lástima.

Bien, estoy solo pero también estoy vivo, y muy agradecido de que su libro estuviera allí para ayudarme en ese momento de necesidad.

David P.

Una mujer que ama demasiado y no está recuperada automáticamente rehúye cualquier relación seria con un hombre bueno, decente y afectuoso, capaz de estar realmente presente para ella en lo emocional, porque el desarrollo de una relación así podría presentar un desafío insoportable para su capacidad de intimidad emocional. Sin embargo, no debemos confundir una decisión así con la que toma una mujer más sana que no está dispuesta a relacionarse profundamente con otro tipo de hombre al que, al parecer tan altruista, servicial y dedicado, también se lo describe como «agradable». Los motivos de esta mujer para evitarlo, ya sean conscientes o inconscientes, pueden ser muy acertados. Ella presiente que, detrás de esa ostensible preocupación por su bienestar y de las diversas actitudes que asume el hombre para ayudarla, esa clase de hombre está manipulándola en forma velada para que se sienta en deuda con él. A cambio de toda esa «generosidad», ella debe brindarle gratitud y lealtad, o bien sentirse culpable por haberlo «usado». Una mujer sana descubre instintivamente esta trampa y la evita (tal como lo hace un hombre sano cuando se invierten los roles sexuales).

Cuando cualquiera de nosotros se brinda sin cesar a otra persona, en realidad se trata de un soborno no reconocido.

David admite ser un hombre «agradable». Manifiesta que su atracción inicial hacia Lynn se debió a la independencia de ella. Sin embargo, David hizo todo lo posible por hacerla depender de él: cumplió el papel de tutor, la mantuvo económicamente, fue «comprensivo» con respecto a las relaciones de pareja de Lynn. Se ha convencido de que esas tácticas se debían a una afectuosa preocupación por el bienestar de Lynn, pero es evidente que, en realidad, estaban orientadas a producir en ella una sensación de obligación.

Cuando cualquiera de nosotros se brinda sin cesar a otra persona que no responde en la misma medida, por lo general lo hace porque no confía en su propia capacidad de establecer y mantener una relación con esa otra persona por méritos propios. En otras palabras, nuestra «generosidad» equivale, en realidad, a un soborno no reconocido, a una manipulación velada cuyo objetivo es lograr que la otra persona pase por alto lo que *nosotros* creemos que nos falta. Cuando esa persona, inevitablemente, percibe esa manipulación y se resiente por ella, podemos reaccionar con disgusto e indignación porque no estamos en contacto con los verdaderos motivos de nuestra generosidad. En nuestra negación, no podemos entender por qué, si hemos hecho tanto por esa persona, nos ha tratado tan mal. ¿Dónde está su gratitud? ¿Por qué se resiente por nuestra devoción, en lugar de agradecérnosla y de querernos? La respuesta es: porque no hemos sido honestos. No hemos estado dispuestos a correr el riesgo de ser rechazados al mostrarnos tal como somos tratando de poner las circunstancias a nuestro favor. Sin embargo, a la larga, nuestros esfuerzos no se han visto compensados. Ahora estamos disgustados y dolidos, y creemos haber sido explotados por alguien cuyo mayor bienestar era nuestro único interés. Nuestra «visión de mártir» de las cosas es muy conveniente, muy útil para nuestros propósitos, muy oportuna y muy enfermiza... y, en última instancia, también tiende a prolongarse indefinidamente.

A veces, los adictos a las relaciones prefieren la fantasía de una relación a la posibilidad de involucrarse con un ser humano afectuoso, receptivo, interesado, vivo y real, tal como sucede con la mujer cuyo marido está en prisión, que prefiere soñar cómo serán las cosas algún día, cuando él recupere la libertad, a la realidad cotidiana de una pareja real. Si no sabemos relacionarnos con honestidad e intimidad emocional, podemos preferir que nunca nos pongan a prueba. Una manera estupenda de evitar esa prueba consiste en elegir a personas inaccesibles.

No puedo creer que David haya elegido a Lynn por casualidad. Tampoco creo que sea casual que ella haya comenzado a atraerlo *después* de involucrarse con otro hombre y cuando, por consiguiente, resultaba inaccesible.

David tiene un patrón de atracción por las mujeres inaccesibles. De hecho, casi parece que, para que una mujer le resulte atractiva, debe ser inaccesible. Ese modelo y sus orígenes merecen un análisis muy atento, pues implican un temor a cualquier tipo de intimidad emocional, un temor que se pone también de manifiesto cuando David elige a mujeres con quienes no existe una relación sexual.

La increíble ironía de la adicción a las relaciones es que, en el núcleo de esta obsesión con otra persona, hay un profundo temor a la intimidad, un temor que nunca tendremos que enfrentar mientras sigamos eligiendo como pareja a personas que son, por una u otra razón, imposibles.

Las siguientes dos cartas demuestran claramente una adicción a las relaciones, por su descripción precisa y detallada de los pensamientos, sentimientos, actos, motivos, necesidades, salud, etc., de la otra persona, combinados con una llamativa falta de atención con respecto al estado cuestionable de quienes escriben. El médico que remite estas cartas se describe como un hombre sano y agradable que, por casualidad, se enamoró de una mujer casada con una bestia. En mi opinión, la mayoría de los hombres que se relacionan con mujeres que aman demasiado son, a su vez, adictos a las relaciones. Después de todo, se han relacionado con alguien que, básicamente, les resulta inaccesible, y no dejan de esperar y desear que ella cambie. Su concentración en los problemas de la mujer inaccesible les permite evitar una confrontación con su propio modelo de amar demasiado.

Estimada señora Norwood:
Acabo de leer su libro, a petición de una mujer que ama demasiado. Durante dieciocho años estuvo casada con un hombre que la maltrató psicológicamente durante, al menos, los últimos doce años de ese matrimonio. Durante ese tiempo, él tuvo numerosas aventuras extraconyugales, una de ellas con la criada y otra con la mejor amiga de su esposa. Finalmente, el matrimonio terminó y él se casó con una muchachita, y ha formado una nueva familia. Unos cuatro años después del divorcio, ella se casó con un hombre que es tal vez peor que el anterior. Salió con él durante tres años e ignoró todas las señales de peligro que le indicaban cómo sería ese nuevo matrimonio. A los seis meses de casados, él tuvo una aventura y, en general, la trata muy mal. Ella me dijo: «Siento como si fuera su criada desde hace diez años». En tres ocasiones estuvieron a punto de divorciarse, pero cada vez que el divorcio es inminente, él quiere enmendar las cosas y ella consiente.

La primavera pasada tuve cierto contacto con ella, cuando hizo unos trabajos en mi casa (es diseñadora de interiores) y me dijo que las cosas andaban muy mal en su matrimonio. Vivían en habitaciones separadas de la casa y ambos habían contratado abogados para arreglar las condiciones de divorcio. La conozco desde hace diecisiete años y siempre me agradó; siempre me pareció una persona encantadora. Nunca antes he salido con una mujer casada (y, después de esto, nunca volveré a hacerlo), pero la invité a cenar pues la consideraba separada. Ella aceptó e iniciamos una relación en la cual nos vimos casi todos los días durante cuatro meses. La relación era muy estrecha y muy estimulante pero, al mismo tiempo, tranquila y reconfortante, salvo por el hecho de que ella seguía casada, pero eso parecía estar casi acabado.

En ese tiempo, ella tuvo graves problemas: primero, el trabajo en el que estaba desde hacía cinco años llegaba a su fin y empezaría uno nuevo al mes siguiente; segundo, empezó a sufrir graves hemorragias vaginales que no respondían a los medicamentos, y su ginecólogo dijo que necesitaba una histerectomía.

Esa semana la vi una sola vez (lo cual era muy poco habitual) y luego, cuando la llamé para invitarla a cenar, me dijo que no podría ir porque ella y su esposo iban a tratar de salvar su matrimonio. Eso me resultó difícil de creer, después de todas las cosas malas que ella me había contado acerca del matrimonio y de su esposo. Tenía la impresión de que eso nunca daría resultado y de que me llamaría pronto para decírmelo. Cinco días más tarde, me llamó para contarme que él había pasado casi toda la noche afuera y no quería decirle dónde había estado, etc. Entonces empecé a fastidiarme y le dije que eso era exactamente lo que había pasado en los últimos diez años, que no era probable que la situación cambiara y que ella seguiría siendo un felpudo humano. Supongo que no le agradó oír eso, pues, si bien estuvo de acuerdo conmigo, no volvió a llamarme. Aproximadamente un mes después la llamé al trabajo y me dijo que su matrimonio estaba saliendo adelante, lo cual me deprimió. Dijo también que iría a cirugía en una semana. La llamé al hospital la noche anterior a la operación y pareció alegrarse de hablar conmigo.

Tres días después de la operación, me llamó y siguió llamándome todos los días durante aproximadamente una semana. Entonces yo también empecé a llamarla, porque quería que me hiciera entender por qué actuaba de esa manera. Dijo que la presión del nuevo trabajo y el trauma de la operación habían influido en su decisión de no divorciarse. Ahora ha vuelto a escribir a su abogado para que reabra el caso de divorcio, y quiere mudarse a otro sitio en cuanto esté físicamente mejor. Su esposo la trató muy mal durante el período postoperatorio, y eso parece haber sido la gota que colmó el vaso. Ella no puede conducir ni abandonar la casa; hace dos meses que no la veo y no la veré por varias semanas más, pues irá a Florida, a la casa de una amiga, para poder salir de su casa. Aún no ha dicho nada a su esposo, y dice que no lo hará hasta estar mejor físicamente, pues él le hará la vida imposible cuando le diga que quiere marcharse.

Siempre me asegura que esta vez se marchará de verdad, gracias al discernimiento que obtuvo al leer su libro, gracias a su terapia y a que ya no tiene presiones externas.

Yo no estoy tan seguro como ella y creo que aún podría recaer en sus viejos patrones de conducta. La amo mucho y he sufrido mucho dolor cuando ella volvió con su esposo, pero pienso que, si volviera a hacerlo, finalmente yo podría poner fin a la relación de una vez por todas.

Su libro no dice mucho sobre los sentimientos del hombre sano y agradable que se relaciona con una mujer que ama demasiado. Puedo decirle que estar enamorado de una de ellas puede ser una experiencia muy desalentadora y deprimente.

Si alguna vez encuentro felicidad en esta relación, sus pensamientos, señora Norwood, serán parte de la razón; y si no da resultado, su libro hará que sea más fácil enfrentar la situación y aceptarla.

Doctor Harold B.

Cuando escribí al doctor B. para solicitar su permiso para usar su carta en este libro, me envió esta nota.

Estimada Robin Norwood:
No resistí la tentación de agregar una posdata a la carta que le envié el año pasado. La mujer de quien le hablaba regresó una vez más con su esposo en septiembre pasado. Dejé de verla pero la llamé en noviembre y salimos a almorzar. Fue una experiencia sumamente dolorosa, pues vi que las cosas no habían cambiado entre ella y su esposo. En realidad, si hubiese prestado más atención a su libro, esto no me habría sorprendido. Ella había dejado de ver a su terapeuta porque «ya no había de qué hablar». Eso fue el colmo.

Le dije que no quería volver a verla y que no me escribiera. Ha cumplido con esta demanda, salvo para enviarme una nota para agradecerme la tarjeta que le envié en julio, cuando cumplió cincuenta años.

El año pasado fue muy difícil para mí, y necesité todo este tiempo para que el dolor comenzara a mitigarse, pero las cosas parecen mejorar ahora.

Su carta revivió un poco esos viejos sentimientos de dolor, pero, por fortuna, hoy son menos intensos.

Doctor Harold B.

Las excusas no tan sutiles de este hombre para seguir en contacto con la mujer que le ha provocado tanta aflicción y conmoción emocional son otro síntoma de la adicción a las relaciones. Describe en detalle la incapacidad de esa mujer de estar lejos de su esposo infiel e ignora su propia incapacidad de dejar de verla, aunque ella no ha cumplido con ninguno de sus compromisos con él.

La necesidad de este médico de salvar de su esposo a esa mujer y también de sus propias decisiones destructivas constituye, sin duda, una parte importante de la intensa atracción que siente por ella. Hasta que haya reconocido su propia necesidad de actuar en contraste con el esposo de esa mujer (de ser estable y dedicado, por oposición a la irresponsable insensibilidad del otro hombre), sospecho que el doctor seguirá, ingenuamente, buscando excusas para volver a estar en contacto con ella y representar su papel en esta saga progresiva.

Estimada señora Norwood:

No entraré en detalles, pero mi primer contacto con su libro dio como resultado algunas experiencias dolorosas... mi novia, o ex novia, puso fin a nuestra relación después de leerlo. Mi reacción inmediata fue un deseo de enviarle a usted una bomba por correo (no es que sea tan violento... en realidad, soy muy pasivo; esperaría que *otra* persona hiciera algo así), pero lo que hice, en cambio, fue salir y comprar su libro.

Apenas he leído la mitad, pero ya tengo cierta idea de lo que Anna, mi novia, tal vez sentía o veía en sí misma. He ganado también mucha comprensión de mis problemas. Soy adicto, alcohólico y tengo compulsión por comer en exceso, y llevo varios años en los programas de Doce Pasos. Pero ahora sé que tendré que ingresar en terapia si quiero llegar a sentirme cómodo conmigo mismo. He tenido todo un espectro de sentimientos confusos y dolorosos. ¡En este momento estoy furioso y amargado! Francamente, no sé cuál será la utilidad de esta carta, pero sentí la necesidad de escribirle y darle las gracias, señora Norwood. ¡Es probable que usted y su libro hayan ayudado a salvarme la vida!

PERRY H.

La carta de Perry es testimonio elocuente de que el abandono puede provocar la misma angustia en el hombre que es objeto de la adicción a las relaciones que en la mujer adicta a ellas. De hecho, en muchas parejas así sería difícil discernir cuál de los dos es más dependiente y necesitado, sin importar los roles que cumplan.

La fantasía inicial de Perry de reaccionar con violencia ante su pérdida parece revelar confusión y frustración con respecto a cómo debería ser él y qué debería hacer en su relación con las mujeres. Es obvio que es muy inmaduro y está muy asustado. Sin embargo, el hecho de haber logrado varios años de recuperación de sus diversas adicciones lo convierte en un buen candidato para la terapia con un profesional que esté familiarizado con el tratamiento de sus adicciones en particular. Pocos adictos, de cualquier clase, se recuperan sin tener que llegar a reconocer sus tremendas inadecuaciones en el área de las relaciones personales pero, en especial los hombres, necesitan mucho coraje para llegar a estar dispuestos a pedir ayuda para encarar el que a menudo es su aspecto más dañado y vulnerable.

Estimada señora Norwood:
Su libro es increíble. Lo leí por razones profesionales y personales. Quedé pasmado. Usted respondió una pregunta muy profunda en mí. Durante mucho tiempo

me pregunté: «¿Adonde se han ido todas las mujeres?». Ahora tengo cincuenta y seis años.

En el pasado, las mujeres se apiñaban a mi alrededor. Cuando peor era mi estado, cuanto más desgraciado parecía, más acudían a consolarme. *Siempre* tenía mujeres en mi vida, atendiéndome y tratando de mejorarme.

Eso fue hace años, cuando bebía en exceso, era chauvinista con las mujeres, tenía prejuicios contra negros y judíos y contra cualquier cosa. ¡Era muy popular! De todas partes venían mujeres para estar conmigo. Pero ahora ninguna mujer se interesa en mí, ya no me rodean como si fuera su deber «ayudarme». ¡Incluso me cuesta encontrar mujeres que quieran ser solo mis amigas! Deben de tener la impresión de que no las «necesito». Incluso, a algunas, debo de parecerles una amenaza, aunque tengo tanto para dar en una relación como necesito recibir.

Pero ahora, con la ayuda de su libro, ¡otra vez puedo tener mujeres en mi vida! Cuando conozco a una mujer interesante, le contaré cómo, cuando era alcohólico, prejuicioso y odioso, muchas mujeres se interesaban en mí, y que ahora que estoy más sano hay muy pocas. Le hablaré de su libro. Le diré cómo me ha cambiado la vida, cómo me libré de tanta desgracia pero, al mismo tiempo, perdí mi «encanto». Tal vez a ella le interese. ¡Y quizá llegue a tener una buena amiga!

EARNEST L.

Cuando recibí la carta de Earnest, la respondí y, varios meses más tarde, volví a escribirle, esta vez para solicitar permiso para usar su carta en este libro. Junto con su respuesta afirmativa, me envió esta nota.

¡Su libro me ayudó a encontrar una mujer realmente estupenda! ¡Me casé con ella!

Earnest

A veces tengo la sospecha de que la mayoría de las mujeres de esta cultura son codependientes (y, más especialmente, coalcohólicas), y sé que estas mujeres codependientes están desesperadas y decididas a encontrar alguien a quien salvar y cambiar. Las mujeres más sanas, por definición, no se desesperan por encontrar pareja, y punto. Por eso, es natural que Earnest fuera muy solicitado en la cumbre de su enfermedad y no tanto en su recuperación.

Su carta y la nota posterior no han sido incluidas aquí para implicar que el hecho de leer *Las mujeres que aman demasiado* ayuda a hacer matrimonios felices. Están aquí simplemente para demostrar que hubo al menos una mujer que lo halló lo suficientemente atractivo en la sobriedad para casarse con él.

Estimada señora Norwood:

Acabo de terminar de leer su libro, el cual aprecié mucho y necesitaba mucho. Hace poco tiempo terminé, o concluyó para mí, una relación con una mujer a quien quería mucho. Su comportamiento durante el transcurso de nuestra relación me desconcertaba un poco, pero aun así la amaba. Ahora que he leído su libro, la conducta y la historia previa de esa mujer me resultan mucho más comprensibles.

Aún creo que ella podría tener un sitio en mi vida o yo en la suya y quisiera que usted me diera su opinión, para poder relacionarme mejor con ella en el futuro. En la actualidad estoy consultando a un terapeuta por esta cuestión. Logré que Andrea también ingresara en terapia, pero creo que el terapeuta no reconoció cuál era su problema. A Andrea, la terapia le resultó amenazadora, por eso la dejó y también me dejó a mí.

Mi preocupación por Andrea es sincera y por eso le escribo esta carta. Quisiera que usted la ayudara o me ayudara a hacerlo.

TERRANCE R.

En mi opinión, nadie tiene por qué encargarse de buscar terapeutas a otra persona. Cada vez que sentimos la tentación de hacerlo, lo mejor es analizar nuestros motivos con mucha atención. Si bien podemos pensar que, más que nada, nos interesa el bienestar de la otra persona, por lo general tenemos una «agenda» definida de resultados que queremos que esa persona obtenga mediante la terapia y, por lo tanto, buscamos un terapeuta que produzca esos resultados. Lo que hay aquí es cualquier cosa menos una preocupación desinteresada por el bienestar ajeno. El motivo es el interés propio, que funciona bajo la apariencia de «tratar de ayudar».

Aun cuando nada de esto fuera cierto, el hecho de buscar un terapeuta para otra persona simplemente no da resultado. La decisión de ingresar en terapia es intensamente personal y no puede tomarse legítimamente para complacer a otro. Para que el proceso terapéutico dé resultado, el paciente debe tener un deseo definido de autoconocimiento y debe asumir libremente el compromiso de perseguir ese objetivo. Sin esta clase de incentivo, la terapia no puede tener éxito.

Es obvio que, detrás de la preocupación de Terrance por que Andrea consulte a un terapeuta, está su esperanza de que, al hacerlo, ella se vuelva más receptiva a sus atenciones. Por mucho que él desee un vuelco así en su relación, si *él* desea recuperarse, la única terapia que debe interesarle es la propia.

Estimada señora Norwood:
He sido un hombre que atrae a mujeres que aman demasiado y puedo confirmar la desdicha que viven a diario ambos integrantes de una relación así.

Mi esposa, Pam, y yo nos conocimos hace veintidós años en lo que, según su libro, fue un encuentro típico. Un amigo mío había recogido a la última muchacha que lo había atraído y Pam estaba con ella. Los tres vinieron al sitio donde yo estaba jugando al *pool* porque mi amigo quería que yo prestara atención a Pam para que él pudiera concentrarse en la otra muchacha. Yo me mostré frío, distante, indiferente, grosero e interesado solamente en jugar al *pool* pero, después de mucha insistencia por parte de mi amigo Al, salí con ellos. Al cabo de un par de horas, llevamos a las muchachas a su casa, yo fui a la mía y olvidé por completo a Pam. Unos tres días más tarde, Al empezó a decirme lo mucho que Pam deseaba volver a verme y, si bien recuerdo que no me interesaba, recuerdo también que me impresionó el hecho de que *cualquier* chica quisiera verme o salir conmigo. No recuerdo exactamente cómo fue que volvimos a vernos, pero sí recuerdo que la besé y al instante me enamoré perdidamente. Así comenzó lo que fue una relación de veintidós años, desgraciada para los dos, y nuestros cuatro hijos parecen haber llevado este estilo infeliz de vida aún más lejos que nosotros. Tal como lo hicieron innumerables tontos antes que yo, he pasado estos últimos años causando estragos en mi familia y, especialmente, a mi esposa. Lo que ella y yo hicimos juntos podría constituir un anteproyecto para crear una vida torturada. He llegado a enfermarme al recordar acontecimientos de nuestra vida. El hecho de aceptar mi responsabilidad por mis actos ha sido una pesadilla inevitable y no tengo forma de expresar el alcance de mis remordimientos. Empecé a aprender que *tenía* que cambiar cuando participé en un curso llamado «Cómo entenderse usted mismo y a los demás». Allí, oí cómo un hombre describía fría y desapasionadamente las circunstancias de la muerte de uno de sus hijos y comprendí que ese hombre sería yo mismo en quince años más. Me sentí aterrado, asqueado, agobiado y, al mismo tiempo, decidido a cambiar. No sucedió en una sesión de terapia; sucedió al oír y sentir la experiencia de alguien a quien había conocido apenas veinticuatro horas antes. El hombre ni siquiera se conmovió al contar esas cosas; yo sí.

La impresión de esa noche precipitó una serie de cambios que yo absolutamente tenía que hacer para poder continuar viviendo conmigo mismo, pero esos cambios invirtieron los roles que mi esposa y yo habíamos desempeñado durante tanto tiempo. En lugar de mostrarme frío, indiferente e insensible, de pronto estuve lleno de emoción. Mi esposa, a su vez, se retrajo.

Ahora, con esta inversión de roles, nuestra relación se ha deteriorado drásticamente. El solo hecho de intercambiar roles no ha aliviado ni reducido la angustia de nadie, pero nos ha ayudado a entender cuál ha sido la experiencia del otro en la relación. Después de haber causado tanto sufrimiento, ahora me siento víctima de mi esposa.

Hace dos semanas fue presentada mi demanda de divorcio y (característico de alguien que es incapaz de tomar una decisión) sucedió por «casualidad». Mi abogado la presentó porque creía que yo había pagado su anticipo. No lo había pagado. El hecho de no pagarlo fue mi manera inconsciente de evitar la responsabilidad por mi propia vida. Es vergonzoso pero cierto que me enteré de la demanda por mi esposa, que lo leyó en el periódico la mañana siguiente. No quiero divorciarme de ella. Quiero que nos curemos juntos y, al mismo tiempo, sé que eso solo puede suceder si los dos nos comprometemos a enfrentarnos individualmente. Sé que necesito enfrentar la angustia informe que siempre me ha acosado. Es una responsabilidad personal e inevitable para mí, esté casado o no.

Por eso, pase lo que pase entre Pam y yo, agradezco que usted y otros estén inspirando en mi vida un cambio que me ayudará a ser un ser humano mejor.

WALT S.

Muchas de las mujeres que hemos tenido como pareja a hombres como Walt soñamos con que el hombre de nuestra vida experimente un cambio emocional tan grande como el que él describe. Sin embargo, Walt también relata que su relación está en una situación peor que nunca, lo cual da la impresión de que su esposa no desea realmente tener intimidad emocional con él. Su compromiso de cambiar parece tan sincero que resulta fácil pasar por alto el hecho de que el abuso emocional ha sido, durante mucho tiempo, una parte importante de ese matrimonio y de que hay, al menos, una alusión al abuso físico (aunque Walt en ningún momento admite haber abusado físicamente de su esposa e hijos).

Ya sea que esta fuera o no una situación que incluyera solo abuso emocional o también abusos físicos, el esquema de relación existente entre estas dos personas puede comprenderse mejor al aplicar a sus interacciones las fases del síndrome de violencia. Las fases son las siguientes: primero, tras un episodio de abuso, por lo común la parte maltratada de la pareja decide no soportar más abusos; en otras palabras, amenaza con abandonar la situación. La fuerza de esa resolución se ve igualada por los remordimientos expresados por el ultrajador, *el motivo de los cuales es no perder el control sobre la víctima.* Todas las declaraciones de Walt acerca de haber visto la luz forman parte de este ciclo. Las disculpas y las promesas de cambiar resultan tan elocuentes y convincentes (y, por lo común, la parte maltratada es tan adicta al ultrajador) que esta fase siempre da como resultado la reconciliación de la pareja. Entonces sigue una fase de «luna de miel» durante la cual el ultrajador demuestra una conducta irreprochable. Durante ese período, la parte ultrajada se siente fuerte y poderosa, convencida de que ha logrado controlar al hombre y la situación. Poco a poco, sin embargo, la tensión empieza a aumentar y, tarde o temprano, los malos tratos vuelven a empezar y a aumentar, y alcanzan un grado más dañino que el del episodio anterior. Este arrebato es seguido, una vez más, por remordimientos, disculpas y promesas de reformarse, además de ramos de flores, tarjetas románticas, etc. Francamente, es difícil imaginar una relación más intensa. Ninguna mujer que tenga una relación estable y sana es cortejada con la obstinada devoción demostrada por el ultrajador, ya sea en la etapa de noviazgo o de luna de miel. En efecto, con la excepción de los malos tratos físicos y/o la humillación emocional, la relación abusiva es la que mejor encaja en la idea que se tiene en nuestra cultura de cómo se expresa el «verdadero amor». Los ruegos, las súplicas, las flores, las cartas, las llamadas telefónicas desesperadas, las amenazas de suicidio o asesinato o ambas cosas a menos que haya reconciliación: todos estos son componentes típicos de la relación abusiva en la etapa del noviazgo, y nuestra cultura da a estas manipulaciones un carácter romántico que indicaría un «verdadero amor».

Para la parte maltratada de la pareja, estas actitudes resultan no solo tranquilizadoras sino, además, profundamente halagadoras, y esta es precisamente su intención. Ahora, ella está segura de que la situación se ha invertido y de que, dado que ella es tan deseable para él y tan necesaria para su vida, tiene poder sobre él. Será capaz de dominarlo. Esa necesidad de dominarlo es, por lo general, su mayor motivo para estar en la relación pero, debido a la intensidad de su impulso y a las emociones poderosas que genera en ella, cree estar «enamorada». Entonces, por un tiempo, él ruega y suplica, y ella lo domina y experimenta el regocijo que le proporciona el hecho de tenerlo donde desea. Pero, tarde o temprano, la situación vuelve a invertirse. No importa cuál de los dos actúe con emoción mientras el otro reacciona con fría indiferencia: la capacidad para la intimidad emocional permanece inalterada; el impulso de manipularse y dominarse mutuamente, de *ganar*, no disminuye.

Si la esposa de Walt es indiferente a sus promesas de cambiar aun cuando él está hablando de sus sentimientos, es probable que lo sea porque trata de prolongar la fase de noviazgo o porque al fin ha descendido del carrusel en el que han estado juntos durante tantos años. Si en verdad ella ha dejado de cumplir con su parte del baile que han hecho juntos, solo el tiempo dirá si Walt está buscando su recuperación por la impresión que causará en Pam o realmente por su propio bien. Sí, él es muy persuasivo... pero los ultrajadores siempre lo son. Es su recurso en la fase de noviazgo y hace que la parte maltratada de la pareja se sienta desleal e injusta para con el ultrajador al no apoyar con afecto esas promesas de cambio.

Cuando las personas se dedican con sinceridad a su propia recuperación, se vuelven reservadas.

Cuando las personas se dedican con sinceridad a su propia recuperación, se vuelven reservadas con respecto a su lucha por la autocuración. Por ejemplo, conozco a un hombre que pasó varios años ingresando en Alcohólicos Anónimos y abandonando el tratamiento (adquiriendo sobriedad y perdiéndola). Este hombre, durante los períodos en los que asistía a A.A., siempre se cercioraba de que toda su familia supiera que iba a una reunión. «¡Bien, me voy a mi reunión de A.A.!», anunciaba, al salir de la casa. A veces iba a las reuniones, pero otras veces salía a beber. Cuando al fin aceptó de corazón que era un alcohólico enfermo y que su enfermedad lo estaba matando, volvió a Alcohólicos Anónimos por su propio bien. Llevaba varias semanas asistiendo a las reuniones con regularidad antes de que su familia se enterara de que lo estaba haciendo. Ya no iba a Alcohólicos Anónimos para convencerlos de nada. Iba para salvar su propia vida.

En los hombres, tanto como en las mujeres, la recuperación se produce solo cuando se la busca por el bien propio, por la paz mental que promete, y no por el efecto que tendrá sobre el matrimonio. De otro modo, la «recuperación» es solo un movimiento más en el juego conyugal de ajedrez, otro paso en la danza mortal entre esas dos personas atrapadas en un asfixiante abrazo de obstinación.

Entre paréntesis, la forma en que Pam y Walt se conocieron y formaron pareja es un ejemplo ilustrativo de que en las relaciones no existe la casualidad. En su primer encuentro, por decirlo de manera muy sencilla, Walt no hizo nada para amenizar ese momento juntos. Es probable que Pam ya fuera veterana en eso de recibir actitudes odiosas, desde mucho tiempo antes de conocer a Walt. Él representaba la atractiva posibilidad de poder convertirlo en alguien que la tratara mejor. Cuando Walt, después de demostrar abiertamente su insensibilidad e indiferencia, descubrió que esa persona se sentía atraída a pesar de todo, de inmediato «se enamoró». Pam, sin duda, no tardó en intentar cambiarlo, mientras que él tenía toda la justificación para resistirse más y rebelarse a los esfuerzos de ella. Esta conducta, intercalada con episodios ocasionales de arrepentimiento si había llegado demasiado lejos y corría peligro de perderla, simplemente aumentó su intensidad en el transcurso de los veintidós años que llevan juntos. Pero su danza comenzó en el momento en que se conocieron.

Estimada señora Norwood:
Leí su libro hace aproximadamente un año. Quisiera compartir con usted los progresos que logré en los últimos once meses. Tengo cuarenta años, soy homosexual y he amado demasiado. Durante siete años estuve en terapia en forma intermitente, tratando de resolver mis problemas de relación. Durante un período de casi dieciocho años, tuve una serie de relaciones con hombres inadecuados e inaccesibles. Francamente, la terapia no me proporcionó resultados definitivos, sino solo un alivio pasajero durante períodos de crisis, y nunca encaramos realmente ni curamos las cuestiones primordiales.

Después de leer su libro, pensé mucho y comprendí que los hombres con quienes había estado no eran los únicos inaccesibles o inadecuados, sino que yo también lo era. Me llevó un poco más de meditación concentrarme en mi adicción y razonar qué era lo que contribuía a hacerme inaccesible, no solo para los demás sino, esencialmente, para mí mismo. Comprendí que era adicto al sexo y a la búsqueda de amor. Tuve o tengo muchos de los mismos síntomas de un drogadicto o un alcohólico, solo que mi vía de escape había sido el sexo. El diecisiete de junio del año pasado asistí a mi primera reunión de un programa de Doce Pasos para la Compulsividad Sexual. En los últimos once meses he eliminado mi conducta sexualmente compulsiva. En los últimos cuatro meses he utilizado la abstinencia como herramienta para catarsis, como un enfoque para ponerme en contacto con miles de sentimientos y emociones que había eludido durante años y años. Por primera vez en mi vida, he podido encarar con claridad cuestiones de relaciones familiares, de autoestima y de obsesión romántica. Ahora veo la persona que he sido durante veinticinco años. Veo, también, el resurgimiento potencial de la persona *original* que fui en mi niñez. Tal vez pueda aceptarla y permitir que llegue a la adultez en los próximos veinticinco años (o más).

Gracias a su libro, aprendí que, a partir de la niñez, mi papel en la familia fue de «cuidador»; nunca encaraba mis propios problemas, necesidades o sentimientos, pues siempre los escondía o sumergía. En los últimos once meses he sido suficientemente fuerte o, si se quiere, suficientemente frágil para pedir ayuda a otras personas y, al mismo tiempo, convertirme en cuidador de mí mismo. He aprendido a «repararme» solo a mí (o, al menos, a intentarlo) y a dejar que quienes me rodeaban trataran de hacer lo propio.

El proceso no siempre ha sido fácil. Ha sido lento y difícil. Pero he desarrollado paciencia para enfrentar la vida de a un día por vez. ¿Quién sabe? Es probable que algún día, en un futuro no muy lejano, pueda incluso empezar a explorar las citas y sus riesgos, y con individuos accesibles y adecuados. Mientras tanto, me quiero y me acepto por lo que soy.

MICHAEL R.

El rol de «cuidador» en la familia de origen, especialmente si esa familia es severamente disfuncional, puede impedir que el niño que lo desempeña llegue realmente a conocerse o a entenderse a sí mismo. Está demasiado ocupado conociendo y entendiendo a todos los demás y apagando los incendios emocionales que lo rodean mientras crece.

Este ambiente infeliz y dramático promueve, primero, una familiaridad con la excitación, la lucha y el dolor, y más tarde una necesidad de experimentarlos. Entonces, en todas sus relaciones y situaciones posteriores, busca ese mismo tono emocional intenso, cargado de profundos secretos y presiones explosivas. Cuanto mayores son las dificultades de un encuentro, más excitante resulta y más intensas son las sensaciones de excitación sexual que despierta. Estos sentimientos, apremiantes en su misma familiaridad, resultan poderosamente atractivos y a menudo se los identifica erróneamente como amor. La persona que fue formada por sus experiencias infantiles de presión agobiante ahora crea y perpetúa activamente esa presión en sus esquemas actuales de relación. Esta clase de encuentros sumamente dramáticos, frustrantes e incluso peligrosos puede formar parte tanto de las interacciones homosexuales como de las heterosexuales. De hecho, debido a que nuestra sociedad hace que la reserva sea un elemento tan necesario en las interacciones homosexuales, sus elementos dramáticos se ven particularmente realzados.

Michael tuvo mucha suerte al poder reconocer que tanto su conducta sexual como su conducta en las relaciones eran, en general, adictivas. Creo que su consiguiente participación en un programa de Doce Pasos es también muy afortunada y apropiada. Es un enfoque seguido por un número cada vez mayor de individuos homosexuales y heterosexuales que, como Michael, admiten el hecho adictivo de su conducta sexual. Esto no implica que las relaciones homosexuales en y por sí mismas indiquen necesariamente la presencia de adicción sexual. Quiero señalar que la adicción sexual es una condición que algunos homosexuales y heterosexuales por igual necesitan encarar.

La posibilidad mortal de contraer SIDA a través de la búsqueda compulsiva de encuentros sexuales con parejas de cualquier sexo finalmente arroja luz sobre la búsqueda *adictiva* del sexo. Ahora podemos entenderla y encararla no como un estilo de vida libremente elegido, aunque poco convencional, sino como la enfermedad progresiva y potencialmente fatal que es.

Por último, el compromiso de Michael con un período de abstinencia a fin de permitir que sus emociones y experiencias sepultadas afloraran es una decisión muy sensata y valiente. Todos debemos renunciar a la «droga» que ha actuado como una suerte de amortiguador entre nosotros y nuestro dolor, si deseamos curar todo lo que ha sido dañado en nosotros.

Las siguientes cartas hablan claramente por sí mismas y no requieren ningún comentario adicional por mi parte.

Querida Robin:

Una amiga me prestó su libro hace algunos meses para que lo leyera. No me impresionó demasiado, salvo como una morbosa colección de historias terroríficas. Poco después, me relacioné con una mujer que estaba en proceso de separarse de su esposo alcohólico. En mis cuarenta y cuatro años, nunca había conocido a nadie que me pareciera la pareja ideal para mí hasta que la conocí a ella, ¡aunque me casé tres veces! Sabía que ella se sentía confusa e insegura, que tenía una cantidad de cuestiones sin resolver en su vida además de su matrimonio/separación, y que necesitaba tiempo. Fui paciente, afectuoso, tolerante y le brindé mucho apoyo. Pronto supe que la amaba. Ella decía que nunca había conocido a nadie que, como yo, fuera tan sensible a sus pensamientos, sentimientos, y a su mismo ser. Mis sentidos (instintos/intuición) nunca habían estado tan exaltados como con ella. Tenía las más intensas sensaciones de amor incondicional que hubiese experimentado jamás (fuera de la paternidad). Luego ella me dijo que necesitaba pasar un tiempo sin mí: no podíamos ser pareja, pero sí amigos.

De inmediato recurrí a la terapia para enfrentar ese renunciamiento. Comprendí que a ella la atraía una clase de hombre más machista que yo, alguien que fuera, en cierto modo, inaccesible. Ella lo confirmó. Compré su libro para releerlo, a fin de aprender más acerca de ella. Lo llevé conmigo en las vacaciones, junto con algunos de los otros libros que usted recomendaba. Pasé una semana leyendo y llorando, y regresé a casa antes de lo planeado. Me había descubierto a mí mismo: hijo adulto de un alcohólico, un hombre que ama demasiado. Siempre me había considerado razonablemente normal y sano, y ahora me ha destruido el hecho de reconocer lo que ha sido mi vida.

Desde mi último divorcio, hace seis años, he participado en una variedad de experiencias terapéuticas. En lugar de aprender todas las lecciones de la vida acerca de las relaciones de la manera más difícil, como lo había hecho durante los veinte años previos, mi aprendizaje y mis cambios se aceleraron. Pasé veinticinco años participando en forma intermitente en experiencias terapéuticas. Durante los últimos cinco años de mi vida me he sentido muy estable y sano. Tengo un título en psicoterapia y soy profesor universitario desde hace una década.

Ahora sé que tengo graves problemas. Nunca había analizado mis problemas con las relaciones en el contexto de la niñez y el alcoholismo en la familia. Estaba dispuesto a aceptar esta ruptura reciente como una oportunidad de continuar mi crecimiento personal. Sin embargo, descubrí una enfermedad llamada amar demasiado. Ahora estoy emocionalmente inestable, tengo graves problemas y necesito ayuda. Esta semana empezaré a asistir a las reuniones de Hijos Adultos de Alcohólicos. A pesar de todo lo que sé sobre psicología, de alguna manera erré en mi propio diagnóstico, pero ahora que entiendo qué fue lo que me hizo ser así, me siento más cómodo con ese enfoque directo de mi problema.

FREDERIC J.

Querida Robin:
Susie me dijo con mucha calma, una noche en que estábamos acostados, que ya no estaba de acuerdo con mi evaluación negativa de la vida y que no estaba dispuesta a malgastar sus energías tratando de vivir con mi descontento y mi falta de sinceridad y sentimientos. Sus palabras —combinadas con un viaje reciente a la sala de emergencias con nuestra hija, viaje que, según descubrimos, fue totalmente provocado por la angustia que ella sentía por mí— finalmente lograron traspasar mi armadura. No pude hacer nada sino asentir. Leí su libro... y mi armadura se resquebrajó un poco más. Hacía mucho tiempo que no lloraba tanto como lloré al leer *Las mujeres que aman demasiado*. Ahora estoy consultando a un psicólogo y tengo esperanzas de modificar mi actitud con respecto a la vida.

BENJAMÍN D.

Estimada señora Norwood:

Tengo veintidós años, soy estudiante universitario y el próximo otoño empezaré mis estudios en la escuela de derecho. Tengo un padre alcohólico y una madre que no me brinda apoyo. Hace poco tiempo terminó mi relación con una chica a quien quería mucho. Somos personas muy diferentes y estábamos a punto de iniciar una terapia de pareja para tratar de resolver nuestros problemas. Pero ella terminó conmigo antes de que empezáramos las sesiones y yo decidí continuar solo. Mi terapeuta aún no había leído su libro, pero sabía cuál era mi problema. Tengo una larga historia de atracción por las mujeres que tienen problemas porque tengo la impresión de que me necesitan demasiado para romper conmigo. Mi terapeuta me decía que yo necesitaba estar con alguien que estuviese en igualdad de condiciones conmigo, pero yo seguía sintiendo que esas relaciones se frustraban por mi culpa. Gracias a *Las mujeres que aman demasiado*, ahora sé que no es así. Me espera un largo camino hacia la «recuperación», pero me sentí mejor después de leer apenas los primeros dos capítulos de su libro.

La razón por la cual le escribo es hacerle saber que hay muchos hombres que tienen este problema. Casi todos mis amigos lo tienen. Lo llamamos síndrome de «Los Sujetos Agradables Llegan Últimos». Hagamos lo que hagamos, siempre terminamos con una chica que nos lastima. Según parece, no podemos mejorar eso porque, si tratamos de tener una relación con una «mujer que ama demasiado», nos encuentra aburridos y nada intrigantes. Por otra parte, si nos relacionamos con una mujer que tenga las características de la mayoría de los hombres mencionados en su libro, caemos en un desastre de iguales proporciones, pues esas mujeres nos tratan mal. En cierto sentido, lo pasamos peor que las «mujeres que aman demasiado». De todos modos, es reconfortante saber que no estoy solo en esta lucha. Con la ayuda de mis nuevas percepciones, de mi terapeuta y de mis amigos, sé que lo lograré.

GLENN R.

Con la carta de Glenn, volvemos a la cuestión de los roles sexuales. ¿Quién lo pasa peor con la dependencia de las relaciones: un hombre cuya conducta resulta contraria a los preceptos culturales para su sexo o la mujer cuya conducta se ve reforzada por la cultura? Es obvio que los integrantes de ambos sexos luchan con este problema, aunque desde distintas posiciones de ventaja. Tratar de comparar y contrastar sus grados de sufrimiento quizá no sea tan productivo como reconocer que el sufrimiento está presente en ambos sexos y que no depende del rol que desempeña cada uno. De hecho, aun cuando los roles son intercambiables, la incapacidad para la intimidad emocional permanece constante. Esa incapacidad constituye la fuente más profunda de dolor y, también, el problema que requiere un nivel más profundo de curación. Mientras concentremos nuestra atención en el estado de nuestra relación con otra persona, a expensas del desarrollo de nuestra relación con nuestro yo interior, la capacidad para la intimidad emocional no aumentará. Seamos hombres o mujeres, debemos aceptar y amar a ese ser que está en nuestro interior para poder llegar a tolerar que otra persona se acerque lo suficiente para conocernos y amarnos.

10

CARTAS DE MUJERES QUE ESTÁN RECUPERÁNDOSE

El título de este capítulo final no fue concebido con la intención de implicar que solo aquellas mujeres cuyas cartas se reproducen a continuación están recuperándose realmente en la adicción a las relaciones. La mayoría de las otras mujeres cuyas cartas hemos leído también se encuentran en diversas etapas de la recuperación. Las tres cartas que aparecen a continuación simplemente sirven para iluminar un poco más algunos de los senderos que puede tomar la recuperación y la sensación que puede tener la mujer que se encuentra en uno de esos senderos.

La primera de estas cartas describe la calidad diferente de la interacción que puede darse en una pareja cuando quien antes cargaba con todo el peso de salvar la relación deja de esforzarse tanto por hacer lo que, después de todo, no es su exclusiva responsabilidad. A medida que ella mejora en su actitud hacia sí misma, abre un espacio para mejorar también la situación. Dicho de otra manera, no nos pisarán si no estamos ya acostados.

En la profesión psicoterapéutica, a menudo se comparan los matrimonios y las familias dinámicamente a un móvil colgante, cada una de cuyas partes representa a las personas involucradas. La estructura global se compone de las maneras en que las personas se interconectan unas con otras y del equilibrio así creado. Si una sola persona en la familia cambiara de posición, el equilibrio de toda la estructura cambia automáticamente. Este fenómeno se halla descrito brevemente en la carta de Merrilee.

¡Hola!
Acabo de terminar tu libro acerca de amar demasiado, ¡cómo me abrió los ojos! Primero me lo recomendó mi hermana y, la semana siguiente, una amiga me llamó para decirme que debería leerlo, de modo que lo tomé como una prioridad y me alegro muchísimo de haberlo hecho. ¡Ahora veo las cosas de una manera muy diferente! Decidí ingresar a un nuevo grupo que se está formando para Hijos Adultos de Alcohólicos. Mi hermana y yo nos reconocimos en la mayoría de los casos. Además, he notado, desde que leí tu libro, que mi esposo (alcohólico en recuperación) ha dicho a menudo: «Al fin y al cabo, ¿para qué te necesito?» si no estoy haciendo algo que él quiere. Entonces yo me ponía a temblar de miedo de que no me necesitara, porque eso significaba que no querría seguir conmigo... ¡a pesar de que siempre trabajé fuera de casa, cociné, limpié, me hice cargo de sus deudas monetarias desde antes de casarnos, etc., etc., etc.! La semana pasada, cuando me preguntó para qué me necesitaba, me limité a responder: «No lo sé; ¿para qué?». Esa noche, más tarde, me dijo que volvería a quedarme sola si no le compraba más fiambre para sus emparedados. Sentí una mezcla de miedo y regocijo al responder, simplemente: «Ah, ¿sí?». Más tarde, preguntó si aún lo quería.

Como ves, se me está abriendo el camino para llegar a lo que siempre esperé: ser libre y completa, y estar bien.

MERRILEE S.

Cuando uno de los integrantes de una pareja cambia, hay solo tres resultados posibles. O la otra persona se adapta a ese cambio, o la persona que cambió primero vuelve a su estado anterior, o la relación misma se altera en forma drástica. La mayoría de nosotros nos sentimos amenazados por cualquier tipo de cambio que se nos impone, aunque este sea potencialmente positivo. Nuestra reacción inicial es, por lo común, un intento de restaurar las viejas y conocidas condiciones con las cuales nos sentimos cómodos y las que podemos tolerar en forma adecuada. Por otra parte, muchos creemos que, si alguien nos amara de verdad, esa persona nos protegería de la obligación de cambiar y, más aún, nos permitiría continuar exactamente como estamos. Cuando la conducta de otro nos exige analizar y adaptar la nuestra, podemos interpretarlo como una falta de amor. Lamentablemente, muchos preferimos un *statu quo* estancado y no el desafío de enfrentar cambios que podrían mejorar la calidad de nuestra vida.

Cuando Merrilee permitía que su esposo la tratara mal, no estaba haciéndole un favor a expensas de sí misma. Lo que hacía era permitir en forma pasiva interacciones que resultaban insalubres para *ambos.* Al cuidar mejor de sí misma, está creando una oportunidad para que su esposo llegue a ser más maduro y responsable como pareja. El hecho de que él pueda o no aceptar ese desafío no tiene nada que ver con lo acertado de la acción ni con el valor de Merrilee como persona. La reacción de él refleja su capacidad o incapacidad de evolucionar como persona en la relación.

Para utilizar la analogía del «baile» de *Las mujeres que*

aman demasiado, cuando el esposo de Merrilee ejecuta uno de sus pasos habituales, espera que ella, a su vez, haga el paso correspondiente. Cuando ella responde con un paso nuevo y desconocido, él pierde el equilibrio. De pronto, se encuentra con una pareja que está bailando un ritmo que él no conoce. Naturalmente, se siente amenazado y trata de hacerla volver a su rutina ya conocida. Si no puede hacerlo, tendrá que armarse de la humildad necesaria para aprender los nuevos pasos, o bien dejar de bailar con ella y buscar otra pareja con la cual pueda interactuar de la manera que le resulta más familiar.

Cabe reconocer la posibilidad de que la nueva conducta de Merrilee para con su esposo pueda provocar el fin de su matrimonio. Todos corremos ese riesgo cuando dejamos de hacer lo que no es bueno para nosotros en una relación. Sin embargo, siempre he observado que, en última instancia, no se nos castiga por buscar nuestra propia recuperación. Ciertas condiciones pueden alterarse de maneras que, al principio, resultan alarmantes; pueden marcharse algunas personas a quienes preferiríamos tener cerca. Pero, al final, la vida mejora en relación directa con la medida en que lleguemos a ser más fieles a nosotros mismos.

La siguiente carta resume lo que todo este libro ha estado tratando de comunicar con respecto a la manera en que se produce la recuperación, lo difícil que es lograrla, algunas de sus grandes recompensas y el hecho de que siempre es un proceso continuo.

Estimada señora Norwood:
Cuando compré su libro solo pude leer pocas páginas por vez. ¡Me afectó mucho porque me reconocía en cada página!

Tengo cuarenta y cuatro años de edad y llevo dos años en Alcohólicos Anónimos. Bien, después de leer y releer su libro, en diciembre todo empezó a agitarse en mi interior. Hasta entonces, no tenía idea de mi incapacidad de concentrarme en mí misma en lugar de «él». Usted dice que, cuando las mujeres como yo empiezan a concentrarse solo en sí mismas, pueden encontrar una depresión subyacente que han tenido oculta durante años. Pues bien, eso fue lo que me sucedió, y el mes de enero fue el peor de mi vida sobria. Pero todas las mañanas, junto con mis libros de Alcohólicos Anónimos, leía la sección de su libro en la cual usted me garantizaba que, si hacía lo que usted decía, me recuperaría también de esta enfermedad (tal como me prometieron, en Alcohólicos Anónimos, que si asistía a las reuniones y no bebía, mejoraría).

Bien, pasé el mes de enero rezando, hablando con mi patrocinador y con otros integrantes de Alcohólicos Anónimos, asistiendo a las reuniones, y tenía la impresión de que solo estaba empeorando. No quería beber, no quería morir, pero el dolor era tan horrible que no deseaba seguir viviendo. Parecía que todo el dolor de mi vida estaba aflorando, y empecé a sentir una ira que nunca había conocido.

Finalmente, un día, mientras decía mis oraciones matutinas, admití que estaba completamente derrotada y supongo que al fin me rendí por completo a Dios.

Ese fue el día en que comprendí que necesitaba asistir no solo a las reuniones de Alcohólicos Anónimos sino también a las de Hijos Adultos de Alcohólicos. Mis padres viven y continúan bebiendo. Entonces, con la ayuda de algunos amigos, finalmente admití que necesitaba más ayuda que la que me brindaban las reuniones y, por una serie de circunstancias, acabé por consultar a una terapeuta que es absolutamente maravillosa. Ella me sugirió que concurriera a un taller de cinco días de Hijos Adultos de Alcohólicos. Medité y medité acerca de si debía dejar a mis dos hijos adolescentes durante una semana pero decidí que, si había llegado hasta esa altura, tenía que ir. Pues bien, fui la semana pasada. Enfrenté toda la ira y todo el dolor que llevaba dentro.

Señora Norwood, no puedo expresar lo maravillosa que me siento hoy. Me siento más sólida, como si mi interior y mi exterior estuvieran más unidos que nunca.

Cuando yo era niña, la mujer que vivía al lado solía cantar mientras trabajaba, y yo la escuchaba y ansiaba tener esa sensación de felicidad en mi familia y en mí misma. Bien, aún no canto, pero sí río e incluso tarareo un poco. Fui una chica muy gentil y, por primera vez en mi vida adulta, empiezo a sentir que aún conservo esa gentileza y que es una parte importante de mí. En el taller me dijeron que colocara una fotografía mía de cuando era niña, en un sitio donde pudiera verla todos los días. La tengo sobre el espejo, junto a mi pulsera de identificación del hospital de rehabilitación en el que estuve hace dos años. Todas las mañanas me ayuda a recordar que debo ser gentil conmigo misma.

Después de tres matrimonios (los últimos dos con el mismo hombre; el primero, que duró catorce años, con el padre de mis hijos) y tres divorcios (no empecé a beber sino hasta mi primer divorcio, hace diez años), ahora estoy relacionada con un hombre maravilloso. Es divorciado y lleva seis años de sobriedad en Alcohólicos Anónimos. Vive a dos horas de viaje de aquí, de modo que nos vemos solo los fines de semana, lo cual nos deja mucho tiempo individual. Ambos tratamos de tener una relación sana, pero a veces no es fácil, porque el hecho de estar sanos es muy nuevo para nosotros.

Tengo que hablarle sobre su comentario «Ah...» al

que se refiere en la sección de «no dejarse enganchar en los juegos» de *Las mujeres que aman demasiado*.

Una noche, él me llamó una hora más tarde que de costumbre. Bien, yo había empezado a sentirme angustiada, abandonada, furiosa, pero, en lugar de llamarlo y hacerme la víctima (sé desempeñar muy bien ese papel), tomé su libro. Me quedé sentada en mi cama, al estilo indio; prácticamente ardía con aquella vieja compulsión por llamarlo y destruirlo con mi silencio. En cambio, estaba leyendo la sección de su libro que trata sobre los juegos cuando sonó el teléfono. Cuando él empezó a disculparse, dije, como al pasar: «Ah; no importa, estoy bien», y empecé a charlar de otras cosas. Él se sorprendió tanto que exclamó: «¿En serio?». El resto de la conversación salió bien.

Después me pregunté si lo había hecho a la perfección, pero decidí que, al menos, había utilizado el «Ah». Ahora, cada vez que empleo esa palabra o la oigo, no puedo evitar sonreír.

Han pasado cinco días desde que empecé esta carta y acabo de releer lo que he escrito. Me siento bastante vulnerable al revelarle todos estos pensamientos cuando ni siquiera la conozco. Pero vale la pena correr ese riesgo porque creo que, después de todo, sería egoísta de mi parte el no compartirlos con usted.

No soy muy buena para las despedidas. Siempre me entristecen. Pero creo que, por ahora, esto es todo.

SARA P.

La carta de Sara ilustra varias facetas importantes de la recuperación. El grado de dolor que tuvo que soportar hasta estar dispuesta a rendir su adicción a las relaciones al mismo Poder que había curado su adicción al alcohol es típico en las mujeres que aman demasiado. No nos resulta fácil renunciar a nuestros esfuerzos por controlar lo incontrolable. Otro hecho típico es que, una vez que Sara se rindió por completo, de inmediato se le abrió el camino hacia esa nueva recuperación. Es importante entender que la ruta a la recuperación no consiste en buscar las respuestas con frenesí. El primer paso es, necesariamente, estar totalmente dispuestas a recuperarse, pase lo que pase. Entonces se revela la ruta hacia la recuperación.

En la recuperación, conservar el aplomo se convierte en una prioridad mayor que el hecho de despertar lástima o de buscar la revancha.

Cuando Sara, a pesar de su angustia, dolor y furia por la demora de la llamada telefónica, logró decir simplemente «Ah...» en lugar de intentar castigar al hombre con quien está relacionada, alcanzó una victoria importante en su recuperación. El hecho de conservar el aplomo se convirtió en una prioridad mayor que el de despertar lástima o buscar la revancha. Naturalmente, su nuevo comportamiento y la respuesta poco habitual que generó resultaron un tanto perturbadores. Todos necesitamos cierta práctica en las líneas de conducta que forman parte de la recuperación para que lleguemos a sentirnos cómodos con ellas como parte de nosotros. Al principio, estos nuevos esquemas de interacción pueden parecer fríos, insensibles o abruptos. Si después de esta clase poco acostumbrada de diálogo nos encontramos luchando con la duda, como sucedió a Sara, podemos beneficiarnos si hablamos con otra persona que esté recuperándose. Esa persona puede evaluar objetivamente lo que sucedió y reforzar nuestros intentos de practicar la recuperación.

Por último, los sentimientos de vulnerabilidad que experimentó Sara después de comunicarse tan abiertamente conmigo merecen atención. El proceso de recuperación tiene un resultado automático, que es el hecho de que nos relacionamos con los demás en forma más genuina, más abierta, menos defensiva y menos autoprotectora. El hacerlo así crea en nosotros una sensación de mayor vulnerabilidad. Por otra parte, la recuperación también nos proporciona una mayor conciencia de todos nuestros sentimientos, junto con una mayor capacidad de manejarlos. La sensación de vulnerabilidad que experimentó Sara es tan indicativa de su recuperación como el coraje que tuvo para escribir con tanta honestidad (y luego *enviar* la carta) a pesar del riesgo que percibe. El hecho de compartir nuestras experiencias en la recuperación es parte de la recuperación misma.

Esta última carta, muy extensa y rica en detalles, parece muy apropiada para concluir este libro. Presenta un cuadro muy significativo de la adicción a las relaciones. Su autora describe en forma sumamente conmovedora muchos de los sentimientos y experiencias, tanto de su niñez como de la vida adulta, que son comunes a quienes han crecido en hogares alcohólicos tensos y dominados por altercados:

- Los padres alcohólicos sospechan (a veces con razón) que sus hijos consumen drogas; se concentran en ese problema y lo consideran la causa de todos los problemas de la familia, pero ignoran los efectos que su propio alcoholismo tiene sobre la familia.
- Los hijos experimentan un verdadero alivio al ser trasladados de sus caóticos hogares alcohólicos al ambiente comparativamente estable y previsible de instituciones, tales como un hospital psiquiátrico o un centro de detención para menores.

- El «matrimonio de fuga» (para emplear el término aplicado por Gail Sheehy en su libro *Transiciones*) como medio de escapar de un ambiente familiar intolerable.
- Miembros de las profesiones asistenciales que no logran evaluar la presencia de alcoholismo en los padres de un chico con problemas. (Se trata del factor principal en la vida de la mayoría de los niños y adolescentes alterados, pero rara vez se lo diagnostica, aun después de varios encuentros con directores, psicoterapeutas, autoridades de menores, etc.)
- La tendencia de quienes provienen de hogares alcohólicos de desarrollar una dependencia química y/o de casarse con alguien que la tenga.
- La «necesidad de ser necesitado», tan común en las hijas adultas de alcohólicos, que hace que se vean atraídas por hombres cuya vida es caótica y las lleva a abandonar a su pareja si el estado de esta mejora en forma significativa.
- Los amargos dramas en los cuales están enredadas muchas familias alcohólicas, que a menudo se prolongan durante décadas y generaciones enteras, y en los cuales los hijos se ven obligados a tomar partido en la batalla constante.
- La necesidad que experimenta el hijo adulto de un hogar alcohólico de sentirse «en control», tanto en el aspecto personal como en el profesional.
- El alcoholismo y el coalcoholismo, que hacen que la vida resulte imposible de manejar.
- La necesidad de enfrentar resentimientos ocultos durante mucho tiempo y de librarse de ellos para que pueda producirse la recuperación.

Esta carta muestra también con absoluta claridad muchos aspectos de la relación entre un hombre físicamente abusivo y la mujer que es incapaz de estar lejos de él, especialmente los aspectos repetitivos o hereditarios que intervienen en la vida de ambos:

- La presencia de dependencia química en los antecedentes familiares de ambos integrantes de la relación violenta.
- El hecho de que el miembro violento de la pareja fue, a su vez, tratado con violencia en su niñez.
- El patrón de extremo caos y/o violencia en los antecedentes familiares de *ambos* integrantes de la relación violenta.
- El agravamiento de la violencia física durante el embarazo, debido a un aumento de las necesidades de dependencia y del temor en ambos integrantes de la pareja.
- La naturaleza progresivamente adictiva de la relación violenta.

Lo más importante, sin embargo, es que esta carta describe la recuperación no solo de la adicción al alcohol sino también de la adicción a las relaciones según opera en la mujer golpeada. Quienes hemos trabajado con víctimas de la violencia doméstica sabemos con qué poca frecuencia estas mujeres son capaces de abandonar a los hombres que las maltratan y de mantenerse lejos de ellos. Todos conocemos la desalentadora regularidad con que una mujer golpeada vuelve con el hombre que la maltrata, que puede llegar a matarla, o ella a él, mientras recorren juntos esa espiral siempre ascendente del ciclo de la violencia.

Creo que no es oportuno repetir que es posible entender y tratar mejor a las mujeres físicamente maltratadas cuando se reconoce su adicción a las relaciones. Están afectadas por una enfermedad progresiva y, en última instancia, fatal, que tanto ellas como quienes las tratan deben tomar con tanta seriedad como lo harían con cualquier otra forma de adicción fatal. Las únicas mujeres que, según mi conocimiento personal, se han recuperado de esta variedad particularmente dramática y mortal de la adicción a las relaciones lo han hecho mediante su participación en algún programa de Doce Pasos, por lo general en Alcohólicos Anónimos o en Al-Anon. Tal como es el caso de la siguiente carta, todas las mujeres golpeadas a quienes he conocido reunían los requisitos para ser miembros de uno de esos programas o de ambos y, cuando aplicaron esos principios a su adicción a las relaciones, comenzaron a recuperarse.

La razón por la que he incluido esta carta aquí y no en el capítulo sobre mujeres golpeadas es que describe una experiencia de conversión. Muchos alcohólicos (pero de ninguna manera la mayoría) pasan por una experiencia de conversión similar, un despertar profundamente espiritual que es repentino e indescriptiblemente apremiante, después del cual nunca vuelven a tener necesidad de beber. En esta carta, veremos cómo una mujer golpeada, adicta a las relaciones, tuvo esta experiencia de conversión. A algunos de quienes lean esta carta puede costarles creer que sea genuina, que esa curación realmente se haya producido como se describe aquí. He conocido a suficientes personas que han experimentado una recuperación similar de otras enfermedades adictivas fatales para saber que esta clase de milagro puede suceder, y sucede. Dado que el estado natural de cualquier adicto consiste en practicar la enfermedad y morir por sus consecuencias, toda recuperación de cualquier tipo de adicción constituye un milagro, ya sea que se produzca mediante una súbita experiencia de conversión o por un lento y paulatino proceso de cambio. Sin embargo, dado que la carta de Belinda deja tan en claro la naturaleza progresiva y, en última instancia, fatal de su adicción a las relaciones, el conmovedor relato de su asombrosa recuperación me parece el milagro perfecto para terminar este libro.

Estimada señora Norwood:

Me llamo Belinda E. Tengo veintisiete años y soy madre soltera de un niño de veintidós meses. Leí su libro hace varios meses y lo disfruté inmensamente, además de identificarme con gran parte de su contenido. Soy hija adulta de padres alcohólicos, además de codependiente y alcohólica en recuperación.

Antes de revelarle el propósito principal de esta carta, debo hablarle un poco de mis antecedentes. Nunca antes escribí a nadie que hubiese publicado un libro o que fuera famoso, salvo una vez, cuando era pequeña, en que escribí a Golda Meir para un proyecto escolar. Le digo esto con la esperanza de que lea toda mi carta y no la descarte como si fuera la de una fanática o incluso de una «loca».

Soy la tercera y única hija mujer de una familia de clase media. Por fuera, no parecíamos diferentes de cualquier otra familia, pero lo éramos porque mi madre era alcohólica. Era colérica, amargada, resentida e injuriosa. Mi padre pasaba mucho tiempo fuera de casa debido a su trabajo.

En mi adolescencia, yo también era colérica, amargada y resentida y estaba en un constante estado de depresión. A mis padres les preocupaba que consumiera drogas (no lo hacía) y me enviaron a varios psiquiatras costosos para terapia. Ninguno de los psiquiatras prestó atención a la situación que había en casa; en cambio, concentraban toda su atención en mi conducta, como si esta fuera todo el problema. Estaban de acuerdo con mis padres (que pagaban ochenta dólares la hora) en que mi conducta debía cambiar y, al ver que sus métodos no producían los resultados deseados, me internaron en un hospital psiquiátrico para un tratamiento.

Las seis semanas que pasé en el hospital mejoraron inmensamente mi actitud, no debido al tratamiento que recibí allí sino a que estaba lejos de la insania de mi hogar. Un hospital psiquiátrico lleno de «locos» me resultó más pacífico que mi propio hogar.

Cuando salí del hospital, estaba decidida a mantener una buena conducta durante el tiempo que fuera necesario, porque sabía que no tendría que quedarme en casa mucho tiempo más. Juré en secreto que me marcharía lo más pronto posible y, a los diecisiete años, lo hice: me casé con el primer muchacho que me aceptó.

Mi primer esposo me causaba pena y yo pensaba que podría ayudarlo a vencer su timidez y su inseguridad. Estuvimos casados cuatro años y, durante ese tiempo, él logró vencer sus puntos débiles, pero no por algo que yo hubiera hecho. Tuvo éxito en los negocios y, poco después, perdimos el interés mutuo y nos divorciamos.

Mi problema con el alcohol comenzó después de mi divorcio. Durante los años siguientes, mi alcoholismo fue empeorando más y más. Además, yo seguía manipulando a los hombres que me causaban pena y que, creía, me necesitaban. En dos oportunidades pedí a hombres así que se casaran conmigo y, por suerte, me rechazaron, pero me sentí destruida.

Además, durante ese período el alcoholismo de mi padre empezó a empeorar. Trabajábamos para la misma corporación y él estaba preparándose para retirarse de esa compañía a la que había dedicado toda su vida. Nos sentíamos muy unidos y pasábamos largas horas juntos, bebiendo y hablando del trabajo.

Cuando mi padre se jubiló, mi madre ingresó a Alcohólicos Anónimos y abandonó la casa. Se hizo un tratamiento facial de rejuvenecimiento y fue a recorrer Europa, mientras mi padre, literalmente, trataba de matarse bebiendo. Yo estaba enloqueciendo de preocupación y frustración.

Cuando ella regresó, comenzaron una larga y amarga disputa por los procedimientos de divorcio. Hacía mucho tiempo que mi madre se sentía estafada como mujer y había ingresado a un grupo femenino de apoyo. Fue una batalla encarnizada y horrible, y yo estaba atrapada en el medio, pues cada uno de ellos me pedía apoyo.

Una noche, recibí una llamada telefónica de mi madre que cambiaría mi vida para siempre. Me dijo que había consultado a varias autoridades de su grupo femenino y a un consejero económico, y todos le habían aconsejado que no se divorciara de mi padre porque, si seguía bebiendo así, no viviría más de dos años y ella perdería ciento ochenta mil dólares de la herencia. En cambio, pensaba remodelar la casa, construir un piso más y vivir allí con él pero totalmente separados hasta que él muriera. En ese momento me enfurecí como nunca. Lo único que podía hacer era gritar: «¡Estás enferma!» una y otra vez, hasta que al fin colgué el auricular. Llamé a mi padre, que estaba ebrio, y me dijo que estaba dispuesto a acceder a los planes de mi madre. No sabía a cuál de los dos odiaba más: a mi madre, por idear un plan tan morboso y cruel, o a mi padre, por aceptarlo. Lo único que sabía era que quería alejarme de ellos cuanto antes, y ya no me importaba si vivían o morían.

No se divorciaron. En cambio, mi madre volvió a beber y se reconciliaron, pero yo no quería formar parte de su vida y quería que ellos se mantuvieran totalmente al margen de la mía. Renuncié a mi empleo y me mudé.

Hacía tanto tiempo que me sentía completamente fuera de control que quería un trabajo en el cual tuviera mucho control. Decidí ser oficial de policía. Pasé por una serie interminable de exámenes físicos y psicológicos y al fin me aceptaron en la academia de policía. (Para entonces, ya era una alcohólica perdida.)

Mientras asistía a la academia de policía, conocí a un hombre llamado Dave en una fiesta de Navidad. Yo había ido a la fiesta con otra persona y no presté mucha atención a Dave. Esa misma semana me encontré con su hermana (que también había asistido a la fiesta) mientras hacía compras. Ella se acercó y me dijo que Dave le había preguntado si conocía mi número de teléfono. Se lo di de mala gana. Dado que me había marchado de casa, aún estaba algo temerosa de los extraños, pero la amiga que me acompañaba me alentó, diciendo que quizá fuera divertido salir con él.

Dave me llamó y concertamos una cita para ir de pesca. La atracción que sentí hacia Dave fue enorme desde el comienzo. Su esposa acababa de abandonarlo y se había llevado a sus dos hijos. Estaba tan deprimido que no podía trabajar; conducía una vieja camioneta en muy mal estado y estaban a punto de desalojarlo de su apartamento. Parecía un hombre dulce y gentil que, simplemente, pasaba por una racha de mala suerte y necesitaba alguien que lo cuidara y lo ayudara a pasar por ese momento difícil. Me habló muy poco de su familia y de su pasado, pues dijo que pronto me enteraría.

Una semana más tarde se mudó a mi casa. No pude completar el curso en la academia de policía porque Dave necesitaba un apoyo emocional constante y mi independencia se oponía a sus necesidades. Además, yo bebía por las noches y eso hacía que me costara concentrarme y desempeñarme bien durante el día.

Poco después, quedé embarazada. Yo creía estar brindándole la familia que había perdido y que un nuevo hijo fortalecería nuestra relación y mejoraría su autoestima.

Ninguno de los dos podía conservar un empleo por

un lapso considerable y, una y otra vez, tuve que pedir ayuda económica a mis padres, algo que detestaba hacer. Ellos estaban muy preocupados por mi situación y se mostraban muy críticos, y yo aún deseaba ser totalmente independiente de ellos.

En lugar de mejorar nuestra relación, el embarazo aumentó las tensiones entre nosotros y el temperamento de Dave salió a relucir. Me insultaba y me maltrataba físicamente. Más tarde, me enteré de que, cuando niño, su padre había sido violento con él.

Durante el embarazo seguí bebiendo, pero no mucho. No me cabe duda de que habría bebido hasta el punto de causar un daño permanente a mi hijo aún por nacer, de no haber sufrido violentas descomposturas cada vez que lo intentaba.

Un ejemplo perfecto de la insania de nuestra relación se produjo cuando yo llevaba siete meses de embarazo. Entré prematuramente en el trabajo de parto y me interné en el hospital, donde pensaban que perdería al bebé. Mientras estaba allí acostada, sintiendo las contracciones, aterrada, los médicos y las enfermeras trabajaban con frenesí y me administraban drogas para tratar de detener el trabajo de parto. Dave estaba celoso de la atención que yo estaba recibiendo y decía que lo había hecho a propósito, para que me atendieran a pedir de boca mientras él tenía que sufrir solo en casa, sin nadie que le preparara las comidas y se ocupara de él. Llegó a hacerme sentir culpable por estar en el hospital, y llamé a su hermana para pedirle por favor que Dave comiera en su casa hasta que yo pudiera salir de allí.

Salvaron al bebé, pero me prohibieron caminar excepto para ir al baño y debía quedarme en cama el mayor tiempo posible hasta que el embarazo llegara a término. Además, debía tomar un medicamento muy costoso cuatro veces al día para evitar que las contracciones volvieran a empezar.

El día que salí del hospital, tuve que hacer las compras semanales de mercaderías porque Dave se negó a ir. Y, más tarde, me pidió que dejara de tomar ese remedio porque era demasiado caro.

Después del nacimiento del bebé, una vez más empecé a beber mucho, y Dave no me brindaba ningún apoyo para cuidar a la criatura. Sus exigencias de atención continua parecían haber aumentado, y sus explosiones temperamentales se volvieron más frecuentes. Varias veces me golpeó y tuve que llamar a la policía cuando se hacía evidente que no se trataba, simplemente, de una pelea más, sino que mi vida y la de mi bebé corrían un verdadero peligro.

Las cosas siguieron así durante varios meses, hasta que encontré empleo en otra ciudad y nos mudamos allí. Empezamos a consultar a un psicoterapeuta pero, como Dave creía que el terapeuta y yo estábamos en su contra, solo fueron tres sesiones breves. Finalmente, después de otra pelea, llamé a la policía e hice que se llevaran a Dave del apartamento.

En un breve período de tiempo perdí varios empleos por causa de mi alcoholismo, y mi familia estaba sumamente preocupada por el bienestar de mi hijo. Yo hacía lo mejor que podía por cuidarlo, pero la carga de mi alcoholismo, junto con muchos otros problemas, me hundían más y más en la desesperación. Nuevamente empecé a ver a Dave, por el apoyo económico y moral que pudiera brindarme. Me ofreció un poco de ayuda económica a cambio de favores sexuales y la misma medida de apoyo moral que siempre me había dado.

Sin que yo lo supiera, mi familia planeaba una cita con una psicóloga donde yo vivía. Se pusieron en contacto con Dave y todos se reunieron en la oficina de la psicóloga para concertar el día. A Dave le dijeron que debía ocultarme los planes para que resultaran efectivos cuando se los pusiera en acción, pero la noche siguiente, durante una discusión, me reveló que él y mi familia habían hablado de la necesidad de quitarme a mi hijo y todos habían estado de acuerdo en que era necesario. Tuvimos una pelea terrible y (por última vez) me golpeó.

Esa noche, más tarde, mi hermano vino a casa y me habló. Lo hizo con cariño y compasión. Accedí a ver a la psicóloga con mis propias condiciones. Yo concertaría la cita e iría voluntariamente, pero no estaba dispuesta a dejarme humillar en mi propia casa y delante de toda mi familia.

A los cinco minutos de comenzada mi primera entrevista con esta psicóloga, ella me dijo muy claramente lo que era yo y lo que me esperaba si seguía así. Supuso que me enfadaría, pero no fue así. Supe que estaba diciéndome la verdad. En cierto modo, me sentí aliviada porque ya no estaba sola. Había alguien más que entendía ese vacío negro en el que yo vivía la mayor parte del tiempo.

Pocos días después, yo estaba en un avión, dirigiéndome a un centro de tratamiento para el alcoholismo y la drogadicción que se hallaba en otro estado. Y en el mismo momento en que yo viajaba, mi padre también iba en camino hacia un centro de tratamiento para el alcoholismo. Llegué a una majestuosa mansión antigua, ubicada en medio de un bellísimo campo, y estoy segura de que ese hogar es la razón por la que Dios creó esas colinas y esos valles. Allí experimenté más amor, apoyo y comprensión de lo que había creído posible tener en toda una vida. Aprendí sobre la enfermedad del alcoholismo y, con la ayuda de un fantástico plantel de psicoterapeutas y el apoyo de los pacientes que estaban en las mismas condiciones que yo, logré enfrentar muchos de mis resentimientos en relación con mis padres.

Sin embargo, me negué a hacer lo mismo con mis sentimientos por Dave, porque aún me aferraba a la fantasía de que él cambiaría y que nuestro amor mutuo nos ayudaría a salir adelante.

Mientras yo no estaba, Dave mudó mis pertenencias a su apartamento. Fue al centro de tratamiento en la última semana que pasé allí y me acompañó en algunas sesiones. Además, le tomaron algunos exámenes psicológicos escritos y, juntos, escuchamos los resultados.

La psicóloga le dijo que revelaban todos los indicios de que él también tenía un problema de dependencia química. Describió también su inmadurez emocional, sus actitudes poco realistas y su naturaleza violenta. Dave tuvo poco que decir a todo esto, y yo, que quería creerlo mejor, no presté mucha atención a esos resultados. Sabía que Dave consumía marihuana de vez en cuando pero, que yo supiera, no le había acarreado problemas. Regresamos a su apartamento y, poco después, pasamos a recoger a nuestro hijo por la casa de mi madre. Yo estaba lista para que volviéramos a ser una familia.

En cuestión de pocas semanas, el consumo de marihuana de Dave comenzó a ser un problema para nosotros. Nunca la fumaba en casa pero, periódicamente, se escabullía y luego regresaba drogado y furioso conmigo, como un adolescente culpable. Pronto aprendí a no discutir con él por esa cuestión, pues entonces él se enfurecía hasta el punto de ponerse violento y yo no quería, de ninguna manera, arriesgarme a exponerme a mí ni a mi hijo a sus ataques violentos una vez más. Mientras bebía, no podía controlarme lo suficiente para callar mis sentimientos pero, una vez sobria, pude percibir el poder destructivo que se ocultaba detrás de su ira y aprendí a contener mis emociones cuando estaba con él.

Pronto se hizo evidente que yo no podía expresar *ningún* sentimiento que pudiera desatar su furia, de modo que mantenía una actitud fría con él y expresaba mis verdaderos sentimientos con mi terapeuta y con mujeres como yo en la terapia de grupo.

Sin embargo, nuestro hijo, Patrick, era demasiado pequeño para entender la necesidad de controlar la expresión de sus sentimientos. Una noche, después de acostar a Patrick, decidí ir a comprar algunos refrescos. Bajé la escalera y simulé salir con un portazo pero, en realidad, me escondí en la entrada para poder acercarme con sigilo y sorprender a Dave, como una broma. Patrick empezó a llorar en su habitación y, de inmediato, Dave comenzó a gritarle amenazas y obscenidades, sin saber que yo aún estaba en el apartamento. Permanecí escondida para ver qué sucedía a continuación. Dave entró a la habitación de Patrick y lo golpeó con tanta fuerza que lo oí desde abajo. Aturdida, me quedé en mi escondite. Dave volvió a sentarse en la sala, mientras Patrick lloraba histéricamente en su cuna. Dave volvió a gritar su sarta de amenazas, regresó al cuarto de Patrick y estaba de pie junto a la cuna, golpeándolo, cuando entré corriendo para detenerlo. Levanté a mi hijo y me marché con él. Después de conducir sin rumbo fijo, sin tener adonde ir, regresé a casa más tarde. Cuando llegamos, Dave estaba furioso y empezó a arrojarme cosas y a acusarme como un demente. Sin dejarme llevar por la discusión, le pedí que se calmara. Se fue a dormir, enfadado, y yo me quedé despierta toda la noche, pensando...

Recordé las innumerables veces que él se había disculpado, llorando, por haberme golpeado, y sus muchas promesas de «nunca más». Mi autoestima había sido tan pobre que estaba dispuesta a arriesgarme a creer en él y, una y otra vez, lo perdoné, solo para que volviera a suceder. Pero no estaba dispuesta a correr ningún riesgo cuando se trataba de la seguridad de mi hijo. Y ese episodio hizo añicos la poca esperanza que aún me quedaba de que siguiéramos siendo una familia. Al día siguiente hablé con mi terapeuta y comenzamos a planear mi fuga.

Primero tenía que encontrar un trabajo. Dave quería que trabajara (por el dinero que entraría a casa), pero no quería que tuviera ningún contacto ni amigos en el exterior. Su madre estaba resentida conmigo porque yo no trabajaba, y decía que debía mantener a mi hombre. (Es hija adulta de un alcohólico y ha tenido cuatro maridos, todos los cuales la maltrataron físicamente o eran alcohólicos, o ambas cosas.) Mis únicos contactos externos eran con la gente del centro de tratamiento y de Alcohólicos Anónimos. Dave se resentía incluso por eso.

Busqué un empleo y confiaba en encontrarlo pronto. Dos semanas antes de cumplir seis meses de sobriedad (que también era la fecha para la cual esperaba poder mudarme), me invadió una sensación muy extraña que persistía. Era semejante a la sensación de *déjà vu,* y crecía en intensidad con cada día que pasaba. Tenía la impresión de que todo lo que estaba haciendo yo lo había hecho antes: sabía lo que iba a decir la gente aún antes de que llegara a decirlo; incluso sabía cuándo sonaría el teléfono antes de que sucediera. Eso me pareció sumamente extraño y se lo mencioné a algunas personas pero, al mismo tiempo, era una sensación agradable, como si alguien fuera a prevenirme contra cualquier hecho poco habitual o contra algo peligroso.

Una semana más tarde, la sensación era muy intensa.

Esa noche, Dave y yo iríamos a casa de su madre para una cena familiar, pero algo me dijo que no asistiera. Por lo común, jamás pedía a Dave que fuera sin mí, porque eso inevitablemente provocaba una pelea entre nosotros, y no podía arriesgarme a tener otra pelea con él. Pero la sensación era tan intensa que no podía ignorarla. Por milagro, encontré las palabras adecuadas, que no despertaron en él sospechas ni ira, y accedió a ir solo. Cuando se marchó, acosté a Patrick y me acomodé en el sofá para dormir una siesta.

(Antes de continuar, debo decirle que no soy fanática religiosa. Mientras estaba en el centro de tratamiento volví a establecer contacto con Dios, mediante la ayuda de un afectuoso capellán que trabajaba allí, pero mi concepto de Dios era similar al de una criatura. Simplemente, todas las noches rezaba por que se hiciera Su voluntad en mi vida, y ese era y es todo el alcance de mi religión.)

Cuando desperté de mi siesta, la sensación de presciencia era tan intensa que me asusté mucho. Había experimentado algo semejante en ocasiones anteriores, siempre en relación con acontecimientos malos o negativos, pero jamás con tanta intensidad. Ahora parecía haber una impresionante energía eléctrica en la habitación, y me senté en el sofá, aterrada. Tenía miedo de que aquella fuera la advertencia de Dios de que mi vida acabaría pronto, de que Dave se enteraría de mis planes de marcharme y me mataría. No me cabía duda alguna de que, si Dave se enteraba de lo que yo intentaba hacer, se pondría furioso y me mataría.

Entonces, de pronto, vi toda mi vida como si fuera una película. Estaba en secuencia pero todo sucedía en un instante muy fugaz. Y con eso, llegó un conocimiento que no puedo explicar del todo. En lugar de mi impresión habitual de cada persona de la película, había una comprensiva aceptación hacia todos ellos. Vi que todos éramos víctimas y que nadie tenía la culpa.

Cuando la «película» se detuvo, no tenía final, y yo seguía aterrada de que se tratara de una advertencia sobre la inminencia de mi muerte. Pregunté a Dios: «¿Me has traído hasta aquí para que todo terminara de esta manera?», y de inmediato me llamó la atención un cuadro que había en la pared.

Había recibido ese cuadro como regalo de una amiga con quien había trabajado varios años antes. Lo llevaba conmigo cada vez que me mudaba porque siempre me había parecido bonito pero, aparte de eso, nunca sentí nada en particular por él. De pronto, era como si estuviera viendo esa pintura por primera vez. Y, al mirarlo, alguien me aseguró, sin palabras: «Así termina la película». Fue una sensación repentina y un súbito conocimiento.

El cuadro muestra una escena otoñal, con árboles dorados y colinas. En la distancia, hay una mujer rubia con una criatura a su lado, alejándose del espectador hacia el horizonte, por un sendero largo y estrecho. ¡Quedé estupefacta al comprender que se trataba de una imagen mía y de Patrick, caminando por estas bellas colinas que nos rodean! Había recibido el cuadro años antes de saber que tendría un hijo o que viviría en un lugar que no fuera la tierra plana y sin colinas que siempre había sido mi hogar.

Ya no estaba asustada, pero sí aturdida. ¡Estaba feliz, agradecida y abrumada! Aquello era tan irreal que no podía creer que estuviera ocurriendo.

Entonces tuve la experiencia más extraña de todas. Me dijeron varias cosas pero, nuevamente, no con palabras, y tampoco en una progresión de pensamientos. Fue como si un gran caudal de conocimientos me hubiera sido implantado en la mente, instantánea, firme y profundamente. (Comprendo que esto debe de parecer una locura. Por favor, créame que no estoy loca, y le juro que cada palabra de esto es la verdad.)

Se me dijo: «Debes mostrar a otros lo que te he mostrado. Hubo un motivo para todo lo que ha ocurrido en tu vida. Tu sufrimiento ha tenido un propósito. Al compartir las experiencias de tu vida, ayudarás a otros a reconocerse en tu dolor, para que ellos puedan modificar su rumbo y buscar Mi guía. Debes hacerlo con honestidad, compasión y el sincero deseo de ayudar a los demás, no para beneficiarte económicamente. Si lo haces como te lo he pedido, tus recompensas llegarán».

¡No podía creer lo que se me pedía que hiciera! No soy tan egoísta como para pensar que mi vida ha sido muy distinta de la de cualquier otra persona que se haya criado en el mismo ambiente. De hecho, estoy segura de que muchas personas lo han pasado mucho peor que yo. Y muchos creerían que fui malcriada la mayor parte de mi vida porque mi familia siempre ha tenido dinero más que suficiente. Cuando dije esto a Dios, Él me respondió: «Con más razón debes hacer lo que te pido. El dinero no tuvo que ver con tu infelicidad cuando niña».

Hoy, soy la mujer del cuadro. Patrick y yo nos hemos alejado de Dave y lo hemos dejado al cuidado de Dios, deseándole sinceramente toda la felicidad del mundo. Lo amamos y, en muchos sentidos, lo echaremos de menos, pero sé que debemos dejarlo atrás porque nuestro futuro está más allá del horizonte.

Ahora intento hacer lo que se me pidió, y no sé cómo encararlo. Me gusta escribir, pero sé que no tengo el talento ni la capacidad de escribir un libro o un manuscrito que hiciera justicia a la tarea que debo cumplir. No sé nada sobre ningún aspecto de los medios de comunicación, ni siquiera por dónde empezar a averiguar al respecto. Lo único que supe hacer fue escribirle a usted, contarle mi historia y esperar que usted sintiera deseos de participar en este proyecto. Tal vez usted pueda darme algún consejo o alguna sugerencia acerca de lo que cree que debería hacer.

Por favor, créame que no estoy loca. Hay muchas cosas en mi vida de las cuales no me enorgullezco, y he hecho muchas cosas que preferiría no revelar, pues soy una persona muy reservada, pero debo hacer lo que se me ha pedido y creo que es un precio muy bajo a cambio de una vida sana para mí y para mi hijo. Pero lo más importante es que debo hacer esto si ayudará a otros que, de otro modo, estarían tan atrapados como yo lo estuve.

Gracias por leer esto. Al principio, había pedido a Dios que me ayudara a encontrar las palabras adecuadas para escribir esta carta y creo que Él lo ha hecho.

Si esta carta le ha llegado, física y espiritualmente, le ruego que me envíe su respuesta. Espero tener noticias suyas pronto.

BELINDA E.

Querida Belinda:
Espero que juntas estemos haciendo lo que Dios tenía en mente cuando escribiste tu carta. Gracias por ofrecer el regalo de tu historia a todos los que lean este libro.

AGRADECIMIENTOS

Este libro, al igual que *Las mujeres que aman demasiado,* es fruto de un proceso de alumbramiento, y hay dos «parteras» valiosísimas que han ayudado en su nacimiento. En primer lugar, mi editora, Laura Golden Bellotti, cuya habilidad fue esencial para dar forma a *Las mujeres que aman demasiado,* una vez más aportó su talento y su discernimiento para este proyecto. A pesar del reciente nacimiento de su hijo y de su consiguiente ocupación con las exigencias y los encantos de la maternidad, no ha perdido su toque personal en el área editorial, la capacidad de guiar con tacto, firmeza y comprensión a la vez. Ha sido una bendición volver a trabajar con ella.

Y en segundo lugar, quisiera agradecer a Victoria Raye Starr. Al tiempo que copiaba a máquina esta gran cantidad de cartas y mis comentarios manuscritos en ellas, me comunicó su propia comprensión personal y profundamente sincera de gran parte del material del libro, a través de innumerables notas sujetas a las hojas tipeadas. A menudo, sentí la necesidad de volver a escribir algunos párrafos a la luz de sus convincentes comentarios y sus inteligentes preguntas. Nuestras incontables charlas me proporcionaron una perspectiva inapreciable de los temas tratados en este libro.

Si bien yo soy la única responsable por los defectos y las deficiencias de este libro, estas dos mujeres han contribuido inmensamente a todo lo que en él vale la pena, y para ellas va mi profundo agradecimiento.